Jérôme Sublon

Corps rouge dans le Vercors

Collection Polar en France

N°27

Éditions du Caïman

Précédentes publications

Nozze nere [1] *Éditions du Caïman, 2015*
Nozze nere [2] *Éditions du Caïman, 2016*

À ma femme Sylvie

I. Anselme Delmare

Anselme Delmare conduisait rapidement sur le chemin de terre qui traversait cette magnifique forêt de sapins. Son 4X4 avalait avec facilité les aspérités et les bosses. Derrière le véhicule, la poussière s'élevait comme après un cheval au galop. Delmare aimait ce mélange d'odeur de terre et de gasoil, la confrontation du métal de sa grosse voiture avec le minéral, la gomme de ses larges pneus qui arrache les cailloux et les projette alentour. C'est aussi ce qu'il aimait dans son métier, l'affrontement des matières lorsque les crocs d'acier de la lame entament le tronc d'arbre fraîchement abattu, le sifflement de la scie, les odeurs surchauffées…

Sur le siège du passager son fusil était ouvert, c'était sa deuxième passion, la chasse. Organiser des battues avec des amis ou parcourir seul les montagnes à la recherche de gros mâles sauvages solitaires.

Il déboucha sur une immense clairière. À son arrivée un couple de perdrix s'envola sur sa gauche. Anselme freina brusquement, le 4X4 dérapa puis s'immobilisa. Il se précipita hors du véhicule, fusil en main, introduisit deux cartouches, ferma, visa. Deux coups quasiment simultanés retentirent. Les deux volatiles avaient atteint l'orée, leur courbe plongea vers le sol. Il avait fait mouche, ce plaisir était incomparable, un vrai coït. Peut-être mieux encore ! Il cassa son fusil, jeta les deux douilles puis contourna sa voiture pour ouvrir le coffre.

— Va chercher Choupa !

L'épagneul breton sauta avec souplesse et prit instinctivement la direction des perdrix. L'homme regarda autour de lui : il interdisait toute flamme dans cette zone, il ne fallait pas qu'on le surprenne. Il pinça une cigarette entre les lèvres, l'alluma, posa son fusil sur le siège et s'appuya contre la carrosserie. Attendit. C'était le matin et déjà la chaleur était intenable. Les prévisions météorologiques l'avaient bien annoncée, une période caniculaire exceptionnelle était installée pour plusieurs semaines.

Rapidement le chien réapparut, il galopait la bouche pleine. Il déposa sa proie au pied de son maître et fit demi-tour. Lorsqu'il revint avec sa deuxième perdrix, Delmare flatta la croupe de son chien tout en le félicitant. Il déposa sa chasse dans une caisse, l'animal retrouva sa place, le coffre claqua.

— Au moins je ne serai pas venu pour rien.

Il repartit. Il s'immobilisa devant l'entrée de la scierie, fit sortir son chien qui partit gambader à la poursuite de pistes invisibles. Anselme fit coulisser le portail de l'atelier qu'il traversa jusqu'à la porte vitrée qui donnait accès à son bureau. Il saisissait la poignée lorsqu'il entendit des pas derrière lui.

— Tu es là ? dit-il en se retournant.

La planche lui fracassa la tête. Noir.

Lorsque Delmare s'éveilla, des lancements insupportables lui traversaient le crâne. Il ouvrit les yeux qu'il referma aussitôt, la lumière était comme une coulée de lave qui s'infiltrait. Il recommença, ne laissant qu'une infime fente entre les paupières. Il lui fallut un moment qui lui sembla infini pour se rappeler qu'il était dans son atelier. Il reconnut les poutres du plafond, sept mètres au-dessus de lui. Il voulut se redresser mais ne parvint pas à bouger les bras. Il regarda autour de lui et ce qu'il découvrit le sidéra : il était ligoté, bras et jambes entravés. On l'avait attaché sur l'établi ! Devant lui se dressait la scie circulaire, sa lame de 120 cm et ses 108 dents. Cette machine qu'il avait récupérée pour une bouchée de pain et ramenée d'Allemagne. Une antiquité fabriquée en Ukraine, increvable, jamais en panne. Une acquisition dont il était fier car elle remplaçait des machines qui valaient plus d'une centaine de milliers d'euros, l'automatisme en moins.

— Qu'est-ce qu'il se passe ?

La situation lui échappait. Il se déhanchait pour voir autour de lui. Était-il possible que celui avec qui il avait eu rendez-vous soit à l'origine de cette farce grotesque ? Le coup qu'il avait reçu allait bien au-delà des blagues parfois lourdes qu'ils se faisaient.

— Qui est là ? Détachez-moi ! Hé !

Sa voix s'était affermie. Il cria. Fort. Son appel fut suivi d'un aboiement lointain. Choupa qui devait courir dans les taillis, l'avait entendu. Il serait là rapidement.

L'homme s'avança dans son champ de vision.

— Ça y est ? Réveillé ? Il t'en a fallu du temps !

— Sors-moi de là, cette plaisanterie a assez duré !

— Tu penses vraiment que c'est une plaisanterie ? Non, tu ne crierais pas comme un porc pendu à un croc. Tu ne suerais pas à ce point. On dirait une serpillière qu'on essore.

Anselme s'agita, tira sur les cordes qui lui mordirent la peau. Il était solidement lié.

— Au secours !

Son chien aboya derrière la porte. Il grattait contre le bois du coulissant, gémissait et aboyait. Il sentait la détresse de son maître.

— Il ne peut rien pour toi. Arrête de gigoter, c'est inutile. Ceci dit, ce n'était pas aisé de te hisser. C'est que tu pèses ton quintal bien tassé ! Tu devrais faire attention à ton alimentation. Tes coronaires doivent être plus bouchées que l'A10 un 31 août. L'infarctus te pend au nez comme une morve à celui d'un moutard.

— Mais que veux-tu ?

— Ah ! Ça c'est une bonne question ! Mais attends un peu, je veux vérifier quelque chose.

L'homme se dirigea vers le boîtier de contrôle. Il ouvrit la porte.

— Mais qu'est-ce que tu fais ? Arrête !

Il abaissa une manette. La lame enclencha une rotation lente et silencieuse.

— Ah ! Ça marche. Sympa.

La rotation augmenta progressivement en même temps que le bruit s'amplifia jusqu'à devenir strident. La vitesse atteignit son maximum. Delmare cria à s'époumoner. La scie était là, devant ses pieds, gigantesque, ses 108 dents comme des crocs prêts à le dévorer. Son chien lui répondait, surexcité. L'homme s'approcha de l'établi.

— Qu'est-ce que tu dis ?

Il appuya sur le gros bouton rouge d'arrêt d'urgence. Le sifflement s'affaiblit petit à petit, la lame ralentit lentement, sans bruit.

— Ne t'égosille pas comme ça, tu affoles ton chien, le pauvre… Qu'est-ce que je disais déjà ? Ah oui ! Préserve ta santé. Imagine, un arrêt cardiaque ici, loin de tout, seul, sans personne pour te secourir. Car ici c'est perdu, le désert, l'âme la plus proche est à combien ? Cinq kilomètres. Minimum ! Et il ne faut pas compter sur le promeneur. À part le sentier qui mène directement à ta scierie, aucun chemin. Tes ouvriers profitent de leur dimanche, tranquilles. Et toi tu es là, tout seul. Vraiment seul.

— Je t'en supplie, arrête. Que veux-tu ? De l'argent ? D'accord ! Dis-moi combien. Je te donne ce que tu veux.

— Oh ! L'argent, comme c'est mesquin. Je ne suis pas vénal. Un peu de hauteur que diable !

Il se déplaçait vers le panneau de commande.

— Avoue, reprit-il, est-ce que tu mérites de vivre ? Franchement. Moi je ne crois pas.

Il posa la main sur le levier.

— Non ne fais pas ça !

Anselme Delmare avait de la peine à bouger son corps imposant, il essayait en vain de se positionner autrement mais son gros ventre était une gêne. Il tentait de se redresser, puis laissait retomber sa tête en soufflant. La peur perlait sur toute sa peau. La sueur coulait, formait une flaque sous lui.

— Tu me dégoûtes Delmare. Tu fais moins le beau là. Tu ne fais plus l'important, celui à qui rien ne résiste. Tu es réduit à ta vraie nature : une larve dégoulinante. Allez, je ne supporte plus de voir ça, tu me donnes envie de vomir.

D'un geste sec il abaissa la commande, la scie redémarra. Les hurlements n'y firent rien, Anselme avait beau implorer son tortionnaire, le chariot sur lequel il était ligoté se mit en mouvement. Il avait la forme d'un U dont les barres étaient séparées de quelques centimètres, l'espace de l'épaisseur de la lame. Cette machine débitait les bois les plus durs sans ralentir. Les jambes de la victime étaient attachées à chaque branche du U. Ses pieds étaient maintenant de chaque côté de la scie circulaire. Le chariot continuait sa progression, centimètre par centimètre.

II. Fabien Dourgues

Fabien leva la tête de son bol de café. Il épongea la mèche qui avait trempé dans le liquide noir. Il roula sa cigarette, fit glisser sa langue sur la longueur. La forme était indécise, entre le porte-voix et le ver de terre. Il l'alluma et tira la première taffe de la journée. Que c'était bon. Café et clope bonus. Il étendit les jambes en lissant sa mèche lorsque sa mère entra dans la cuisine.

— Elle a une drôle d'odeur ta cigarette du matin, Fabounet chéri ! Je reconnais le sucré.

— Maman, je t'ai déjà expliqué que…

— Oui je sais, c'est des cigarettes au miel.

Il but une gorgée de café et tira une nouvelle bouffée. Joint du matin tout va bien, son petit dicton du petit déjeuner lui faisait apprécier ce moment. Mais Simone Dourgues reprit sa diatribe.

— Le miel c'est bon pour la santé, mais c'est quand même du tabac ! Tu devrais essayer la vaporette.

— Trouve-moi d'abord une vaporette au miel !

Tiens, se dit-il, c'est pas bête ça, une vaporette aux herbes qui font rire… Il y a un créneau là. Il se mit à rire.

— C'est moi qui te fais ricaner ?

— Non m'man, de toute façon c'est la seule avant ce soir. Le patron, il veut pas voir l'ombre d'une flamme à proximité de la scierie.

Fabien ne dérogeait pas à cette règle, exercer un boulot à moins de vingt minutes de chez soi, c'était une aubaine incroyable dans cette contrée éloignée de tout avec cette maison isolée sur ce plateau de prairies et de forêts.

— Bon ! C'est pas tout, mais il faut que j'y aille.

Il se leva, s'étira, prit la sacoche dans laquelle sa mère avait préparé le casse-croûte du midi.

— Et le bisou mon Fabounet.

En passant devant sa mère, il lui présenta son front où elle lui scotcha un baiser claquant.

— M'man, arrête de m'appeler Fabounet, j'ai plus l'âge.

Il mit le contact et démarra sa vieille Honda 125 trial. Il avait changé le pot pour amplifier le son métallique et trépidant, un vrai bonheur. Les décibels l'annonçaient à des kilomètres à la ronde. Il enfourcha sa bécane et tourna la poignée. Le volume monta encore. Il partit sous le regard attendri de sa mère debout sur le palier.

C'est un bon petit, se disait-elle. Quelle drôle d'idée ce pot d'échappement qui fait un tel vacarme, encore plus que celui d'avant. Il a des défauts comme tout le monde, mais c'est un bon petit. Toujours sérieux au travail, jamais en retard. Bon, il fume un peu ses cigarettes au miel, mais pas beaucoup et puis quand il sort avec ses copains il boit pas. En rentrant il sent souvent la menthe, je reconnais tout de suite. Je lui ai dit. Toi tu as bu quelque chose à la menthe. C'est du Mojito qu'il m'a répondu, moi je connaissais pas, c'est du Schweppes avec de la menthe qu'il m'a expliqué. Une sorte de diabolo menthe quoi. C'est que, à moi on me la fait pas ! C'est un bon petit. C'est pas tout ça Simone, tu rêves, tu rêves, c'est que la vaisselle, elle va pas se faire toute seule. Allez, au boulot !

Les explosions du monocylindre précédaient le passage de la 125. Les animaux, habitués, s'éloignaient de quelques mètres puis reprenaient leur activité. Pour faire « style » comme disait Fabien, il laissait flotter sa mèche par le côté de la visière. Il roulait à vive allure. Il déboucha de la forêt de conifères, là-bas l'usine l'attendait. Elle était posée dans cet espace délaissé par les arbres sur un mont à mille cinq cent treize mètres d'altitude. Au sud le vallon du Riou en pente douce, à l'est la vallée de Corrençon et à l'ouest celle de Saint-Julien en à-pic vertigineux. Le Haut Vercors dans toute sa majesté.

En s'approchant, Fabien Dourgues repéra la voiture du patron, ce qui l'étonna car celui-ci arrivait en général vers neuf heures.

Les troncs étaient alignés sur l'espace situé à droite de l'entrée. Il fonça, faisant pétarader son engin jusqu'au dernier moment. Il immobilisa la roue à quelques centimètres de la façade. Il ôta son casque. Lorsqu'il éteignit son moteur il perçut les aboiements de Choupa. Le chien le rejoignit. Il aboyait en le fixant, faisait des demi-tours sur lui-même, se dirigeait vers l'entrée et revenait. Le message était clair, il voulait que l'humain le suive.

Habituellement c'était Fabien qui avait la responsabilité d'ouvrir la scierie. Prendre le bon de commande dans le classeur et préparer le matériel : amener le bois adéquat, démarrer la machine et commencer à découper. Les autres arrivaient peu après. Il aimait arriver avant le contremaître, démontrer qu'il n'avait pas besoin de lui pour connaître les commandes à produire, évaluer les priorités et commencer le job. Mais ce matin, rien n'était normal : la présence du véhicule du patron, le chien d'habitude discret qui aboyait sans que son maître n'intervienne. Il poussa la porte qui était juste entrebâillée.

L'odeur l'agressa, elle n'avait rien de commun avec les essences auxquelles il était accoutumé. Le coulissant roula puis cogna sur le butoir de fin de course. La lumière envahit l'atelier.

Ce que vit Fabien était tellement éloigné de son quotidien qu'il ne comprit pas la scène qui explosait à sa vue. Les délires qui l'assaillaient après une multitude de cigarettes « au miel » étaient loin du tableau qui s'offrait à lui.

Le corps sur l'établi de la grande scie était divisé en deux selon une symétrie parfaite. Une ligne rouge séparait les deux moitiés. Il était difficile de reconnaître à qui avait appartenu ce visage qui n'avait plus de nez. Et ce rouge ! Ce sang figé partout sur le corps, sur la scie, dans la sciure.

Lorsque la scène prit enfin sens, un détail révéla à Fabien l'identité du corps qui avait subi cet horrible supplice. Les bottines qu'il avait toujours trouvées tellement ringardes étaient étalées chacune dos à dos. Le jeune homme courut vers la sortie, s'appuya contre des planches empilées et expulsa son petit déjeuner. Il alla s'asseoir en titubant plus loin contre un tronc d'arbre. Il leva la tête, contempla le ciel d'un bleu très clair de début de journée. Sa respiration se calma. C'était son patron qui gisait sur la scie : Anselme Delmare. Incroyable ! Cette journée resterait gravée dans sa mémoire.

Lorsqu'il eut récupéré, Fabien se leva péniblement, pénétra avec dégoût dans la scierie. L'odeur dont il connaissait maintenant l'origine lui donnait des haut-le-cœur. Il contourna la scie circulaire en détournant la tête. La porte vitrée donnait accès au bureau. Il s'assit dans le fauteuil du patron et composa le dix-sept.

III. Aglaëe Boulu

Aglaëe Boulu se raisonnait. Elle était allongée sur les feuilles et les branchages. Il fallait qu'elle se redresse, au moins s'asseoir, elle ne pouvait rester étendue comme ça, indéfiniment…

Une seconde d'inattention, pas plus, et voilà qu'elle avait fait un roulé-boulé, son genou avait cogné contre un gros caillou fiché dans le sol.

Sous la rotule une boule s'était formée, le diagnostic était évident, pas besoin d'avoir fait médecine avec spécialisation orthopédie du genou : épanchement de synovie… La journée avait pourtant bien commencé, quatre heures trente, petit jour naissant sous un ciel limpide. Devant elle, cinq heures de randonnée, douche et retour au commissariat compris. Après Sainte-Marie-du-Mont, elle avait garé sa voiture au pied de la pancarte en bois dont l'extrémité indiquait la direction à suivre pour aller au Truc, le sommet du Pinet. Et c'était parti, le chemin grimpait gentiment avant d'amorcer un dénivelé plus important. Mais elle l'entama sans problème, elle était suffisamment échauffée et son sac à dos était léger. Elle participait à l'éveil de la montagne, le choc des semelles sur la terre, sa respiration régulière s'ajoutaient aux clameurs des animaux, au bruissement des feuillages. Ce panorama du haut du Pinet qui donnait sur le Massif de la Chartreuse et, au-delà la Combe de Savoie, suffisait à son bonheur. Après une collation réparatrice, elle ne tarda pas à repartir, elle ne voulait pas que cette escapade la retarde pour autant à son poste de travail.

Au retour elle passa par le col de l'Alpe. Sur la paroi rocheuse une plaque commémorative était rivée. Elle rendait hommage à un jeune homme de vingt ans mort en héros en 1942. Était-ce cette petite plaque de métal qui l'avait distraite de sa marche ? Peu après, le chemin entamait une pente douce, sa pensée vagabondait, l'inclinaison s'accentua sans qu'elle y prît garde. Racines et cailloux jonchaient le passage. Sa chaussure heurta une racine proéminente. Aglaëe chuta, son genou heurta une pierre…

Elle parvint à se relever, fit quelques pas. La douleur était supportable. Elle prit une branche solide. Elle put continuer ainsi, cahin-caha. Sur sa carte IGN, elle repéra un sentier qui prenait la tangente pour rejoindre rapidement une route. Un quart d'heure plus tard, elle faisait signe à une vieille 4L qui abordait le virage. Le conducteur s'arrêta à son niveau et ouvrit la portière sans même lui demander sa destination.

L'homme portait un chapeau de paille. Il fixait la route de ses yeux clairs.

— Vous préférez écourter votre randonnée pour éviter la saucée qui va nous tomber dessus ! Vous avez bien raison, car un orage en pleine montagne ce n'est pas souhaitable. L'an dernier deux jeunes ont été foudroyés alors qu'ils s'abritaient sous les rochers du col de l'Alpe.

— Cela m'est arrivé gamine, je savais qu'il ne fallait pas courir, je m'efforçais de marcher normalement. La foudre est tombée à quelques dizaines de mètres, j'ai senti de l'électricité au bout de mes doigts. Alors je me suis mise à courir jusqu'en bas dans le village. Je suis rentrée trempée et excitée, je racontais en boucle ce qui m'était arrivé.

— La foudre parfois vise mal !

— Mais ce n'est pas la raison de mon abandon. Je suis tombée, j'ai un épanchement de synovie.

— Montrez.

Aglaëe déplia la jambe. Sous la rotule un œdème était apparu.

— Il n'est pas méchant, mais vous avez bien fait d'arrêter la marche. Si vous restez au repos complet, des béquilles pour les déplacements nécessaires et dans deux jours il n'y paraîtra plus.

— Vous êtes docteur ?

— En montagne, il faut une connaissance de base.

— Bon, je suivrai vos conseils.

L'homme aux yeux clairs la déposa à sa voiture.

— Vous êtes sûr ? Vous pouvez conduire ?

— Oui, ça ira, merci pour le transport.

— De rien, on s'entraide en montagne.

La 4L redémarra.

À son retour de Corse, la commissaire Aglaëe Boulu n'était pas retournée à Paris. Elle fut affectée au commissariat de Grenoble. Ses adjoints avaient bien accueilli leur nouveau chef. Sa réputation de femme de caractère et de grande professionnelle l'avait précédée. Ils avaient organisé un apéritif de bienvenue. Le champagne avait rapidement laissé place au génépi. Sans abuser elle avait apprécié cette liqueur pour le plus grand plaisir de ses hommes. Le commissaire divisionnaire Grandey était passé en coup de vent. Son accueil ne fut pas chaleureux, loin s'en fallait. Quelques mots, pas le temps de boire le verre qu'on lui avait servi. À part lui, l'intégration fut aisée.

Ce matin-là, elle avait décidé de se lever avant l'aube pour attaquer la journée par cette ascension. Dès son retour, elle s'était douchée, changée, puis s'était arrêtée à une pharmacie pour acheter une canne anglaise.

Elle parvint au commissariat vers dix heures. À peine arrivée, elle vit le commissaire divisionnaire entrer dans son bureau.

— Ah ! Vous voilà enfin ! Vous laissez vos dossiers en cours, vos adjoints les poursuivront. Je vous envoie à Villard de Lans.

— Bonjour, patron.

— Oui, bonjour, ça va de soi.

L'homme était de taille moyenne, tiré à quatre épingles, toujours pressé, il estimait qu'il pouvait gagner du temps en se passant des mots de politesse et autres civilités. Il n'en était pas de même avec sa hiérarchie envers laquelle il n'était que courbettes et flagornerie. La réputation du commissaire Boulu lui faisait une ombre qui le contrariait. Il sentait menacé le poste qu'il avait gagné à la force du poignet et qu'il voulait conserver à tout prix. S'il pouvait se débarrasser de cette commissaire pour quelques temps, il n'allait pas s'en priver. L'envoyer au vert quelques jours, ou qui sait quelques semaines si l'enquête durait, ce serait toujours ça de pris.

— Un meurtre a été commis d'une manière effroyable dans une scierie. Le lieu est isolé, pas de témoin. Vous aurez la gendarmerie à votre disposition. Le commandant de la brigade de gendarmerie de Villard-de-Lans vous secondera. Des questions ? Bon je vous laisse, j'ai des rendez-vous à n'en plus finir.

Il sortit de la pièce comme il était rentré puis se retourna.

— Vous me ferez un topo.

Puis il disparut.

— Oui, au revoir patron.

Aglaëe vit se dresser la scierie à la sortie du bois. Elle roula jusqu'au bout du chemin de terre. Aux abords de l'établissement, des hommes s'étaient regroupés. Elle descendit de son véhicule, une canne à la main. Un officier se présenta, grand, une chevelure claire, un regard vif. Il n'avait pas la trentaine et fronçait les sourcils comme pour compenser un air qu'il savait juvénile.

— Bonjour Madame la commissaire. Capitaine Beaucourt, ma brigade vous secondera durant l'enquête. J'ai procédé à l'isolation du lieu du crime.

— Bonjour capitaine. La police scientifique ne devrait plus tarder à arriver.

Elle se dirigea vers les employés qui attendaient derrière les bandes de scène de crime. Les hommes la dévisageaient en silence. Elle se présenta. Ils restèrent muets. Le vent caressait la cime des conifères. Loin en haut, un rapace tournoyait.

— C'est là ? demanda-t-elle en indiquant l'entrée.

Personne ne répondit. Elle prit le temps elle aussi de les observer. Ils étaient cinq, entre trente-cinq et cinquante ans, sauf un plus jeune, vingt-deux, vingt-trois ans avec une mèche qui lui tombait sur la joue. Des costauds, plutôt taiseux.

— Qui a découvert le corps ?

— Moi, dit le plus jeune.

À l'évocation du mort, son teint blêmit.

— Tu veux me montrer ?

— C'est dedans.

— Allons-y.

— Il faut que je rentre ?

— C'est mieux, tu vas me dire comment tu l'as découvert.

Il hésita, mit ses mains dans les poches. Il regarda ses collègues.

— Bon.

Ils entrèrent dans le local.

— En poussant la porte, j'ai été d'abord surpris par l'odeur.

— Il était quelle heure ?

— J'ouvre l'entreprise à sept heures trente tous les matins. Il y avait cette odeur acide, métallique. Je me suis approché et j'ai vu ça… Ce rouge, tout ce rouge… partout.

Il tendit le bras vers le corps, les corps ? Il ne savait même plus comment dire, quoi penser, il détourna le regard.

— Tu l'as reconnu ?

— Oui c'est mon patron, Monsieur Anselme Delmare.

— Comment peux-tu en être sûr ?

— Il n'y a que lui pour porter ces chaussures. Et puis ses mains.

— Qu'est-ce qu'elles ont ses mains ?

— Je ne sais pas… ce sont les siennes… il a de gros ongles.

Derrière la porte de verre, le chien se tenait debout, grattant le battant des pattes antérieures, grondait, geignait, retombait sur ses quatre membres, tournoyait et recommençait.

— Ce chien ? demanda la commissaire.

— C'est Choupa son chien de chasse, il l'emmenait toujours avec lui. Je l'ai enfermé dans le bureau, il… il léchait le sang de son maître… par terre. Je… je sors sinon… je vais encore…

— Vas-y, tu peux sortir.

Aglaëe considéra la scène. C'était un meurtre horrible. Si l'homme n'avait pas été drogué, quelle terrible souffrance il avait dû subir ! Elle avait déjà assisté à un certain nombre de meurtres assez violents, vu pas mal de corps abîmés. Ce n'est pas l'imagination qui manque aux détraqués. Mais celui-ci se situait dans le peloton de tête en atrocité. Elle aussi commençait à se sentir un peu vaseuse, comme si elle avait avalé Bob l'éponge et toute sa famille. Néanmoins elle prit sur elle, inspecta le corps et tout autour. Sur les dents de la lame, les gouttes rouges restaient coagulées, saisies avant qu'elles ne tombent. Elle s'accroupit et regarda sous l'établi. Cette observation n'ayant rien apporté, elle rejoignit le groupe. L'homme le plus âgé s'approcha.

— Je suis le contremaître, Monsieur Estoun. J'ai dit à mes gars de ne pas entrer. Qu'est-ce qu'on fait ?

— Vous pourrez rentrer chez vous dès que j'aurai fini de vous interroger. L'usine ne fonctionnera pas aujourd'hui.

Lorsque la commissaire eut terminé de questionner les employés, elle savait tout de leur week-end : barbecue avec le beau-frère, chasse entre amis, foot à la télé avec le fiston. Ils avaient tous témoigné de leur étonnement de découvrir la voiture de leur patron qui habituellement arrivait après neuf heures le lundi. Ils s'accordaient pour confirmer que souvent il travaillait au bureau le dimanche matin. Les ouvriers rentrèrent chez eux et la commissaire laissa les lieux aux bons soins du commandant et du service technique et scientifique de la police. Au moment de partir, le chien s'approcha d'Aglaëe et s'assit à ses pieds. Elle se pencha, lui caressa la tête.

— Qui va s'occuper de toi ?

Le chien la regarda dans les yeux. Un regard doux.

— Comment tu t'appelles déjà ? Choupa, comme Chupa Chups ?

À son nom, l'animal leva les sourcils.
— Allez, monte, je t'emmène chez ta maîtresse !

Vivien Estoun conduisait nerveusement, tout ceci n'allait pas comme il voulait. C'était lui le chef d'atelier, pas ce petit morveux de Fabien qui faisait exprès d'arriver plus tôt à l'usine. Faire croire qu'il était plus travailleur que son chef, être bien vu du patron ! Maintenant il allait en faire autant avec le nouveau patron, se montrer. Cela ne devrait pas le surprendre. Un petit trou du cul qui faisait du lèche-cul ! Mais Vivien Estoun ne changerait pas sa façon de faire. Il arrivait à huit heures, pas une minute plus tôt, point final ! Fabien serait trop content de le faire se lever plus tôt, il aurait gagné la partie et avancerait encore son heure d'embauche, ça c'était sûr. Ah, Monsieur a découvert le cadavre ! Il raconte à la commissaire, il fait l'important !

La voiture brinquebalait au milieu d'un nuage de terre poussiéreuse. Estoun arriva devant une maison isolée au milieu de la prairie, il se gara et entra. Il verrait sa femme plus tard, elle devait s'occuper des poules et des lapins dans le petit enclos au fond du jardin près de la maison. Il descendit à la cave, un grand espace creusé pour en extraire la roche qui avait servi comme matériau pour l'édification des maisons. Dans la galerie, il avait aménagé un stand de tir. Il avait fermé la porte à clé. Vivien ne supportait pas l'idée d'être dérangé lorsqu'il s'entraînait. C'était son espace à lui. Et puis c'était une question de sécurité. Il se dirigea vers une petite salle où il ouvrit un meuble, hésita devant le râtelier et empoigna la Diana LG54 Air-King sa petite folie de carabine à air comprimé et ses plombs de 4,5mm. Il pénétra dans le couloir de tir, posa le tout, appliqua son casque anti-bruit. Il était à peine installé que déjà le calme s'infiltrait peu à peu dans ses veines, sa tension diminuait. Il ajusta la ligne de mire sur la cible, pressa la détente. Un bruit mat claqua. Tout était bien.

Un chalet avec deux terrasses bordées d'une balustrade sculptée dans un bois sombre dominait la route. Aglaëe se gara sur le parking privé. Elle suivit le chemin qui menait à l'entrée, cogna le heurtoir en forme de tête de lion en colère.

— Madame Delmare ?

— Oui. Qui êtes-vous ?

— Commissaire Boulu, puis-je entrer ?

— Que se passe-t-il ?

— Je peux entrer ? C'est important.

La femme laissa le passage. Après avoir fermé la porte, elle invita la commissaire à la suivre. Dans la cuisine, une tasse attendait sur la table.

— Asseyez-vous, j'allais boire un café. Ça vous dit ?

— Volontiers.

Elle servit la commissaire en la dévisageant.

— Qui y a-t-il de si important ?

— C'est au sujet de votre mari.

L'hôtesse suspendit son geste.

— Il a tué quelqu'un ?

— Non pas du tout…

Aglaëe attendit un instant, le temps que Madame Delmare se pose après avoir versé le café.

— Anselme Delmare est mort… Je suis désolée.

— Une crise cardiaque ? Je lui disais sans cesse qu'il mangeait trop, qu'il buvait trop. Je suis un bon vivant me répondait-il, je profite de la vie, moi. Eh bien est-ce qu'il profite de la vie maintenant ?

Suzie Delmare était une femme ronde au teint pâle mais loin de la corpulence de son mari. Voulait-elle dire qu'elle voyait la vie d'une manière plus sage ? Le couple était-il opposé plutôt que complémentaire ? La nouvelle de sa mort n'avait pas l'air de l'affecter outre mesure. Elle se resservit du café.

— … Mais je suis bête, vous êtes commissaire… Il s'est passé quelque chose.

— Madame Delmare, votre mari a été assassiné.

— Assassiné ? Mais, par qui ?

— On ne le sait pas pour le moment… Pourquoi pensiez-vous qu'il avait tué quelqu'un ? Il avait des ennemis ?

— C'est pas ça, c'est la vie qu'il menait, ses coups de gueule. Il s'énervait facilement, pour un rien, contre n'importe qui, c'était un sanguin.

— Si tous les sanguins étaient des assassins !

— Je vais vous dire quelque chose, commissaire. Un jour je suis allée le rejoindre dans le pavillon de chasse qu'il possède en plein milieu des bois. Ils étaient tous en train de déjeuner lui et ses amis. J'entendais des éclats de voix. Je me suis approchée de la fenêtre, ce que j'ai vu était à vomir. Une femme était debout sur la table, elle dansait en soutien-gorge, petite culotte et talons aiguilles au milieu des rires gras de l'assemblée. C'était lamentable. Et dire qu'ils allaient chasser après, ivres comme ils étaient ! Un accident n'aurait rien eu d'étonnant. Je suis repartie. Alors quand je vous dis qu'il pouvait tuer quelqu'un…

— Madame Delmare, quand avez-vous vu votre mari pour la dernière fois ?

— Hier matin, Anselme est parti à l'usine comme souvent le dimanche.

— Et depuis il n'est pas rentré ?

— Non.

— Ça ne vous a pas inquiétée ?

— Mon mari découche, je suis habituée. Pour être honnête Madame la commissaire, mon mari ne me manquera pas beaucoup.

— J'avais deviné. Est-ce que vous auriez des informations susceptibles de nous aider ?

— Pas que je sache. Mais peut-être que Simon Campan pourrait vous en dire plus.

— Simon Campan ?

— Oui, il avait rendez-vous avec Anselme à la scierie dimanche matin.

— En effet, c'est une information capitale. Qui est Monsieur Campan ?

— Un ami à lui, du même acabit, chasseur, jouisseur, et aussi son principal fournisseur en bois.

— Bien, autre chose ?

— Non, je ne vois pas.

Aglaëe se leva et lui tendit sa carte.

— Tenez. S'il vous revenait quelque chose, appelez-moi.

La veuve l'accompagna jusqu'au vestibule où attendait Choupa.

— Qu'est-ce qu'il fait là ? intervint Madame Delmare.

— Je l'ai ramené.

— Pourquoi ?

— C'est votre chien.

— Dehors Choupa ! ordonna-t-elle en ouvrant la porte.

Le chien s'installa sur le perron, regardant les deux humains alternativement.

— Vous allez le laisser là ?

— C'était son chien, pas le mien.

— C'est encore moins le mien.

Aglaëe salua froidement et regagna sa voiture. La femme avait claqué la porte d'entrée. Boulu démarra. Dans le rétroviseur elle aperçut l'animal qui semblait la fixer. Sans réfléchir, Aglaëe freina et ouvrit la portière du passager. Le chien s'élança et en quelques bonds il fut à la hauteur de l'auto. Il regarda Aglaëe droit dans les yeux.

— Hop !

Il sauta et s'assit sur le siège.

L'animal fixait la route tel un copilote attentif.

IV. Simon Campan

Le bois du Barbu, dense, vert cul de bouteille, sombre, une demi-heure qu'Aglaëe marchait. Heureusement qu'elle devait ménager son genou ! Elle avait laissé son véhicule au bout du chemin, lorsque celui-ci s'était transformé en champ de bataille. Il était défoncé par le passage d'engins lourds, jonché de profondes ornières. Elle n'avait qu'à les suivre, elle s'orientait aussi grâce aux bruits des tronçonneuses et des machines. Elle parvint enfin sur les lieux de cette activité forestière. Ce qui s'offrait à ses yeux lui flanqua un sérieux coup au moral. Les belles forêts aux arbres centenaires n'étaient ici qu'un chantier de terre creusée, troncs abattus, branches cassées. Ceux-ci étaient empilés sur des remorques, prêts à être enlevés. Mais la spectatrice se raisonnait, les forêts étaient gérées efficacement, arbres triés, emplacements replantés, espacements aérés, nouvelles pousses dynamisées, place aux jeunes !

Elle s'approcha de l'homme qui prenait des notes tout en surveillant l'activité.

— Monsieur Campan ?

L'homme était petit, sec comme un coup de trique. Il découvrit, surpris, la femme qui l'abordait.

— Vous n'avez pas lu la pancarte ! On nous oblige à les afficher sur chaque chemin d'accès. C'est pas pour les chiens : Chantier, Passage interdit, Danger.

— Je me présente, commissaire Boulu. Je répète ma question : êtes-vous Monsieur Simon Campan ?

— Ah ! Je ne savais pas. Oui, c'est moi.

— Pas facile de vous joindre.

— Le réseau n'est pas actif ici, sinon ce soir je serai rentré.

— Ça ne pouvait pas attendre. Heureusement au village on m'a indiqué où je pouvais vous trouver.

— Que se passe-t-il de si urgent ?

— Vous connaissez Anselme Delmare.

— Bien sûr, c'est un ami. Qu'est-ce qu'il a fait encore ?

— Il est mort.

— Mort ? Anselme ? Comment est-ce possible ?

— Assassiné dans sa scierie.

— On a tué Anselme ?!

— Oui et j'ai quelques questions à vous poser.

L'homme rangea carnet et crayon dans sa poche et s'appuya contre un arbre.

— Je vous écoute.

— Vous aviez rendez-vous avec lui hier matin, dimanche deux.

— Non.

— Sa femme prétend le contraire.

— Enfin oui, c'était prévu mais la veille il a décommandé, pas le temps m'a-t-il dit.

— Vers quelle heure a-t-il appelé ?

— Vers vingt heures.

— Quel était le motif de votre rendez-vous ?

— C'était d'ordre professionnel.

— Dites-m'en plus.

— Je lui vends du bois. Nous avions un rendez-vous pour renégocier les prix.

— Vous vouliez augmenter les prix ?

— Non, c'est le contraire, il voulait les baisser.

— C'est tout ? Il fallait un rendez-vous le dimanche matin pour ça ?

— Le week-end, la semaine, dans nos montagnes, il n'y a pas de différence.

— Il vous a semblé nerveux ces temps-ci, soucieux ?

L'homme se gratta la mâchoire.

— Nerveux, pas plus que d'habitude. Pas soucieux non.

— Vous n'avez rien à me dire à son sujet qui serait susceptible de m'intéresser ?

— Non, désolé.

— Où étiez-vous ce matin-là ?

— Chez moi.

— Quelqu'un pour témoigner ?

— Je vis seul.

— Vous restez à disposition, je serai sûrement amenée à vous questionner à nouveau.

— Je ne suis pas suspect j'espère, Anselme était un ami.

— D'après Madame Delmare, vous êtes le dernier à l'avoir vu.

— C'est le bruit de mes engins qui vous empêche de m'entendre ? Je vous ai expliqué que le rendez-vous avait été annulé.

Campan s'était vite emporté. Il avait élevé la voix, le type de personnage qui n'aime pas être contredit. Un petit, sec et nerveux aussi.

— Ne le prenez pas sur ce ton, Monsieur Campan. Je veux bien vous croire, néanmoins sa femme n'a pas été au courant de cette annulation. Il faut que je vérifie.

— Sa femme ! Elle ne sera pas inconsolable, cette peine à jouir.

— Pourquoi dites-vous ça ?

— Elle lui faisait toujours la tête, des reproches à n'en plus finir.

— Peut-être n'était-il pas irréprochable.

— Quel mal y a-t-il à chasser entre amis ?

— En effet, elle m'a parlé de vos parties de chasse.

Un sourire narquois s'afficha.

— Ouais, je vois…

Aglaëe brisa là l'entretien, elle entama le chemin en sens inverse. Elle sentit comme des picotements sur le creux de sa nuque. Elle se retourna. Campan l'observait s'éloigner, son regard était dur, impénétrable. Était-ce celui d'un homme rustre ou d'un calculateur froid ? L'avenir le dirait…

La commissaire reprit sa marche.

La journée avait filé plus vite qu'un mauvais coton. Aglaëe s'attabla avec un soupir de soulagement. Elle n'avait pas pris le temps de déjeuner. Elle s'était installée à Sainte-Moucherolle-sur-Bourne. Sainte-Moucherolle-sur-Bourne, petit village isolé sur la combe de l'Ange, coincé entre une marée d'arbres de toute part et un peu plus vers l'ouest un précipice rocheux qui plonge vers la vallée où coule l'Isère, vers l'est la descente tout en forêt jusqu'à Villard de Lans et plus loin, dans les hauteurs, cette barre rocheuse d'un blanc de papier comme un rempart sur plus de quarante kilomètres. Elle avait opté pour l'unique petite auberge La Mouchevole, lui évitant ainsi une heure de route matinale et autant pour le retour sur Grenoble. Et puis elle aimait s'immerger dans les lieux d'une enquête, sentir l'atmosphère qui y règne, s'imprégner de l'ambiance, discuter, écouter les habitants, prendre la mesure des liens qui les unissent. Mais pour l'instant elle avait une faim de loup et tout ce qui comptait était ce qu'elle allait trouver dans son assiette.

— Voilà, commissaire Boulu, pour vous faire patienter : une assiette de charcuterie de produits régionaux. Et quand je dis régionaux, je vais moi-même chez les producteurs. Tout juste si je ne fais pas la bise aux cochons tous les matins. Pour vous dire ! Avec ça je vous conseille un petit Tavernier appellation Hautes-Alpes. Vous m'en direz des nouvelles, si vous aimez les goûts fermes et fruités.

— Je vais suivre vos conseils, Adrien.

— Vous avez raison, Madame Boulu, les conseils d'Adrien à l'auberge de La Mouchevole de Moucherolle valent leur pesant de tranches fines de saucisson accompagnées du whisky distillé dans le Vercors, orge récoltée en propriété !

Le patron retourna derrière son bar, présenta la bouteille de Tavernier puis la déboucha. Il servit un fond. Aglaëe goûta et complimenta le patron sur son choix. Adrien remplit le verre, remercia mais ne décolla pas de la table.

— Adrien, vous pourrez donner quelque chose à ce chien et un coin pour dormir. Je suis pour l'instant sa seule maîtresse.

— C'est Choupa, Suzie l'a rejeté ?

— Oui, ce n'est pas son chien m'a-t-elle dit.

— Je m'en occupe.

— Merci.

Boulu entama l'assiette de charcuterie, s'extasia sur la fraîcheur des produits. Le tenancier sourit sans bouger. Sa cliente lança quelques regards perplexes, ce qui poussa Adrien à se lancer.

— Vous êtes là pour l'Anselme ?

— On ne peut rien vous cacher, en effet je dirige l'enquête.

— Vous avez des pistes ?

— Vous vous doutez bien que si j'en avais je ne vous le dirais pas.

— Bien sûr, le secret de l'instruction comme on dit.

— Exactement.
— Sinon, vous avez une idée ? Pourquoi on l'a tué…
— Ben, c'est à peu près la même question et donc j'aurai la même réponse.
— Normal… Si je peux vous être utile, vous pouvez compter sur moi, Madame la commissaire.
— Mais vous m'aidez déjà : ce bon repas, la chambre que je vous loue, cela m'est très utile.
— Merci.
L'homme restait toujours planté.
— Bon, puisque vous êtes là… Vous connaissiez bien Anselme Delmare ?
— Qui ne le connaissait pas ! Une belle gâchette, peu de gibiers peuvent se vanter de l'avoir regardé dans les yeux. Gentil, fallait juste pas l'énerver. Il se mettait en colère dès qu'il était contrarié.
— Décidément, tout le monde s'accorde pour l'affliger de ce trait de caractère. On peut être gentil et gros nerveux ?
— C'est vrai, maintenant que vous le dites. Il était plus nerveux que gentil.
— Que m'avez-vous préparé comme plat du jour ?

V Danjou

Aglaëe Boulu s'éveilla brusquement. Son genou la lançait encore mais il avait légèrement dégonflé. Elle se prépara et descendit s'installer à la table du petit déjeuner que lui servit Adrien. Un croissant trempé dans un café noir, quoi de mieux pour entamer la journée ?

— Il vous plaît mon café ?

Le patron s'était approché de la table.

— Divin.

— Vous allez à la scierie.

— Dans le mille, Adrien.

— Le corps y est toujours ?

— Bien sûr que non, une fois la position relevée, il est enlevé et emmené pour l'autopsie.

Aglaëe termina son café et Adrien était toujours là.

— Autre chose Adrien ?

— C'est que j'ai un message à vous transmettre.

— Je vous écoute.

— C'est Monsieur Danjou, il vous invite à sa table pour un café sur la terrasse.

Elle regarda vers l'endroit indiqué et vit une silhouette assise.

— J'aime terminer par un dernier petit noir, alors pourquoi pas.

— Je vous le prépare.

Un homme élégant se leva. Une paire de lunettes cerclées de métal mettait en valeur les yeux marron et adoucissait un menton carré, énergique. Une veste légère gris pâle sur une chemise blanche. Un jean donnait à l'ensemble une tonalité décontractée.

— Merci d'accepter mon invitation, Madame la commissaire. Je me présente : comte Danjou, j'habite non loin d'ici.

Le comte présenta le siège avec vue sur le panorama, lui-même s'installa en face de Boulu.

— Comte ?! Mais c'est un honneur !

— Pas de sarcasme, je vous en saurais gré. J'ai annoncé mon titre, non pas pour le faire valoir, mais au contraire pour que le sujet soit abordé et clos. Je vis dans les vestiges d'un château. Seules quelques pièces sont encore habitables. Le reste des murs est envahi par le lierre et les ronces. D'autant plus qu'un de mes ancêtres qui voulait se rapprocher du peuple a accolé la particule au nom, Danjou s'écrit en un seul mot. Voilà, tout est dit. Mais parlons plutôt de vous. Vous êtes bien installée ?

— Oui, l'auberge est confortable et accueillante.

— C'est ce pauvre Delmare qui nous vaut votre visite…

— Tout se sait ici.

— Oui c'est un village, à l'écart de tout, au milieu de ses forêts, sur son dôme coincé entre deux vallées.

— Vous le connaissiez, Anselme Delmare ?

— Comme je vous l'ai dit, la ville tient au creux de la main. Tout le monde connaît tout le monde.

— Que pouvez-vous me dire sur sa personnalité ?

— Oh, vous savez, ce n'était pas un intime : quelques verres échangés ici-même, sans plus. Et puis il m'a fourni aussi quelques madriers et planches pour consolider le plus urgent de mon châtelet. C'était un bon bougre.

— Ces derniers jours, il était différent ? Inquiet ? Vous savez s'il avait des ennemis ?

— Je n'ai rien remarqué le peu que je l'ai vu. Quant aux ennemis, je n'étais pas assez proche pour le savoir. Désolé de ne pas vous apporter plus.

— Ne le soyez pas. Merci pour le café.

La commissaire se leva, imité par Danjou. Il la salua. Le pantalon tombait impeccablement sur la chaussure. Un charme discret émanait de cet homme courtois, un peu en décalage avec son temps.

Aglaëe gagna la gendarmerie de Villard-de-Lans où on lui avait réservé un bureau. Elle appela le médecin légiste.

— Sandrine Palet !

— Commissaire Boulu.

— Bonjour commissaire, il est trop tôt pour vous dire quoi que ce soit avec exactitude.

— Je vous appelais pour vous transmettre mon 06 afin que vous m'appeliez dès que vous saurez l'heure probable du décès.

— Je n'y manquerai pas. Tout ce que je peux vous dire pour l'instant, c'est qu'il était sujet au dédoublement de la personnalité !

Aglaëe raccrocha. Pourquoi fallait-il que les légistes soient toujours à plaisanter à propos des victimes qui ont le malheur de se trouver sur leur table d'exploration ? Leur métier était-il si insoutenable que l'humour scabreux était leur seul rempart contre la violence des corps déchiquetés qu'ils avaient à disséquer ?

Elle s'équipa de sa genouillère et se rendit sur le lieu du crime.

La commissaire descendit de voiture et contempla la scierie. Le bruit des moteurs, le crissement des scies entamant le bois indiquaient que l'activité avait repris. Elle pénétra dans le bâtiment, ses instructions étaient bien appliquées : un périmètre de sécurité aménagé autour de la grande scie. La scientifique l'avait inspectée minutieusement, mais elle voulait encore l'observer, l'examiner, s'aider du décor pour imaginer la scène, comprendre le déroulement de l'action.

Elle poussa la porte transparente qui menait au bureau. Elle y trouva Suzie Delmare, le nez fourré dans des dossiers tout en écoutant les indications du chef d'atelier. Il fallut qu'elle se manifeste pour que la femme découvre sa présence.

— Vous permettez ? Mon genou me lance. Si je ne fais pas attention, ça va mettre un temps fou pour se résorber, dit-elle en prenant place en face de Suzie Delmare.

— Faites, répondit la femme en lui jetant un coup d'œil rapide avant de replonger dans ses papiers.

— J'en profite pour vous poser quelques questions.

— Je me disais aussi…

— L'usine vous revient ?

— Qui d'autre ? Nous n'avons pas d'enfant et sommes sous le régime de la communauté.

— Et vous avez déjà pris la relève…

— Je n'ai pas le choix si je veux éviter que l'entreprise ne sombre. Quelques jours ou quelques semaines d'arrêt pourraient être fatals à sa survie.

— Vous étiez impliquée dans la marche de l'usine ?

— Pas du tout. Mais mon mari n'était pas un génie. Je suis allée plus loin que lui dans les études. Avec l'aide des employés je devrais y arriver.

— Je vous le souhaite. Qui travaille sur la grande scie ?

Estoun, le contremaître, prit la parole.

— Tous les hommes savent l'utiliser mais c'est Fabien Dourgues qui est affecté à ce poste.

— Celui qui a découvert le corps ? Je veux le voir.

— Il est au fond sur la scie à ruban.

La commissaire se dirigea vers la porte.

— Mettez ceci !

L'homme prit un casque de chantier sur une étagère.

— Casque obligatoire pour les visiteurs, consigne de sécurité.

Fabien était concentré sur sa tâche, il poussait sa planche de bois appliquée contre son guide. Avant de s'adresser à lui, la commissaire attendit qu'il aille jusqu'au bout de sa coupe. Les accidents étaient très fréquents dans ce corps de métier.

Quand il prit les deux morceaux sciés, elle put commencer.

— Bonjour Fabien.

Celui-ci se retourna, surpris.

— C'est vous, avec le bruit je ne vous avais pas entendue. C'est une quatorze pouces trente-trois. Quand elle découpe des bastaings de 185, ça explose les oreilles !

— C'est toi qui t'occupes de la grosse scie ?

— La circulaire, oui.

— Tu peux me montrer comment elle fonctionne ?

Le jeune homme alla ranger ses morceaux sur la pile. Puis ils passèrent sous les bandes bicolores.

— Je peux pas l'utiliser, avec tout ce sang…

— Tu peux la nettoyer ? Et tu me montres après…

— D'accord.

Aglaëe sortit lorsqu'elle vit la camionnette du capitaine Beaucourt arriver sur le parking de la scierie. Celui-ci salua la commissaire en portant deux doigts à sa visière. Puis il reçut les instructions de Boulu. Il eut pour mission de relever et vérifier les emplois du temps de chacun des employés ce dimanche et de procéder à une enquête de voisinage.

— Vous avez un plan ?

— Oui, j'ai une carte IGN dans la boîte à gants. Je vais la chercher.

Il l'étala sur un billot de bois.

— Voilà la scierie, dit-il en montrant un logo au milieu d'une surface jaune symbole des champs, elle-même entourée du vert représentant la forêt.

— Bien, les maisons les plus proches sont situées à quatre kilomètres. Elles sont susceptibles de nous intéresser. Ces routes sont très peu fréquentées. Les habitants ont-ils remarqué des véhicules sur le trajet de la scierie ? Si le bruit de l'usine porte jusqu'à eux, ont-ils entendu quelque chose ?

— Cette maison-là, elle est sur la route qui mène à la scierie.

— C'est celle de Fabien Dourgues.

— J'irai le voir, je vous laisse les autres. On fait un point ce soir.

Boulu rejoignit Fabien qui avait reçu l'aide de Ben.

— Pour la lame, c'est parti mais sur le plan il y a encore quelques traces, précisa Dourgues. Le bois a bu le sang par endroits.

— Ça partira à l'usage, non ? demanda-t-elle.

— Ce serait trop long, je passerai plutôt un coup de peinture.

— Démonstration ?

Fabien posa une planche sur le chariot mobile.

— Ce n'est pas compliqué, mais ce n'est pas simple non plus. Il faut faire attention et être précis. Je fais coulisser le guide selon l'épaisseur à découper. Je serre la planche de l'autre côté pour qu'elle ne bouge pas pendant la coupe. Il n'y a plus qu'à démarrer la machine. La boîte de commande est ici, quand je vais baisser le levier, vous allez voir, le chariot va s'avancer. Sa vitesse est proportionnelle à l'épaisseur et la dureté de l'essence, il faut rentrer ces paramètres. Il ne faut pas se tromper. Si je rentre une mauvaise information, tout peut arriver. Si le chariot avance trop lentement, le bois surchauffe et peut endommager la lame, si au contraire il va trop vite, le bois peut bloquer la lame et tout casser. C'est ce qui est arrivé à un collègue d'une autre scierie, la lame s'est bloquée et a redémarré en propulsant le madrier à travers l'atelier. Un mec l'a reçu de plein fouet, son épaule était en charpie.

Il enclencha la commande. La scie commença sa rotation puis accéléra. Un sifflement strident l'accompagnait.

— C'est une lame de carbure, un mètre vingt de diamètre, ce qu'il y a de plus gros, cent huit dents.

Le chariot démarra, emportant avec lui la planche de bois que la scie entama.

— Est-ce que quelqu'un qui n'est pas du métier peut s'employer à cette manœuvre ?

Fabien réfléchit quelques secondes.

— Je vois ce que vous voulez dire.

Il arrêta la machine, prit une autre pièce de bois qu'il tendit à la commissaire.

— Allez-y !

— Mais…

— N'ayez crainte, je surveille.

La femme posa le morceau comme Fabien précédemment, le cala.

— Je démarre ?

— Vous pouvez, il est bien mis.

Elle abaissa le levier de commande et le processus se déroula sans incident.

— Très bien, conclut Aglaëe. N'importe qui aurait pu exécuter cette tâche et commettre ce meurtre, c'est ce que je voulais savoir. Surtout que dans ces conditions il n'y a aucun danger pour l'exécutant.

En évoquant la scène, le jeune-homme blêmit.

— La… la coupe est plus facile.

— Est-ce que votre patron vous a semblé soucieux ces derniers temps ?

Dourgues secoua la tête.

— Savez-vous s'il avait rendez-vous avec Monsieur Campan ?

— Non, mais il y a trois jours, ils se sont engueulés bien comme il faut.

— Ah ! À quel sujet ?

— Aucune idée, on voit tout à travers la porte mais on n'entend rien avec le bruit des machines. Et c'était évident qu'ils s'envoyaient des mots qui sentaient pas la rose. Ils faisaient de grands gestes. À un moment, Monsieur Campan s'est avancé sur le patron comme s'il voulait le pousser, alors le patron l'a empoigné par la veste. J'ai cru qu'il allait le décoller du sol. Campan pèse dix fois moins mais c'est un nerveux. Et puis ça s'est arrêté là. Campan est sorti en furie, il a claqué la porte. Elle a failli se dégonder. Moi je me concentrais sur ma machine, comme s'ils n'étaient pas là… Ça m'a d'autant surpris que ce sont des potes, ils vont à la chasse ensemble.

— Monsieur Estoun en a peut-être entendu plus…

— Ça m'étonnerait, Vivien était dehors à décharger une remorque.

Boulu laissa l'employé reprendre son travail et rejoignit le contremaître. Celui-ci n'avait en effet rien remarqué de notoire en ce qui concernait les protagonistes. Puis il énonça le personnel employé à la scierie. Lui-même répartissait les tâches à accomplir et organisait le travail pour répondre aux commandes. Il était aussi responsable du chargement jusqu'à la livraison. Il occupait un poste de coupe lorsque le planning était lancé. Fabien Dourgues était affecté à la scie circulaire. Ben était sur plusieurs machines de plus petit gabarit. Enfin Charlie était conducteur d'engins et assurait les livraisons. Le patron Anselme Delmare était en relation avec la clientèle et les fournisseurs. Il gérait lui-même la comptabilité qu'il faisait valider par un cabinet comptable.

Quatre salariés qui ne posaient pas de problèmes au patron, sérieux, appréciant d'exercer leur profession dans un secteur où les fermetures d'entreprises étaient nombreuses. Ils accomplissaient consciencieusement leur travail qu'ils tenaient à sauvegarder.

Le téléphone de la commissaire sonna : les premiers sons étaient significatifs : cymbale, batterie, rythme accrocheur de Je joue de la musique de Calogero…

Un certain lundi matin, au lieu d'entendre ces premières notes, Aglaëe fut surprise par un autre chant, a capella celui-là, elle en reconnut l'origine et avait cherché plus tard le nom sur le net. C'était un groupe corse, « Bande à part », qui chantait Liberta, d'abord quelques notes en intro puis une chanson vive, entraînante, pleine d'optimisme et qui bien sûr parlait de la Corse. Avant son départ, Francesco Falcone avait modifié en catimini le smartphone d'Aglaëe. C'était cette sonnerie qui s'activait à son appel.[1] Un sentimental, ce Francesco, sous ses dehors renfrognés. Il voulait qu'elle se souvienne de lui par cette allusion corse. On ne pouvait écouter un air corse sans se projeter sur cette île unique. Et par conséquent comment ne pas penser à son commandant préféré ? Depuis leur première rencontre, leurs échanges avaient été chaotiques. Ils avaient été comme des boxeurs dans un ring. Un pas en avant deux en arrière, des coups suivis de corps à corps. Confidences suivies de coups de gueule. Harmonie rugueuse. Soulagement de la réconciliation. S'étaient-ils rendu compte qu'ils jouaient à je t'aime moi non plus ? Sûrement pas. Cela ne s'était pas terminé par un je t'aime mais quelque chose qui y ressemblait. Ils avaient passé la nuit ensemble. Puis Francesco était parti. Au petit matin, il avait changé la sonnerie. Jolie attention qui n'excusait pas tout. Elle avait entendu cette musique une seule fois. Cet unique appel venait du bateau qui partait vers la Corse. Et depuis pas un signe, rien ! Aglaëe avait attendu une semaine pour voir s'il allait persister dans ce mutisme insupportable. Cela n'avait pas manqué, pas un coup de téléphone. Ce n'était pas la peine de jouer les romantiques avec ses musiques de montagnards pour en même temps disparaître des écrans radars. Elle était tombée sur son répondeur et n'avait pas laissé de message. Elle n'avait pas renouvelé son appel. C'était une histoire terminée ou quoi ?! Elle n'avait pas la vertu des femmes de marin, comme chantait Barbara…

---

[1] Voir Nozze nere [1] et Nozze nere [2]

De ressasser ces atermoiements l'avait mise d'une humeur massacrante. Elle donna un coup de pied dans un éclat de bois. Elle releva la tête. Elle était dehors avec le soleil pour seul témoin de son coup de colère. Décidément, cette absence de nouvelles la contrariait plus qu'elle ne voulait l'admettre.

Elle avait toujours le téléphone en main et n'avait pas décroché. Elle rappela le correspondant.

— Docteur Sandrine Palet, Commissaire Boulu à l'appareil. Du nouveau ?

— Oui, vous m'aviez demandé de vous appeler dès que j'aurais des infos qui puissent vous intéresser.

— C'est le cas ?

— J'ai fait parler les frères jumeaux.

— Les frères jumeaux ?

— Oui, les parties du corps sont identiques.

— Ah, faut vous suivre ! Ou alors des frères siamois séparés par un acte chirurgical un peu brusque…

— Ah, c'est pas mal non plus quand vous vous y mettez !

— Merci, il faut que je me défoule moi aussi. Bon je vous écoute.

— Une première analyse indique que la mort se situe dimanche entre neuf et onze heures. Je serai plus précise dans la journée. Je peux vous confirmer aussi que ce n'est pas un suicide collectif.

— Merci pour cette dernière info, j'allais orienter l'enquête dans cette direction. Vous m'avez évité une bourde.

— Si je peux vous être utile…

Sur ces plaisanteries douteuses, elles raccrochèrent. La commissaire monta dans sa voiture, claqua la porte et démarra, mais elle fut rappelée à l'ordre par un aboiement. Choupa courait à côté. Elle pila et ouvrit la portière.

— Désolé Choupa, je t'avais oublié, monte !

Elle redémarra.

— C'est à cause de Francesco, dit-elle en regardant son copilote. Ça fait des mois qu'il m'ignore et c'est pas ce que j'avais pressenti lorsqu'il m'avait quittée pour regagner son île.

Il lui rendit un regard accusateur.

— Tu peux pas comprendre !

VI Colette Blanche

Après avoir exposé les circonstances de la mort de Delmare, Boulu observait Madame Dourgues. Celle-ci restait debout, sirotant son café. Elle avait accueilli la commissaire avec beaucoup d'empressement. Lui avait proposé de s'asseoir dans la cuisine. Celle-ci donnait sur la forêt, une belle vue. Une jolie petite maison agréable dans la montagne, au milieu d'un plateau. Si l'on aimait la nature et l'isolement, on était servi.

— Vous croyez que l'usine va fermer ? C'est ma hantise. Je sais, c'est triste la mort de Monsieur Delmare. Mais mon Fabounet est tellement bien dans son travail, il ne s'agit pas qu'il le perde. Il est sérieux, ponctuel. Quand Estoun prendra sa retraite, sûr qu'il deviendra chef d'atelier. C'est qu'il a de l'ambition mon petit. Alors s'ils ferment boutique où ira-t-il, que fera-t-il ? Ça me retourne rien que d'y penser. Si vous savez quelque chose il faut me le dire Madame la commissaire.

Elle regardait par la fenêtre, puis s'adressait à sa visiteuse. Son profil était marqué par un nez en forme d'accent circonflexe qu'elle avait transmis à son fils.

— Ne vous en faites pas, Madame Delmare a repris les rênes de la direction. Cela devrait vous rassurer.

— Oui, vous avez sans doute raison. C'est que depuis la mort de son père, il a pris le rôle de chef de famille. Il se sent responsable de tout. Il veut me protéger le pauvre petit. C'est arrivé si soudainement. Mon mari travaillait pour Monsieur Campan. Il était à l'abattage. Mon Marcel sciait le tronc d'un épicéa et puis la chaîne de sa tronçonneuse s'est bloquée et elle a redémarré mais en repartant, la tronçonneuse s'est relevée d'un coup et lui a entaillé le cou. Ses coéquipiers sont accourus, la jugulaire était ouverte. Ils ont maintenu une pression mais le sang coulait, coulait. Mon pauvre mari s'est vidé de tout son sang. Et vous savez pourquoi elle s'est arrêtée brusquement la tronçonneuse ? Il y avait un caillou dans la souche ! Vous imaginez ça ? Un caillou dans le bois ! Comment s'est-il logé là ? Et combien de chances pour qu'on abatte justement cet arbre-là et de le scier pile là où il se trouvait ce maudit caillou. Eh bien c'est tombé sur mon mari. Lui qui était si prudent, si professionnel. Mon Fabounet a mis longtemps à s'en remettre. C'est à cette époque qu'il a commencé à fumer ses cigarettes au miel.

— Des cigarettes au miel ?

— Oui, il les roule lui-même, elles ont un goût d'herbe sucrée.

— Ah, je vois !

— Vous connaissez ?

— Revenons à l'objet de ma visite, si vous voulez bien. Entendez-vous la scierie d'ici, et l'auriez-vous entendue dimanche matin ?

— Si j'ai entendu la scie de mon Fabounet ? Quand il est revenu lundi après avoir découvert le corps, si vous aviez vu dans quel état il était ! Désemparé, anéanti. Il m'a décrit. Du rouge partout il m'a dit. La scie était en sang, l'établi, la lame, avec des morceaux de chair entre les dents. Comme si elle avait dévoré le corps. C'est qu'il la bichonne, sa scie !

— Sinon, vous l'avez entendue ?

— Ça ne risque pas.

— Vous êtes trop éloignée ?

Pour toute réponse Madame Dourgues ouvrit la fenêtre.

— Écoutez.

Un faible bruit, un ronronnement comme une plainte étouffée, parvenait jusqu'à la maison.

— On entend quand même un peu, conclut la commissaire.

— Oui et je reconnais le bruit de la scie de mon Fabounet entre mille. Mais ce jour-là le vent soufflait plein est. Quand ça arrive, le bruit ne porte pas ici. Vous devriez demander à la Colette. Elle, elle aura entendu en étendant son linge, vu que sa maison est à l'opposé.

— Avez-vous remarqué une voiture suspecte ?

— Ici il ne passe que les voitures qui vont à la scierie. La route se transforme en chemin juste après et aboutit à l'usine. C'est un cul de sac. J'ai vu la voiture de Monsieur Delmare mais c'est tout.

L'auto d'Aglaëe s'immobilisa devant le portail de Colette Blanche.

Dans le jardin, la propriétaire des lieux était en extension pour étirer le drap sur la corde à linge. Puis elle plongea sa main dans la poche de sa blouse à fleurs et elle en sortit une poignée de pinces qu'elle fixa sur la longueur à intervalles réguliers.

— Je suis dans le jardin, faites le tour !

La commissaire contourna la maison

— Madame Colette Blanche ?

Celle-ci se retourna, révélant un petit visage rond, fiché de deux yeux noirs enfoncés sous des arcades sourcilières prononcées.

— Qui la demande ?

— Commissaire Boulu.

— Vous venez me voir rapport à la mort de Monsieur Delmare.

— On ne peut rien vous cacher.

— C'est pas faux. Par contre je ne vois pas en quoi je peux vous être utile.

— Juste quelques questions à vous poser.

— Vous gênez pas, pendant que j'étends mon linge, ça ne m'empêche pas de vous répondre.

— Je voudrais savoir si vous avez entendu du bruit provenant de la scierie dimanche.

La femme se pencha, releva le panier à linge, fit quelques pas et le posa.

— Avant-hier ?

— Oui, dimanche dans la matinée.

Elle se baissait, prenait un vêtement qu'elle accrochait d'un geste vif et précis.

— Si j'ai entendu quelque chose ? Ça c'est sûr ! J'étais surprise car l'usine n'est jamais en activité le dimanche. C'est la scie de Fab qui tournait. Elle porte jusqu'ici. C'est la seule machine qu'on entend, sinon ce sont les camions et l'élévateur. J'étais dans le jardin, dans la maison on n'entend rien.

— C'était vers quelle heure ?

— Que je réfléchisse… c'était après deux panières et demi…

— Vous voulez dire deux heures et demie ?

— Non pas du tout. Le dimanche matin j'étends du linge.

— Le mardi matin aussi à ce que je vois.

— Vous êtes observatrice vous, vous ne seriez pas dans la police par hasard ?

La petite Colette lança un clin d'œil.

— Je vous chine. Que je vous explique : ma sœur Carole a sept garçons. À laver, nourrir, les accompagner à l'école, aux activités, sans compter le ménage, les courses. Enfin bref, elle n'y arrive pas. Alors je la soulage de la lessive. Ça ne me dérange pas, moi je n'ai pas d'enfants. Ça m'occupe. Quand je lui rapporte les vêtements, les draps tout bien repassés, je reste un peu. Ils sont un peu durs ses enfants mais ils sont adorables. Je suis toute seule à la maison, alors ça me fait de l'animation.

— Vous êtes célibataire ?

— Non, mais avec le métier de mon mari… Il est routier international. Toujours parti à l'étranger. Il s'en va plusieurs jours et quand il revient il dort.

Colette faisait des pas chassés, se pliait, pendait sa lessive et recommençait tout en bavardant.

— Donc qu'est-ce que je disais déjà ? Ah oui, il me faut à peu près quinze minutes pour aller chercher ma panière, la remplir et puis l'étendre. J'en étais presque au bout de ma deuxième quand j'ai entendu le bruit. Comme j'ai commencé vers dix heures moins le quart… Donc la scie a fonctionné à dix heures et quart. Ça n'a pas duré, je ne sais pas moi, une dizaine de linges.

— …de minutes ?

— Ah non je fais une dizaine de linges en une minute, en gros. Donc la scie a tourné une minute.

— Ça a le mérite d'être précis.

— Remarquez je peux me tromper. Avec les chaussettes c'est plus rapide, les chemises par contre je mets plus de temps.

Elle suspendit son geste.

— Mais à la réflexion, c'était un mélange : donc il était bien dans les dix heures quinze.

— Avez-vous remarqué autre chose, le passage d'une voiture ?

— Non, à part ça rien d'inhabituel.

— Votre mari ?

— Il était parti à l'étranger.

— Il travaille aussi le dimanche ?

— Les week-ends ça n'existe pas pour lui. Là il est au Portugal, il revient demain. Il rentre, il mange, il dort.

Aglaëe laissa madame Blanche pendue à sa corde à linge. Sur la route du retour, elle récapitula ce qu'elle avait glané. La mort aurait bien frappé dimanche vers dix heures quinze. Le plus intrigant était que le seul accès à l'usine n'avait pas été emprunté. Comment l'assassin était-il parvenu à la scierie ? À travers bois et prairies ? Avec un tout terrain ? Aurait-il laissé sa voiture et continué à pied ?

Elle s'aperçut avant de monter dans sa voiture qu'elle y avait laissé sa canne. Cet oubli était le signe que l'épanchement se résorbait. Le montagnard avait bien prédit la guérison si elle ne forçait pas sur la jambe. C'était un bon !

VII Coup de fil

— Allo, c'est moi.

— Quoi ?

— Quoi quoi ? Tu sais très bien : l'assassinat d'Anselme…

— Et alors ? En quoi ça nous concerne ?

— Tu sais très bien.

— Tu délires, c'est n'importe quoi. C'est une vieille histoire.

— Je croyais ça moi aussi mais la nuit dernière je me suis réveillé, j'étais en nage, j'avais rêvé qu'il entrait chez moi un couteau à la main. J'ai peur, ça va être à notre tour maintenant.

— Non calme-toi, ça n'a rien à voir avec nous. Je te dis que c'est fini cette histoire, oublié !

— Tu crois ça ! Moi je te dis qu'il a éliminé Anselme et après ce sera mon tour. Mais moi je ne vais pas attendre, c'est moi qui vais le crever…

— Eh ! Calme-toi, il ne sait même pas que tu existes.

— Tu dis n'importe quoi. Il sait qui je suis.

— C'est pas ça : il ne sait pas qui était dans la combine.

— Ou c'est peut-être toi le prochain, tu ferais moins le malin.

— Anselme avait des ennemis, des gens qu'il avait rabaissés, humiliés, je ne sais pas moi, c'était un bulldozer ce mec. Alors un rancunier a pété les plombs et l'aura éliminé.

— Tu crois ?

— Mais oui, tu verras. La Boulu, parait-il que c'est le top du top, elle va coffrer l'assassin et on n'en parlera plus. Crois-moi.

— T'es sûr ?

— Certain, arrête de stresser.

— Tu ne stresses pas toi ?

— Je n'ai aucune raison d'avoir peur et toi non plus. Tu te fais de la bile pour rien.

— OK, je vais t'écouter…

— C'est bien, fais pas de bêtise, ça va se tasser. Allez, faut que je raccroche. On m'attend.

— Bon… Si tu le dis.

— Fais pas de connerie.

— Ouais, ça va aller, salut.

— Salut.

VIII Major

Aglaëe termina son déjeuner par un petit café sans sucre accompagné du journal local, une source d'informations qui s'avérait parfois utile. L'Écho des montagnes avait imprimé à la une la découverte macabre de la veille. Sur une photo de la scie, un dessin stylisé reproduisait le corps découpé en deux. À côté, en médaillon, était affiché le portrait d'Anselme Delmare. L'article soulignait l'atrocité du meurtre, se demandait quel genre d'assassin était capable de perpétrer de tels actes de torture. Rôdait-il encore dans les montagnes ? Dans un encadré, on présentait la commissaire en charge de l'enquête. Une rapide biographie indiquait qu'elle était sortie major de sa promo. Elle avait déjà à son actif la résolution d'enquêtes particulièrement complexes et dernièrement en Corse, une affaire qui avait fait grand bruit. L'enquête était entre de bonnes mains, telle était l'appréciation de la journaliste.

Boulu tourna la page, elle se méfiait des éloges, souvent ils généraient déception et colère. Plus loin, un fait divers était repris : deux enfants n'avaient toujours pas été retrouvés. Cinq jours que Benjamin et Jérémy avaient disparu. Une cellule de recherche composée de huit agents avait été mise en place. Ils décortiquaient toutes les informations qui leur remontaient via l'internet et les appels téléphoniques. C'étaient des enfants sans histoire, ils avaient terminé leur CM2 avec des commentaires encourageants de la part de leur maître. Ils étaient amis depuis le CP. Les deux Parisiens avaient quitté leur domicile pour se retrouver au circuit de roller à mi-chemin de leur appartement respectif. Depuis, on ne les avait pas revus. Un appel à témoin avait été lancé dans les médias. On avait cru les apercevoir porte d'Italie, sur une départementale à Sainte-Luce-sur-Loire, à Romans-sur-Isère le même jour ! On les avait vus accompagnés d'un homme, grand, doté d'une barbe courte. De nombreuses informations contradictoires mais qu'il fallait vérifier. Les questions restaient entières : était-ce une fugue ? Si c'était le cas, se cachaient-ils toujours ? Leur escapade s'était-elle terminée en drame ? Était-ce un rapt d'enfants ? Nul indice ne permettait de privilégier une piste plutôt qu'une autre. Les investigations se poursuivaient. Aglaëe replia le journal, perplexe, dépitée qu'une recherche de jeunes enfants piétine ainsi.

Batterie, piano et basse : la commissaire débloqua son smartphone.

— Commissaire Boulu.

— Oui, je sais puisque je vous appelle. C'est Sandrine Palet, j'ai plus de détails à vous fournir au sujet du découpé suivant les pointillés. Voilà, Anselme Delmare est décédé entre dix heures et dix heures quinze.

— Exactement.

— Bon, si vous savez déjà tout je raccroche. Mais non je rigole ! Comment vous savez ?

— Un témoin auditif.

— Et le coup à la tête, il l'a entendu aussi ?

— Je vous écoute.

— Anselme Delmare a un bel hématome sur le pariétal gauche, au niveau de la suture coronale.

— Intéressant. Cela signifie qu'il aurait reçu un coup suffisamment violent pour l'assommer. L'assassin aura traîné puis hissé le corps sur le plan de la scie avant de procéder à…

Aglaëe cherchait ses mots, mais sa phrase fut complétée par son interlocutrice.

— Á sa scissiparité.

— Si vous voulez. Quel type d'objet a été utilisé ?

— D'après l'impact ce serait un objet long et plat, non tranchant.

— Une planche ou autre bâton, ce n'est pas ce qui manque ici.

— Ça pourrait être ça.

Elles raccrochèrent.

Les recherches du capitaine Beaucourt avaient abouti aux mêmes conclusions. Le meurtre se situait entre dix heures et dix heures trente. Deux foyers témoignaient de leur surprise de constater que la scie ait fonctionné le dimanche. L'un d'eux exprimait sa colère de ne pouvoir se reposer le dimanche dans le silence de la montagne, autant habiter en ville.

Boulu décida de revoir Simon Campan. Cette fois-ci, elle le somma de rester chez lui. Pas question de courir après au milieu des bois. Lorsqu'elle l'avait rejoint à son domicile, il l'avait installée dans le canapé et s'était calé lui-même dans le fauteuil en face. L'intrusion de la commissaire l'indisposait et il ne s'en cachait pas. Ses doigts tapotaient l'accoudoir.

— Je ne comprends pas la raison de votre visite, j'ai déjà répondu à toutes vos questions.

— Vous vous moquez de moi ? On vous a vu à la scierie la semaine dernière vous mettre en colère contre Anselme Delmare. Vous n'étiez pas loin d'en venir aux mains.

— Oh, n'exagérons pas ! Je me suis un peu énervé, c'est vrai. D'ailleurs lui aussi. Mais ça fait partie des négociations.

— Expliquez-moi.

— J'ai eu une forte contrariété : comme je vous l'avais expliqué, je vends à Anselme tout le bois dont il a besoin. Mais il ne voulait plus me passer commande, alors je suis allé lui dire ce que j'en pensais.

— Quel était le point d'achoppement ?

— Il exigeait que je baisse mes prix sous prétexte que mes forêts sont à proximité de la scierie et donc que cela ne me coûte rien en transport.

— Alors ?

— Il m'a déjà fourni cet argument. J'ai déjà des prix inférieurs.

— La confrontation s'est mal déroulée ?

— Pas très bien. Résultat : zéro commande ! Mais cela fait partie du jeu, il me met à la diète pendant quelques jours, je lui fais une remise et ça repart.

— Il représente combien de votre chiffre d'affaires ?

— Un peu plus de quarante pour cent.

— Pas loin de la moitié de vos ventes se volatilise et vous appelez ça « petite négociation » !

— Où voulez-vous en venir ? Vous insinuez que j'aurais tué Anselme pour une part de marché ? C'est n'importe quoi !

Simon s'était levé, il fit un pas vers Boulu et se pencha vers elle.

— Vous allez décamper d'ici ! Je ne veux pas entendre de telles accusations chez moi.

La commissaire allongea son bras le long du dossier et fixa l'homme droit dans les yeux.

— Calmez-vous et asseyez-vous, Monsieur Campan, vous ne m'impressionnez pas. En effet, rien ne vous oblige à m'inviter, moi par contre je peux vous convoquer à la gendarmerie avec mise en examen à la clef.

Le calme de la commissaire lui fit l'effet d'une douche froide. Il reprit sa place.

— Vous avouerez que c'est un peu extrême, tuer son client à cause d'une histoire de commandes.

— J'ai vu pire, croyez-moi.

— De toute façon mon client serait revenu.

— Que faisiez-vous dimanche vers dix heures ?

Ses petits yeux lançaient des éclairs, son menton tremblotait comme s'il voulait se détacher. Mais si l'homme était à nouveau envahi par la rage, il sut la contenir.

— Je vous l'ai déjà dit, j'étais ici.

— Quelqu'un pour le confirmer ?

— Je vous répète que je vis seul.

— Monsieur Delmare vous a téléphoné samedi à vingt heures douze, nous avons vérifié.

— Ah, vous voyez ! Il a décommandé notre rendez-vous, c'est ce que je vous disais.

— Rien ne nous dévoile le contenu de la conversation.

— Pourquoi ne me croyez-vous pas ? Je ne suis pas un assassin.

— Je ne dis pas ça. Mais les comptes qui basculent dans le rouge, un dépôt de bilan, des dettes pour des années… Vous vous êtes énervé, vous en êtes venus aux mains, un mauvais coup et il est mort.

— Et je l'aurais découpé pour en faire de la chair à saucisse.

— Vous aurez imaginé ce scénario pour faire croire à un déséquilibré.

Campan s'arracha de son fauteuil le rouge au front. Ses mains tremblaient, une veine à son front battait à rompre.

— Je vous ordonne de vous taire ! Je vous dis que ce n'est pas moi !

— Vous vous mettez facilement en colère, Monsieur Campan.

— Je voudrais vous y voir.

L'homme alla dans la cuisine. Il offrit son visage au filet d'eau sous le robinet. Puis il but un grand verre et revint dans le salon.

— Excusez-moi, je me suis emporté. Je n'aurais pas dû… Après tout, il n'y a pas de raison que je paye pour un autre… Et si c'était l'homme qui a tué l'Eugénie ?

— Que voulez-vous dire ?

Aglaëe était tendue, à l'écoute du moindre signe, des expressions furtives, clignement, contraction des lèvres, direction du regard.

— Allez plutôt enquêter du côté de Catel.

— Qui est Catel ?

— Eugénie Catel avait quatre-vingt-douze ans, elle était aussi gaillarde qu'à trente, aussi agile que ses chèvres… Elle serait tombée en conduisant son troupeau ! On en parle beaucoup dans le village : deux morts dans le mois. C'est bizarre, non ? De toute façon vous l'auriez appris.

— D'après vous ces deux morts seraient liées.

— C'est ce qui se dit.

Sur le chemin du retour, Aglaëe décida de passer par la scierie, elle pressa le capitaine de l'y rejoindre. Quand celui-ci pénétra dans l'atelier, il vit la commissaire perchée en haut d'une échelle, les yeux rivés sur les poutrelles de la charpente.

— Ah, vous voilà !

Elle descendit les échelons et devant l'étonnement affiché du gendarme, elle lui fournit quelques explications.

— Voyez-vous capitaine, j'ai la conviction que pour tout crime, qu'il soit circonstanciel ou prémédité avec grande minutie, l'assassin laisse toujours un indice, aussi infime soit-il. On le trouve ou pas, mais il existe. Ici, ce n'est pas par terre qu'il faut le chercher mais en l'air. Les dents de la lame abordent le bois par dessous pour scier de bas en haut. Donc, s'il existe un indice, il se pourrait qu'il ne soit pas tombé mais ait été projeté dans les airs par la force centrifuge. Il a donc autant de chance de se trouver fiché au plafond qu'ailleurs. Alors je cherche en l'air.

En ce tout début de mois de juillet, la période avait été déclarée caniculaire, une température moyenne pour ce début de mois jamais égalée. Le capitaine hocha du chef tout en ôtant son képi. La chaleur dans l'atelier était régulée par des courants d'air, mais elle n'en demeurait pas moins insupportable. Comme si les rayons ne suffisaient pas, les moteurs en rajoutaient en veux-tu en voilà. Les hommes suaient à flot au-dessus de leur machine.

— Que savez-vous sur Madame Catel ?

— Eugénie Catel ? Une vieille dame retrouvée au fond d'un précipice, pourquoi cette question ?

Ils sortirent pour profiter d'un léger vent.

— Campan a évoqué sa mort, il dit qu'elle est douteuse. Parlez-moi d'elle.

— Madame Catel vivait seule au village. Elle tirait ses revenus de la vente de ses légumes et du lait de ses chèvres. Une force de la nature : à plus de quatre-vingt-douze ans elle emmenait son troupeau qu'elle trayait tous les jours. Une exception de bout de femme, elle possédait une énergie incroyable.

— Que lui est-il arrivé ?

— Elle était partie sur les coteaux comme à son habitude. À un endroit, le chemin s'efface au détriment d'un rocher avec un méplat qu'il faut franchir. Elle a dû glisser et elle a dévalé une vingtaine de mètres. Elle est morte sur le coup. C'est moi qui ai constaté l'accident.

— Vous n'avez rien constaté d'anormal ?

— Non.

— Il n'y a pas eu d'autopsie ?

— Il n'y avait pas lieu d'en demander une, c'est le docteur Couturnes qui a déclaré le décès.

IX Surprise !

À force de défiler, les heures amenèrent la fin de l'après-midi. Aglaëe roulait vers l'auberge La Mouchevole. Elle n'était pas satisfaite de l'avancement de l'enquête : Anselme Delmare avait été assassiné dimanche vers dix heures et quart, un coup sur la tête puis scié. Simon Campan pouvait lui en vouloir car il ne lui passait plus commande. Pas d'alibi. Une vieille dame morte au fond d'un ravin. Rien à se mettre sous la dent, pas de piste, aucun indice, le néant ! Elle ne supporterait pas que cela reste en l'état. Un certain Grandey, commissaire divisionnaire de son état, ne serait pas mécontent qu'un échec survienne à l'endroit de cette collègue hors norme.

L'enquête avait débuté lundi, à peine deux jours, c'était un délai normal pour un meurtre planifié. Il n'y avait pas de quoi se décourager, et puis cela ne lui ressemblait pas cette lassitude lors d'une enquête, à peine commencée en plus.

Elle ne put repousser plus longtemps une idée qui cognait à son crâne comme pour demander la permission d'en sortir. Elle était nostalgique. Ces montagnes lui rappelaient la Corse. Et la Corse, Francesco. Il fallait qu'elle se rende à cette évidence : il lui manquait. Ce jeu du chat et de la souris auquel ils s'adonnaient avait abouti à une rencontre plus profonde. Une seule nuit ou leurs barrières s'étaient effondrées les unes après les autres. Ils s'étaient surpris eux-mêmes de tant de confiance. Puis ils s'étaient quittés emplis d'une émotion nouvelle. Incertains de ce qu'il adviendrait de tout ça, des kilomètres et des mois qui allaient les séparer. Elle n'avait pas imaginé qu'ils avaient le pouvoir de tout balayer.

Elle claqua la portière et crut avoir la berlue. Assis à la terrasse, un journal en main, Francesco Falcone, la tête penchée sur le côté de la feuille de chou, sourire satisfait de celui qui est sûr de son effet de surprise.

— Francesco !?

— Lui-même.

La stupéfaction se lisait sur le visage d'Aglaëe, puis la surprise fit place au doute et ses traits s'assombrirent.

— Tu es là…

Francesco avait perçu ces changements, comme les nuages effacent le soleil.

— Tu es là, reprit-elle… pas un mot depuis… depuis des mois ! Le mutisme sidéral, même Choupa est plus bavard.

Le chien assis aux pieds de celle qu'il considérait comme sa nouvelle maîtresse, leva la tête à son nom, les arcades sourcilières dressées comme en signe de reproche. Ne me mêlez pas aux affaires humaines, semblait-il exprimer.

— Tu as adopté un chien ?

— Ne change pas de sujet. Monsieur s'envoie en l'air avec la commissaire à la capitale, joue les amoureux pour mieux la séduire et regagne son île. Tranquille. Pas un mot. Tout d'un coup il revient « Coucou je suis là ! » et il voudrait être reçu comme le Messie !?

— Mais Aglaëe, je voulais te faire une surprise.

— Eh bien tu l'as ta surprise, je me casse.

Elle tourna les talons, regagna sa voiture et démarra en faisant ronfler le moteur. Le désarroi s'afficha sur le visage de Francesco mais il fut effacé par une lueur d'espoir. Il se leva quand il vit les témoins de frein s'allumer. La voiture venait de s'immobiliser, la porte du passager s'ouvrit. C'était une invitation après avoir déversé ce qu'elle avait sur le cœur. Il fit deux pas.

Le chien sauta dans la voiture et elle redémarra.

Aglaëe se leva aux aurores, le comte Danjou était déjà attablé comme à son habitude face à la devanture de l'établissement, laissant libre le siège en vis à vis. Ainsi Aglaëe embrassait du regard la place avec ses platanes et, en son milieu, le monument aux morts. Celui-ci représentait un soldat, genou à terre, maintenant haut le drapeau de la République flottant au vent malgré l'envahisseur, les balles, les obus et la mort au bout du combat.

Danjou portait un costume de flanelle taillé sur mesure. Il se leva à la venue de la commissaire. Aglaëe prit place.

— Mauvaise nuit ?

— Ça se voit tant que ça ?

Il approuva d'un mouvement de tête.

— On peut dire ça comme ça.

— Un copain à vous ?

— Les nouvelles vont vite.

— Ça vous dérange qu'il soit venu vous voir ?

— On est bien curieux, Monsieur le comte.

— Vous n'êtes pas obligée de me répondre.

Aglaëe avala le deuxième croissant qu'elle avait fait baigner dans le café puis en prit un troisième qu'elle observa et reposa, dépitée. Hier soir, elle avait déambulé dans les rues de Villard-de-Lans, investi un restaurant dont elle avait peu goûté les mets. Ses sentiments s'affrontaient dans le désordre, un combat chaotique, plaisir et attirance se disputaient avec exaspération et agacement. L'un l'emportait tout de suite vaincu ou inversement. Puis elle avait retrouvé sa chambre et s'était retournée dans son lit tout au long de la nuit, supputant que son ami dormait du sommeil du juste, peut-être au même étage. Pour un peu, elle l'aurait rejoint uniquement pour qu'il passe une nuit aussi pourrie que la sienne. Elle jeta un regard à Danjou.

— C'est pas ça, mais il n'a envoyé aucun message depuis qu'on s'était quittés.

— Qu'est-ce que vous préférez, qu'il vous téléphone ou qu'il vienne vous voir ?

— Les deux.

— Mais encore…

— Qu'il soit là bien sûr.

— Eh bien ça ne va pas durer. Hier soir il a commandé un taxi qui viendra le chercher dans… une heure.

— Bon vent !

Réflexe de fierté qui ne correspondait en rien à sa pensée. Elle le savait.

— Vous êtes plus bornée qu'une départementale !

— Patron !

Instantanément, Adrien fut sur le pas de porte.

— Le nom du taxi qui doit venir tout à l'heure.

— Attendez, j'ai sa carte.

Il revint et la lui tendit. La commissaire fit le numéro et décommanda. Dès la communication terminée, l'intro de Je joue de la musique résonna dans sa main. Fabien Dourgues était dans tous ses états.

— Il faut que vous veniez tout de suite ! Madame Delmare est dans son bureau. Elle est en train de tout casser.

— Pourquoi ? Qu'est-ce qu'il lui arrive ?

— Je ne sais pas. Elle est arrivée comme une furie et ça n'arrête pas, elle balance tout.

— J'arrive. Essayez de la maîtriser.

— On n'y arrive pas, on a peur de lui faire du mal.

Elle raccrocha, laissa le chien aux bons soins d'Adrien et s'engouffra dans sa voiture.

Lorsque la commissaire poussa la porte, Suzie Delmare levait un gros classeur au-dessus de sa tête qu'elle jeta à travers la pièce. Puis elle balaya du bras les dossiers bien alignés sur une étagère.

— Madame Delmare, qu'est-ce qu'il vous prend ?

— Ce qu'il me prend ? Ce qu'il me prend ! Je vais casser cette usine, je vais tout envoyer en l'air, voilà ce qu'il me prend.

— Calmez-vous, Madame Delmare. Voulez-vous m'expliquer ce qu'il se passe ? S'il vous plaît, Madame Delmare. Suzie. Vous permettez que je vous appelle Suzie ?

La femme suspendit son geste qui devait projeter un luminaire sur pied et regarda la commissaire qui avait l'air d'être une bonne personne. Elle lui avait fait une impression plutôt positive lors leur première rencontre. Puis elle découvrit à travers la porte de verre les ouvriers qui la dévisageaient, effarés, tout à coup gênés d'être eux-mêmes observés. Elle constata l'étendue de sa colère : le bureau qu'elle avait dévasté, les papiers épars, les sièges renversés, la machine à café démontée et son liquide mélangé aux factures et commandes. Elle s'assit sur un tabouret épargné. La tête dans les mains, elle sanglota. Aglaëe releva le fauteuil et l'invita à y prendre place. Mais elle secoua la tête.

— Je ne peux pas. Il n'est pas à moi.

Elle essuya ses larmes, la rage l'avait abandonnée. Elle n'était plus que désespoir. Boulu s'assit et lui prit la main.

— Racontez-moi Suzie.

— Je viens de chez le notaire qui est habilité à procéder à la succession des biens de mon mari.

— De votre mari et vous. Vous m'avez dit que vous étiez mariés sous le régime de la communauté.

— Oui.

— Donc n'ayant pas d'enfants, tout ce qu'il possédait vous appartenait à vous aussi.

— Oui, mais…

Une crise de larmes la submergea, mais elle se reprit.

— Après quelques années difficiles, Anselme a modernisé son atelier pour le rendre plus productif. Il a acheté de nouvelles machines pour obtenir des prix plus compétitifs. Pour cela, il a dû emprunter à des amis.

— Les emprunts à des amis finissent toujours mal en général. Pourquoi n'a-t-il pas emprunté à la banque ?

— Il avait eu beaucoup de mal à rembourser l'emprunt précédent. Elle ne lui faisait plus confiance.

— Et alors, à cet ami, il lui restait beaucoup à rembourser ?

— Non, il en avait encore pour une dizaine de mois seulement.

— Alors, vous pouvez lui verser les dernières traites.

— C'est là que ce voleur, cet escroc a tout calculé, si mon mari n'a pas crédité la totalité de l'emprunt, le bien lui revient.

— Mais, si vous le faites en son nom ?

— Il pourrait s'en contenter, mais il refuse. Le contrat est au nom d'Anselme Delmare. Il ne peut plus payer, la scierie lui revient. Le notaire confirme que le contrat ne peut être dénoncé. Mon mari ne me laisse plus que la maison.

— Comment s'appelle cet « ami » ?

— C'est Marc Vauché, ils allaient à la chasse ensemble. Dire qu'il a mangé à la maison il y a quinze jours. Quel salaud !

— Il vous reste la maison, Suzie.

— Oui, Anselme n'a jamais voulu la mettre en caution ni l'hypothéquer.

— C'est déjà ça.

Suzie Delmare se leva, regarda l'état du bureau à la hauteur de sa désolation. Les ouvriers s'étaient remis à la tâche, le spectacle était terminé. Ils opéraient à leur poste de travail, conscients que leur avenir se jouait en cet instant. Suzie ouvrit la porte.

— Je vais leur dire au revoir, je les aimais bien. Je suis sûre qu'on aurait fait du bon boulot ensemble.

Une lueur d'inquiétude se lisait sur le front de la commissaire. La femme sut l'interpréter.

— Vous pouvez y aller, je ne ferai plus de bêtises. C'est passé. Je n'ai plus de rage, juste de l'amertume et de la rancœur envers mon mari. Comme si je n'avais pas assez de reproches pour les nourrir.

Suzie Delmare rejoignit son personnel pour leur annoncer son départ et les saluer une dernière fois.

L'homme était debout devant sa vitrine. Parmi les modèles réduits d'automobiles, il avait saisi celui de 1964 à l'échelle 1/43 ème de la coupé Maserati. Il aimait la contempler sous tous ses angles, en contre-plongée sur l'avant droit avec vue sur les phares, le capot et ses ouvertures en alu et, plus loin, le pare-brise incliné. Ce moteur V6 double injection réalisait des accélérations démentes avec des pointes à 317 km/h.

L'original avait glané un palmarès exceptionnel, ce qui avait augmenté sa valeur à des niveaux vertigineux. Malgré un prix exorbitant, c'était cette voiture-là et aucune autre qui serait sa prochaine acquisition. Il s'en était fait la promesse il y a plusieurs années et ce bijou était à sa portée. C'était imminent.

— Papa, papa, il y a une dame qui veut te voir, même que c'est un flic.

La fillette, toutes bouclettes blondes dansantes, avait fait irruption dans le bureau de son père. Elle était tout essoufflée. Quand le carillon avait sonné, elle avait filé comme le vent et ouvert la porte d'entrée. La commissaire s'était présentée, alors elle avait grimpé les vingt-cinq marches de l'escalier de chêne et couru tout au fond du couloir jusqu'au bureau de son papa.

— On ne dit pas flic, ma princesse, on dit policier.

— D'accord papa. C'est pas un flic, c'est un policier.

Il rangea le bolide et ferma la vitrine. La fillette prit la main de son père. Il s'arrêta devant la chambre de sa fille.

— Tu vas rester jouer dans ta chambre.

— Non papa, je veux venir avec toi, j'avais jamais vu un flic policier.

— Non, c'est une discussion entre adultes.

— Mais papa…

— Ne discute pas, Marlène !

— Bon d'accord mais alors je peux manger un chewing-gum ?

— Pas de chantage avec moi s'il te plaît… Bon d'accord.

La fille disparut dans sa chambre.

La commissaire patientait dans le hall. Celui-ci témoignait d'une richesse vite acquise. Deux tableaux impressionnistes encadrant un conceptuel, un secrétaire dégotté chez un antiquaire installé en face d'une commode art-déco. Un assemblage sans harmonie mais affichant une réussite sociale.

Chemise bleue sous un costume bleu nuit, cravate bordeaux, Vauché soignait son image. Il compensait sa taille, qu'il devait juger insuffisante, en se tenant droit comme un piquet, torse en avant.

— Bonjour… Madame ?

— Commissaire Boulu, vous êtes bien Monsieur Marc Vauché ?

— Lui- même. Que puis-je pour vous ?

— C'est au sujet de la succession de Monsieur Delmare. La scierie vous revient, c'est bien cela ?

— C'est exact, en quoi cela concerne la police criminelle ?

— Monsieur Delmare vous devait beaucoup d'argent ?

— Un peu, dix mois de traites.

— Cela ne devait pas représenter une somme exorbitante. Son épouse aurait pu se substituer à lui et solder le crédit.

— Ce n'est pas comme ça que ça se passe.

— Papa, elle ne va pas te mettre en prison, la policière flic ?

En haut du palier Marlène se tenait accroupie, la tête entre les barreaux qu'elle tenait à pleines mains.

— Il faut lui dire que tu n'es pas un bandit.

— Qu'est-ce que tu fais là ? Retourne dans ta chambre.

— Si tu veux, je peux lui dire, moi, que tu n'as rien fait de méchant.

L'homme monta les marches quatre à quatre et prit sa fille par le bras.

— Allez, va jouer, maman ne va pas tarder à rentrer des courses. N'aie crainte, la policière ne va pas m'emmener.

Il referma la chambre et rejoignit la commissaire.

— Sortons, dit-il.

Ils firent quelques pas dans le jardin.

— Que me voulez-vous ?

— Anselme Delmare a été assassiné. Il vous devait de l'argent, peu. Sa femme avait la possibilité de vous rembourser. Non, vous empochez l'usine pour une bouchée de pain. Une aubaine. Avec ce mobile, cela fait de vous un suspect de premier ordre.

— Les amis c'est une chose. Mais les affaires sont les affaires. Un contrat doit être respecté. Pour autant, je ne suis pour rien dans la mort d'Anselme.

Marc Vauché était sûr de son fait, insensible à tout autre aspect qu'à celui des affaires. Il marchait le regard droit devant, comme visant un objectif que lui seul pouvait apercevoir. Le groupe Bande à part égrena ses premières notes, la musique installée par Francesco. La commissaire sortit son portable et fit glisser son doigt.

— Allo ! Aglaëe ? questionna Francesco, furieux. Est-ce que tu peux me dire…

— Attends deux secondes, l'interrompit-elle.

— Je n'ai pas l'intention…

Elle écarta son smartphone et s'adressa à Vauché.

— Excusez-moi, je vous demande de patienter quelques minutes.

Elle s'éloigna dans le parc.

— Oui, Francesco, que se passe-t-il ?

— Que se passe-t-il ?! C'est bien toi qui as annulé mon taxi que je sache !

— Hmm.

— Hier soir tu me jettes comme une vieille noix et…

— Les vieilles noix ça se jette pas, il y en a de bonnes.

— En plus elle se fout de moi !

Il était rare que Falcone élève la voix. Elle n'allait pas arriver à le calmer.

— Francesco, est-ce que tu peux attendre ce midi, on déjeune ensemble.

— Ah bon ! Madame est disponible, elle daigne m'honorer de sa présence…

— S'il te plaît Francesco, je suis avec un témoin, là. On se voit à l'auberge ? Ce midi ?

— T'as intérêt à être à l'heure !

Il raccrocha. Aglaëe soupira, promena son regard sur ce jardin paysager aux branches immobiles sous la chaleur écrasante. Elle se tourna vers Vauché qui l'observait, un sourire goguenard aux lèvres.

— On a des problèmes familiaux ? ironisa-t-il.

— Ils sont inexistants, comparés aux vôtres si vous ne coopérez pas en toute franchise. Vous allez commencer par me dire où vous étiez dimanche matin entre dix et onze heures ?

— Chez moi.

— Seul ?

— Avec ma femme et ma fille.

— Qui d'autre ?

— C'est tout.

— Donc seule votre femme peut confirmer.

— Vous avez d'autres questions ?

— Je veux voir votre femme.

— Elle sera là d'ici une heure.

— Bien, vous passerez à la gendarmerie à quinze heures avec votre femme et signerez votre déposition.

— Je ne crois pas que je pourrai me libérer, dit l'homme en saisissant son smartphone pour consulter son agenda.

— Ce n'est pas une invitation, Monsieur Vauché, vous y serez, sinon c'est menottes aux poignets que le fourgon viendra vous chercher !

Boulu ouvrit les vitres des deux portières pour faire un courant d'air. La suffisance de cet individu lui avait fait monter la tension. Elle avait remarqué son intention de la recevoir dans le vestibule pour marquer le peu d'importance qu'il donnait à cet entretien avant qu'il ne soit dérangé par sa fille. Seul l'avertissement d'être emmené en panier à salade l'avait déstabilisé quelque peu ainsi que celle d'un interrogatoire plus formel à la gendarmerie.

Le courant d'air, même chaud, la calma. La partie qui suivait n'allait pas être de tout repos non plus. Dans quel état allait-elle retrouver Francesco ? Comment amadouer un Corse en colère hors de son île ?

— Pourquoi as-tu décommandé mon taxi ?

Depuis son coup de téléphone, la colère de Falcone avait disparu. Il restait néanmoins une rancune au fond de ses yeux. Le couple s'observait, tentait de happer les pensées cachées derrière les mots. Il était installé sur la petite table de bistrot, une salade composée servie par Adrien qui, pour une fois ne faisait pas le pied de grue à proximité de sa cliente.

— Pourquoi l'avais-tu commandé ?

— S'il te plaît, pas de joute. Réponds simplement à ma question. Ma surprise était une très mauvaise idée, tu me l'as bien fait comprendre. Alors je n'ai plus qu'une chose à faire : je prends mes cliques et mes claques et je rentre.

— Tu m'as mal comprise. Ce n'est pas la surprise de ta venue qui était une mauvaise idée, c'est tout ce qui précédait.

— Qu'est-ce que tu racontes, qu'est-ce qui s'est passé avant ?

— Rien justement. Il ne s'est rien passé. Tu ne m'as donné aucune nouvelle. Je t'ai envoyé un ou deux textos. Aucune réponse. À Paris, quand tu es parti, j'avais cru comprendre que ce n'était pas un jeu, que tu voulais aller un peu plus loin et ça me plaisait.

— Je me souviens de tes textos. J'avais l'intention d'y répondre, mais je voulais réfléchir, écrire autre chose que des banalités. Pour cela il me fallait du temps…

— Un an, trois, plus ?

— Laisse-moi t'expliquer : quelques heures de tranquillité m'auraient suffi. Prendre le temps de me poser, réfléchir un peu à ce que je voulais te dire. Mais le boulot qui ne laisse pas de répit, le temps qui défile, les rares moments qui m'appartenaient j'étais crevé, pas d'inspiration. Alors j'ai laissé tomber, je me suis dit que je te dirais tout ça de vive voix…

Ils n'étaient plus dans la confrontation verbale. Chacun versait son regret comme un reste de crème au fond d'un bol.

— Ton silence m'a peinée.

— Ce n'est pas de la peine que j'ai vue ce matin mais de la colère.

— Te voir a été un éblouissement mais tout de suite balayé par l'insupportable absence de nouvelles. La déception l'a emporté.

— Et maintenant ? demanda-t-il apaisé.

— Si on reprenait tout à zéro ?

— Du style : « Vous ici ? Quelle surprise ! »

— Du style : « Vous ici, quelle surprise. »

Ils se dévisagèrent, comme s'ils se retrouvaient pour la première fois. Ils se retrouvaient pour la première fois, se laissaient aller au plaisir de se revoir. Ils se turent, commencèrent à planter leur fourchette dans leur assiette, négligemment.

— Après mon petit déjeuner, ce matin, je suis remonté, j'ai pris ma douche et je suis redescendu… avec ma valise. J'ai attendu… Le patron me regardait d'un drôle d'air. Le taxi ne venait pas, c'est seulement quand je lui ai demandé s'il était coutumier de tels retards, qu'il m'a avoué ton intervention.

Elle sourit.

— J'avais l'air un tantinet ridicule, rajouta-t-il en riant.

— Ce n'était pas le but recherché.

— J'avoue que j'ai un peu surjoué la colère au téléphone pour me donner une contenance devant le tenancier.

— J'y ai cru, je le concède, j'étais très embêtée, et pas parce que je questionnais un témoin… Tu as réussi à poser des congés ?

— Ça faisait une éternité… Ça n'a pas été facile de te retrouver. La dernière fois, tu étais basée à Paris. Puis mutée à Grenoble, maintenant en mission à Villard-de-Lans et logée dans ce village de Sainte-Moucherolle-sur-Bourne.

— C'est à peu près ça… D'ailleurs cette enquête s'annonce plus hermétique que je ne l'aurais souhaité.

— Tu peux m'en dire deux mots.

— Voilà, Anselme Delmare a été assassiné d'une manière atroce…

— Scié par sa propre machine, j'ai lu ça.

— Exactement. Un colérique, chasseur, bon vivant mais qu'il ne fallait pas contrarier d'après ceux qui le connaissaient. Sa scierie revient pour une bouchée de pain à Marc Vauché, arriviste suffisant aux dents longues. Si le décès était intervenu moins d'un an plus tard, la dette aurait été épongée et l'entreprise lui serait passée sous le nez. Alibi : sa femme. Nous avons aussi Simon Campan, homme vif et nerveux qui avait des raisons d'en vouloir à la victime car elle avait cessé de lui commander le bois pour sa scierie. Pas d'alibi. Tu vois, trois amis chasseurs, une victime, les deux autres ont un intérêt financier à la disparition du premier. Mais rien de concret, tout est flou, sans consistance. Ça commence à m'agacer menu menu.

— Si j'ai bien compris, il ne faut pas que je rêve de randonnées alpestres, plongeons dans l'eau des lacs glacés et bivouacs sous la voûte céleste.

— Tu t'en doutais un peu, non ? Tu as le choix : ou tu appliques ce programme en solitaire, ou alors tu restes en duo mais avec une légère entorse à ce projet idyllique : enquête, interrogatoires, prises de tête genre rat dans un labyrinthe.

— Je rêvais de passer des vacances studieuses.

— Ça tombe bien, mon chef ne m'enverra jamais de coéquipier. Trop content que je me retrouve seule à patauger dans la tartiflette. Alors acte un : l'alibi de Marc Vauché, Madame Christèle Vauché et c'est maintenant.

— Oui chef !

— Ah non hein…

X L'instit

Boulu et Francesco se rendirent à Villard-de-Lans. Elle voulait relever elle-même la déposition de Vauché, lui mettre la pression. Elle ne se faisait pas d'illusions sur la déclaration de son épouse, mais elle voulait jauger s'il y avait de la dissimulation dans ses propos.

La commissaire et Falcone entendirent d'abord Marc Vauché qui répéta ce qu'il avait appris à la commissaire deux heures auparavant. Comme prévu, son épouse confirma la présence de Marc Vauché ce dimanche matin. Madame Vauché essayait tant bien que mal de cacher ses origines modestes sous des airs empruntés. Sur le revers de sa veste était épinglée une broche grosse comme le poing. Elle énonça avec force détails les activités de chacun ce matin-là. Rien que la vie d'une famille ordinaire.

La commissaire voulait la déstabiliser.

— Suzie Delmare est une amie à vous ?

— Oui, une très bonne amie, pourquoi ? répondit-elle instantanément.

— Cela ne vous dérange pas de récupérer son usine ? C'est une bonne affaire pour vous !

L'air hautain qu'elle arborait se figea, cette nouvelle l'avait surprise. C'était indéniable. Elle tripota sa broche nerveusement.

— Je… je ne savais pas.

— Vous la laissez sans ressources alors que son mari était sur le point de clore son emprunt.

— Mon mari me laisse à l'écart de ses affaires, se reprit-elle.

— Alors je vous l'apprends. La scierie vous revient de droit. Pour une bouchée de pain. Il y a longtemps que votre mari la convoitait ?

— Vous insinuez que mon mari… qu'il aurait… mais… ce n'est pas pensable !

Ses yeux s'agitaient de droite et de gauche, elle perdait toute tenue. L'affolement commençait à l'envahir.

— Mon mari ne tuerait pas pour ça, lui.

— Que voulez-vous dire ?

— Ce que je veux dire, c'est ce que tout le monde pense…

Elle s'interrompit, malmenant son gros bijou.

— Et que pense tout le monde ?

— Au sujet d'Eugénie Catel.

— Encore !

— Ah ! Vous voyez, on vous en a parlé !

— Oui, d'après certains, ce ne serait pas un accident.

— Oh, mais ce n'est pas tout…

— Vous commencez à m'exaspérer. Vous voulez terminer vos phrases, on ira plus vite.

— Il y en a qui auraient vu quelqu'un le jour de l'accident, pas loin de l'endroit où on l'a découverte.

— Qui dit ça ?

— Je ne sais pas, des gens.

— Et qui se promenait par là ?

— Moi je ne veux accuser personne, mais puisque c'est mon mari qu'on montre du doigt… Il y en a qui auraient vu l'instituteur rôder.

— Et pour cela on l'accuse !

— Je ne l'accuse pas, je vous raconte ce qui se dit. Si ça peut faire avancer l'enquête, moi, c'est pour vous rendre service. Parce que si vous pensez à mon mari, vous faites erreur.

Aglaëe termina l'entretien. Elle ne pensait pas tirer plus de ce témoin. La femme avait repris de sa superbe. Elle avait digéré l'information que lui avait donnée la commissaire. Christèle Vauché avait été contrariée, mais elle avait repris le dessus.

La commissaire avait du mal avec les rumeurs et plus encore avec ceux qui les colportaient. Malgré tout, elle ne pouvait passer outre. Elle devait les prendre en compte, trier le vrai du faux. Elles parasitaient une enquête, faisaient perdre du temps, mais parfois une vérité s'en dégageait et elle ne pouvait en faire l'économie.

Le soleil s'était invité, ses rayons s'inclinaient pour pénétrer par les fenêtres ouvertes. Les élèves avaient déserté leur école depuis une paire d'heures. François Rébac était assis à son bureau dans le silence retrouvé. Une pile de cahiers aux pages corrigées s'élevait avec lenteur. Le stylo rouge soulignait, rectifiait, biffait les fautes d'orthographe ou d'accord, toujours les mêmes, il aurait pu être en pilote automatique. Comme si la plume avait eu rendez-vous avec certains mots, chaque soir, pour rajouter un s par-ci, barrer un t par-là ou seulement les entourer en espérant que l'élève saurait corriger de lui-même. Le professeur des écoles suspendit son geste lorsqu'il entendit frapper à la porte.

— Oui ?

La silhouette de la commissaire apparut dans l'encadrement. Rébac se leva.

— Bonsoir Madame la commissaire, Monsieur… Je pensais avoir la visite impromptue d'une mère d'élève.

— Bonsoir Monsieur Rébac. Voici le commandant Falcone. On se connaît ?

— Non, mais les événements et votre venue sont largement commentés. Tout le monde sait tout sur tout le monde au village.

— Ou croit savoir.

— Oui, on parle beaucoup sans savoir.

— Vous sentez-vous concerné ?

— J'évite les ragots.

— Mais les ragots vous évitent-ils ?

— Cela mérite réflexion… Je pense qu'on doit pas mal discuter à mon sujet.

— En bien ou en mal ?

— Vous savez, je viens de Paris et je débarque dans ce petit village de montagnes. Pour beaucoup je suis le Parigot. De plus, je bouscule les habitudes, les préjugés et ça passe mal. J'en déduis que ça doit bavasser dans les chaumières. J'en ai eu d'ailleurs quelques échos.

L'homme était grand, bien bâti, sportif, cheveux blonds coupés court, yeux bleus. Il tenait plus du guide de montagne que de celui de la tour Eiffel.

— Qu'est-ce qu'on vous reproche ?

— Quel est exactement le propos de votre visite ? Mais prenez un siège.

François descendit une chaise d'une table d'élève et l'offrit à Boulu. Elle s'installa, l'assise était un peu basse à son goût. Falcone préféra rester debout. Puis l'instituteur reprit son fauteuil derrière le bureau.

— Je suis désolé, je n'ai rien d'autre à vous proposer. C'est une classe.

— J'avais remarqué. Je suis venue vous voir parce que votre nom a été prononcé à deux reprises. Témoignages un peu flous, mais j'ai le devoir de contrôler.

— Témoignages un peu flous ? reprit l'instituteur, une ride se fronçant entre les sourcils.

— Connaissiez-vous Eugénie Catel ?

— Bien sûr, qui n'a pas goûté les délicieux petits crottins de pays produits par le lait de son troupeau ?

— Vous vous promenez souvent dans les alentours ?

— Oui, très. Il y a pléthore de sentiers et la montagne est magnifique.

— L'auriez-vous rencontrée lors de vos balades ?

— Eugénie ?

— Eugénie.

— Cela m'est arrivé deux ou trois fois. Elle arpentait les sentiers et les champs avec son troupeau. N'importe quel promeneur pouvait la croiser.

— D'après vous, elle était trop âgée pour s'aventurer dans ces sentiers ?

— Ce n'est pas une question d'âge. Il suffit d'un instant d'inattention, une erreur de jugement et la montagne vous avale. Mais je croyais que vous enquêtiez sur la mort de Monsieur Delmare.

Boulu se leva. Cette position repliée avait ravivé sa douleur au genou. Elle fit quelques pas pour se détendre puis se tint à la fenêtre. Le soleil s'était glissé derrière les crêtes. L'ombre rafraîchissait la vallée. Rébac tapota les bords d'une pile de cahiers bien alignés et se leva à son tour. La commissaire était agacée par cet interrogatoire stérile, mais elle devait aller jusqu'au bout.

— Le jour de la disparition de Catel, l'aviez-vous rencontrée ?

— Je me souviens très bien que j'avais randonné ce jour-là, mais pas au même endroit. Je m'étais fait la réflexion que si j'avais choisi le même versant, peut-être aurais-je pu l'aider.

— On vous a vu dans les environs de l'accident.

— On se sera trompé… d'endroit ou de jour…

— Je croyais que nous étions amies…

Suzie Delmare n'y était pas allée par quatre chemins. Elle en voulait tellement à Christèle. À peine celle-ci avait-elle décroché qu'elle avait attaqué bille en tête. Les petits rituels de début d'une conversation, qui pouvaient durer plus d'une heure au téléphone quand elles ne prenaient pas le temps de passer chez l'une ou l'autre pour un petit thé ou café l'après-midi, les « Coucou ma belle » « Comment ça va bien ? »… tout ça était oublié, rejeté.

— Comment as-tu pu me faire une chose pareille ? Tu m'as volé mon usine ! Tu te rends compte du mal que tu me fais ?

— Mais ce n'est pas moi, c'est Marc. Pour lui, il n'y a que les affaires qui comptent…

— Tu ne m'as rien dit, tu aurais pu avoir au moins la décence de me l'avouer !

— Mais je ne savais pas. Ce n'est même pas lui qui me l'a annoncé, c'est la commissaire. J'ai été convoquée à la gendarmerie de Villard et c'est elle qui me l'a appris. Elle soupçonne même Marc de l'avoir tué pour récupérer l'usine. Et moi, elle croit que je suis complice en tant qu'alibi. Tu imagines ? On se croirait dans une série policière à la télé.

— En attendant, moi, ce n'est pas de la fiction. J'avais déjà commencé à m'occuper de l'entreprise… Qu'est-ce que je vais faire ?

— Je veux bien t'aider, moi… Mais dans les affaires, il est intraitable, Marc. Je te dirais bien que je tenterai de le faire changer d'avis mais je veux pas te mentir, je sais que je n'y parviendrai pas…

— C'est vrai, tu n'étais pas au courant ?

— Non, pas du tout, je te l'aurais dit sinon. Je suis ton amie. Tu veux qu'on se voie ?

— Plus tard.

— Qu'est-ce que tu vas faire ?

— Je ne sais pas encore…

— Je vais essayer quand même de le raisonner…

— Tu ferais ça ?

— Oui, mais il ne faut pas que tu te fasses d'idées, il est borné en affaires.

— Je sais… Merci quand-même d'essayer.

— Ne me remercie pas… Tu n'es plus fâchée ?

— Non, puisque tu n'y es pour rien.

— Bon… On se rappelle.

— Bises.

— Bises.

Suzie Delmare raccrocha, rassurée que son amie ne soit pas impliquée. Cependant il fallait qu'elle trouve un moyen de récupérer son usine. Mais rien ne lui venait en tête, aucune solution ne se présentait…

Christèle Vauché avait posé son combiné. La colère de son amie l'avait affectée, heureusement qu'elle n'avait pas duré. Elle avait pu la convaincre, la calmer. Elle avait promis qu'elle tenterait quelque chose auprès de son mari. Mais quoi ? Elle ne s'occupait jamais de ses affaires. De toute façon, elle verrait bien. Elle commencerait par lui dire sa façon de penser… dépouiller sa meilleure amie ! Oui, elle dirait ça : « Dépouiller ma meilleure amie. »…

Les deux policiers quittèrent l'école, cette entrevue avec l'instituteur n'avait rien donné, conformément à leurs prévisions. Ils empruntèrent les petites ruelles pour retourner à leur hôtel.

— Des ragots de village, dit Aglaëe après un silence pesant, c'est tout ce qu'on a à se mettre sous la dent. Ça m'exaspère !

— Ça fait combien de temps que tu es sur cette affaire ?

— Le corps a été découvert lundi matin, je suis arrivée en fin de matinée, on est mercredi. Compte.

— Pas de témoin, le lieu du crime est isolé de tout, les proches ont des alibis. Les circonstances font que la solution ne sera pas apportée sur un plateau. On peut dire une chose, c'est que l'assassin a bien prémédité son coup.

— Tu as raison. Que peut-on dire de plus sur lui ?

— Sur les raisons qui l'ont poussé à commettre un tel crime…

— Oui, reprit la commissaire, l'assassin devait lui en vouloir pour le mettre dans un tel état. Le tuer ne lui suffisait pas, il voulait qu'il souffre, qu'il se voie mourir.

— Donc ils se connaissaient… sauf si c'est un sadique qui prend son pied dans la terreur de sa victime.

Ils gagnèrent la chambre d'Aglaëe qui était plus spacieuse et dont les volets s'ouvraient sur le sommet de la Grande Moucherolle qui dominait du haut de ses deux mille deux cent quatre-vingt-cinq mètres.

XI Gâterie

Les pensées de Fabien vagabondaient comme un cours d'eau nonchalant…

Aaah, un bon tarfouf ! Quoi de mieux après toutes ces émotions ? Qu'on est bien là ! Couché dans le lit King size, décontracté, les jambes allongées, écartées, vue sur le sapin à travers la fenêtre ouverte qui laisse entrer une légère brise. Tranquille ! Nu, avec ce petit courant d'air sur ma peau. Quelle délectation ! Et ma tête, elle est posée où ma tête ? Sur une belle paire de gros nichons en stéréo. La bourgeoise, elle dit jamais non, elle en redemande même. En plus, elle s'y met aussi à la beuze, ça m'éclate ! C'est cool ! Comme un pacha je suis. Et il n'y a même plus à faire gaffe au mari, vu qu'il n'y en a plus de mari. D'un côté c'est mieux, parce que s'il était tombé sur moi alors que j'étais en train de m'occuper de sa femme, je crois qu'il m'aurait mis en pièces détachées. C'est qu'il était costaud, une beigne et je m'enfonce comme un foret sous le derrick, il n'aurait plus eu qu'à attendre le pétrole. Que là, je suis dans la chambre nuptiale, tranquille, un vrai propriétaire terrien. Faut dire qu'il n'y venait pas souvent lui faire son affaire à la bourge. Moi je prends la place de personne, je comble le vide si vous voyez ce que je veux dire. Sinon, ça me contrarie un peu, tout ça risque de tomber à l'eau comme une vieille chaussette. Non, les chaussettes neuves, ça tombe pas à l'eau ! Si la scierie ferme, je perds tout, le boulot et la patronne. Et là ça craint…

Suzie Delmare l'interrompit dans ses réflexions. De toute façon, il en avait fini.

— À quoi tu penses, mon bichon ? Tu ne dis rien.

— Je profite... Je suis bien, là... Et toi ?

— Moi je suis contrariée, très contrariée.

— À cause de moi ?

— Non ! Comment peux-tu dire ça ? Tu es ce qui m'est arrivé de mieux dans ma vie.

— Alors c'est quoi ?

— C'est qui plutôt.

— Je sais, tu penses à Marc Vauché.

— Tu te rends compte, il m'a volé ma scierie. Et c'est légal. Je ne peux rien faire. Aucun recours, je serais sûre de perdre. Ah ! Si j'étais un homme...

— Qu'est-ce que tu ferais ?

— J'irais le voir et je le tabasserais jusqu'à ce qu'il me rende mon bien.

— Tu crois ça, toi ! Il porterait plainte, tu irais en prison. Avec les dommages et intérêts, tu serais obligée de vendre ta maison et tu n'aurais plus rien.

— Oui, je sais, je dis ça comme ça... Je serais plus subtile...

Fabien Dourgues se redressa, éteignit son mégot. Ils regardèrent les quelques nuages blancs poussés par un soleil sans compromis.

— Allez, tu serais un homme : raconte !

— C'est la nuit, il y a du vent. Marc est dans le salon, il veut terminer un de ses projets financiers, un de plus. Il est concentré sur son ordinateur. Sa femme et sa fille dorment à l'étage. Je porte une cagoule, je m'approche sans un bruit...

— Comment es-tu entrée ?

— Une fenêtre ou une porte non verrouillée, j'ai cassé un carreau, n'importe… Je lui applique un pistolet sur la nuque.

— Comment te l'es-tu procuré, ton pistolet ?

— Celui d'Anselme, dans sa table de chevet.

— Wouaw !

— Donc je lui fais « Debout, un mot et tu meurs. » Il obtempère. On sort. Le vent a redoublé d'intensité. Je l'emmène derrière son cabanon. « À genoux, les mains derrière la tête ! » Et là je le menace. J'y mets le paquet. Je lui montre un sécateur que j'approche d'un doigt. J'explique ce qui pourrait arriver, à lui et ses femmes. Je serre un peu, juste pour qu'un filet de sang soit visible. S'il parle aux flics, c'est d'abord lui, puis sa femme et enfin sa fille qui seront mutilés. Je lui demande s'il veut que je commence. Tu imagines bien sa réponse. Puis je lui explique ce que j'attends de lui. La restitution pure et simple de la scierie à Madame Delmare.

— Alors il saura que c'est toi.

— Il pourra le déduire. Mais je serais un ami qui me veut du bien. J'aurais un alibi. Justement cette nuit-là, je coucherais avec toi…

— Eh, je ne couche pas avec un homme !

— Enfin, voilà. Tout ça pour te dire que je ne resterais pas sans rien faire. Et chez ce genre d'individu, il n'y a que leurs intérêts qui priment. Il soupèserait rapidement le pour du contre, comprendrait qu'il aurait plus à perdre qu'à gagner. Je lui précise que son notaire doit envoyer un courrier à Madame Delmare dès le lendemain.

— Tu ne lui fais pas signer tout de suite ? Ça serait fait.

— Non, pas de preuve de cette nuit. Il pourrait dire que cette lettre lui a été extorquée de force, même s'il n'y a pas de preuves, ça serait disons, embarrassant. Je serais obligée de recommencer avec plus de conviction. Pour le convaincre, je lui montrerais des photos de sa fille. Et je m'en irais.

— Dis donc, t'y as pas mal pensé à ce chantage.

— Ce n'est pas un chantage, je reprends seulement ce qui m'appartient.

— Mais tu n'es pas un homme.

— C'est ce qui me désole.

— Moi ça me va…

Elle caressa Fabien, d'abord son thorax bien dessiné, elle descendit sur son ventre tout en muscles, des carrés bien alignés, et encore plus bas ses doigts agiles eurent un effet immédiat sur sa virilité.

— Toi par contre, il n'y a pas de doute, tu es un homme, un vrai, un poitrail de lutteur. Et puis à force de manier les poutres, les bastaings, les chevrons de tout bois, il y a un certain mimétisme on dirait.

Il commença à parcourir d'une main distraite la poitrine de Suzie dont il ne se lassait pas.

— Je te vois venir, tu sais.

— C'est vrai, je suis avide de toi.

Elle l'embrassa, ses lèvres cheminaient sur ses pectoraux.

— Ce n'est pas ça… Tu voudrais que je te remplace dans le rôle de l'homme.

— Tu ferais ça ?

Ses cheveux balayaient son pubis, son bassin se souleva vers la bouche offerte. Fabien devait se concentrer pour continuer la conversation, sa voix était moins sereine.

— Ton histoire était palpitante, mais en vrai est-ce que cela se passerait aussi facilement ?

— Hm hm, acquiesça-t-elle.

— Si je le faisais, je prendrais tous les risques.

La femme suspendit son mouvement et leva la tête.

— Tu as un alibi de rêve : moi. Tu aurais passé la nuit avec moi.

— Ça ne tiendrait pas puisque tu serais la bénéficiaire.

— Écoute, au pire je me dénoncerais, je dirais que c'est moi qui l'ai menacé.

— Ta voix ?

— Je dirais : « J'avais parlé grave », dit-elle d'une voix caverneuse.

Fabien posa la main sur la tête de Suzie tandis qu'il réfléchissait tout haut.

— Et tout pourrait continuer : l'usine, toi, moi… Et s'il résistait ? Pas question que je tue quelqu'un, même un pourri.

La femme s'interrompit à nouveau, ce qui fit haleter le jeune homme. Alors elle continua d'une main experte, car ce qu'elle avait à dire pouvait durer au moins une minute, ce qui lui semblerait une éternité pour l'affaire qu'elle avait entreprise.

— S'il avait des velléités de rébellion, tu saurais le calmer. Tu as vu comme il est tout petit tout maigre et toi, tu es bâti comme un Apollon, tu es mon gladiateur. Tu n'en ferais qu'une bouchée ! Ce ne serait qu'une correction, mais ce ne sera même pas nécessaire. Il aura trop peur pour te résister. Tout se passera comme prévu. Et comme tu le dis, on serait bien, tous les deux. À l'usine, tu deviendrais le chef d'atelier parce que tu le mérites, et le soir on se retrouverait dans notre lit, et après je te préparerais des petits plats. Moi, je ne serais plus toute seule et toi, tu serais comme un roi, mon chéri.

Fabien hoquetait de plaisir. Il avait du mal à articuler.

— Après tout pourquoi pas, ça devrait marcher.
— Tu es un amour, mon bichon.
Elle se tut jusqu'à le sentir se libérer dans sa bouche avec un cri rauque.

XII Chloé Fidois

C'était devenu une habitude, lorsqu'Aglaëe descendait l'escalier de l'auberge, Adrien lui servait son café au lait sur la terrasse. Elle prenait place en face de Danjou déjà installé, avec vue sur le soldat de pierre et le panorama alpin. Il attendait avec plaisir ce moment de partage. La commissaire ne lui révélait aucune des étapes de l'enquête, mais elle confiait ses impressions sur la vie des montagnards, la défiance que certains nourrissaient envers les étrangers à leur vallée, ou pour d'autres leur accueil dans la simplicité. Mais tous étaient imprégnés de la force qui les liait à cette terre. Danjou n'avait aucune raison de cacher ses pensées, il commentait avec bienveillance la vie rude de ces hommes aux caractères bien trempés et leurs relations souvent aussi rugueuses qu'un rocher qui dévale un champ de pierres.

Aglaëe apparut à la terrasse, accompagnée de Francesco. Le comte se leva, il portait une casquette à carreaux, par-dessus une ample chemise blanche une paire de bretelles soutenait un pantalon quadrillé lui aussi.

— Je vous présente mon collègue et néanmoins ami, le commandant Falcone. Francesco, voici le comte Danjou avec qui nous devisons au petit déjeuner.

— Enchanté, vous êtes de la famille du capitaine Danjou ?

— Non, ma particule s'est rattachée à mon nom qui était à l'origine d'Anjou. Ma lignée n'a pas de lien avec cet homme qui s'est fait remarquer par des actes héroïques durant la guerre.

— Désolé pour cette confusion.

— Ne le soyez pas, cela arrive parfois.

Ils s'étaient assis et savouraient leur petit-déjeuner. Les déboires de madame Delmare furent abordés par Danjou. Ceux-ci étaient déjà sur la place publique. Rien ici ne serait passé sous silence, la commissaire devait en tenir compte.

— Elle avait pourtant attrapé la balle au bond, reprit Boulu, l'entreprise allait tourner comme si de rien n'était. Que va-t-il advenir de cette usine ?

— Ce sera au bon vouloir de Marc Vauché, commenta Danjou.

— Va-t-il la vendre ? Sinon qui va-t-il placer au poste de direction ?

— Une chose est sûre, c'est que ce sera quelqu'un du coin.

— Pourquoi cela ?

— Vous voyez, commissaire Boulu, ce n'est pas facile de se faire accepter à Sainte-Moucherolle-sur-Bounes. Les gens sont très attachés à leur montagne. Ils pensent que ceux qui ne sont pas originaires de ce mont bordé de vallées, de pics et de cols, ne peuvent pas les comprendre. D'où la méfiance envers ceux qui ne sont pas nés entre le vallon de Valchevrière et le pas de la Sambue. Regardez l'instituteur, il n'échappe pas à cette règle… surtout après ce qui s'est passé…

— Que s'est-il passé ?

— Il a emmené la classe une semaine à la capitale. Il s'est tout simplement mis le village à dos : « Môssieur l'instituteur veut faire de ses élèves des citadins, des Parigots ». Il est en passe de devenir le bouc-émissaire, tous les problèmes vont lui être imputés.

Choupa vint joyeusement donner un coup de tête sur la jambe d'Aglaëe. Celle-ci lui caressa le haut du crâne. Il donnait des coups de langue bien humides sur sa main. Il démontrait son envie d'aller se promener avec sa nouvelle maîtresse. Mais ce n'était pas le moment.

— Non mon chien, je ne peux pas t'emmener, tu vas rester avec Adrien, il va bien s'occuper de toi.

Elle appela Adrien.

— Adrien, tu veux bien continuer de t'en occuper ? Il ne t'a pas trop embêté ?

— C'est un bon toutou, ne vous inquiétez pas, Madame Boulu, je le garde jusqu'à la fin de votre séjour ici.

— Merci Adrien. Après on verra…

Les deux policiers se rendirent à la scierie. Aglaëe voulait constater par elle-même comment évoluaient les choses. Elle tira sur le frein à main, puis ils descendirent. Le silence était étrange, inhabituel. Ils entrèrent par la porte coulissante juste entrouverte. Les ouvriers étaient désœuvrés, fatigués de ne rien faire, de ressasser de vaines spéculations. Leur mutisme trahissait la lassitude. Le chef d'atelier vint à leur rencontre en quête d'informations.

— Le personnel est à son poste, nous n'avons reçu aucune instruction. Les commandes en cours sont honorées. Normalement, le salaire doit nous être versé. Alors on s'occupe, on entretient les machines. Vous savez quelque chose, vous?

— Non, je pense que dès que les papiers officiels seront signés, Monsieur Vauché vous donnera les nouvelles directives. Cela ne saurait tarder.

Le chef d'atelier parlait rapidement tout en piétinant. Cette situation le déstabilisait. L'inaction ne lui convenait guère.

— Il le faut, sinon c'est la clef sous la porte et on se retrouvera chômeurs. Et ici pour retrouver un travail…

Aglaëe balaya l'atelier du regard. Le jeune Fabien était en train de démonter sa scie circulaire. Il passait un pinceau de graisse sur les pièces mécaniques. Il était absorbé par la précision de ses gestes.

— Vous avez parlé à vos gars ? Vous avez appris quelque chose, un détail ?

— Bien sûr qu'on en parle, on parle que de ça. Ce n'est pas l'imagination qui manque pour désigner un coupable. Je crois que tout le village y est passé !

— La suspicion est un sentiment lourd de conséquences, soupçonner ses voisins, ses relations, il faut s'en défier.

Le commandant Falcone remarqua un changement dans l'expression de Vivien, ses traits s'étaient contractés, une certaine gêne voilait son regard.

— Vous voulez nous dire quelque chose, demanda-t-il ?

— Pas du tout… Je ne sais rien de précis… mais un nom revient sans cesse.

— Dites toujours.

— Puisque vous me le demandez : François Rébac.

— Encore ! Nous l'avons vu hier, intervint Boulu, cette histoire avec cette gardienne de chèvres, c'est n'importe quoi ! Sous prétexte qu'il randonne…

— S'il n'y avait que ça, l'interrompit le contremaître en élevant la voix ! Vous avez entendu parler des deux enfants morts à Paris ?

— Oui, bien sûr, répondit-elle, stupéfaite. D'abord ils ne sont pas déclarés morts mais portés disparus et puis quel est le rapport ?

— Eh bien, chez lui, il y a les photos de ces deux gamins.

L'homme accrocha ses deux pouces aux bretelles de sa salopette et attendit la réaction que devait immanquablement provoquer cette révélation.

— Ah ! Et comment savez-vous ça ? Vous les avez vues ?

— Non, mais tout le monde le sait.

La déconvenue se lisait sur son visage. On avait l'air de mettre en doute ses dires. C'est lui qu'on interrogeait au lieu de se précipiter chez ce Rébac.

— Je suppose que tout le monde est entré chez lui.

— Non, juste sa petite amie.

— C'est elle qui raconte ça ?

— Seulement à son père qui l'a dit au Michel et lui, il me l'a rapporté.

La commissaire poussa un soupir d'exaspération. Encore un ragot de village et pourtant, il lui faudrait vérifier, une fois de plus… Il devait y avoir une explication simple à tout ça… Une querelle d'amoureux…

— Comment s'appelle-t-elle ?

— Chloé Fidois.

La route ondulait parmi les sapins dressés sur les pentes alpestres.

— Tu n'es pas trop dépaysé Francesco : les montagnes, les virages qui s'enfilent, les précipices qui suscitent la vigilance. Pour un peu, tu te croirais au pays, non ?

— Ici, ce n'est pas pareil. On voit qu'il y a de l'argent sur le continent. La route est belle, bien goudronnée, toute lisse. Alors que sur mon île, elle est étroite et toute cabossée, pas partout, mais dès qu'on quitte les grands axes, c'est nids de poule et compagnie. Nous sommes les oubliés de la voirie. Ici, la montagne fait propre sur elle, on dirait qu'elle a été domptée et même bien éduquée. Moi, ma montagne, elle rue comme un cheval sauvage, elle rugit comme un lion en rage. Si on grimpe sur son dos, c'est qu'elle y consent.

— Hou, mon Francesco, aurais-tu le mal du pays, parce que moi je la trouve bien belle cette montagne. Elle est majestueuse, tu ne trouves pas ?

— Je ne veux pas trahir ma Corse.

— On ne t'en demande pas tant… Tu es un fidèle invétéré !

La voiture emprunta un chemin caillouteux, elle cahotait en grinçant des cardans. Ils roulèrent cinq cents mètres, ballottés de droite et de gauche, suivis par un nuage de poussière, et aboutirent sur un petit pan de prairie où ils stoppèrent. Devant eux, une maison luttait contre la pente. En amont, le bord du toit frôlait l'herbage tandis qu'on descendait de trois mètres pour trouver le pas de porte. Ils contournèrent la maison et la pile de bois de chauffage. La façade de la maison présentait trois fenêtres de petit format.

Surgis de nulle part, deux corniauds hargneux toutes dents dehors, au pelage ras, marron zébré de noir sur le flan et les pattes postérieures, dévalèrent la prairie. Les deux policiers s'immobilisèrent, imités par leurs agresseurs qui aboyaient tout en gardant une certaine distance. Un homme maigrelet se montra à la porte. Il contempla le spectacle avant d'intervenir.

— Qui fait aboyer mes chiens ? dit-il avec animosité.

— Nous n'avons fait que nous approcher de la porte, répliqua Francesco.

— C'est une raison suffisante.

Il inspecta les individus de la tête aux pieds.

— Stop les chiens ! lança-t-il sans élever la voix.

Ceux-ci se turent dès l'ordre lancé. Ils allèrent jusqu'à leur maître aux pieds duquel ils s'assirent. Leurs petits yeux noirs fixaient les intrus.

Hector Fidois avait laissé ce raffut et cette fureur animale se déchaîner le temps nécessaire pour montrer qu'il était maître chez lui.

— Qui êtes-vous, que venez-vous faire ici ?

— Je suis la commissaire Boulu, voici le commandant Falcone.

— Qu'est-ce que la police vient faire chez moi ?

— Nous voudrions parler à Chloé Fidois.

— Que lui voulez-vous ?

— Elle habite ici ?

— Non.

— Vous êtes Monsieur Fidois ?

Il confirma d'un bref hochement.

— Son adresse est localisée ici pourtant. Où peut-on la trouver ?

— Elle est dans la grange, se décida-t-il enfin. Là, derrière les chênes.

Ils se dirigèrent vers les arbres légèrement en contrebas. La chênaie dissimulait ce qui au siècle dernier était un fenil où l'on stockait les ballots de foin. Le mot grange n'était plus d'actualité. Seules les pierres encadrant les larges baies vitrées rappelaient ce passé agraire. À peine accédèrent-ils à l'entrée que la porte s'ouvrit. Décidément, les chiens avaient bien accompli leur boulot de gardien.

— C'est moi que vous venez voir…

Ce n'était pas une question. La jeune femme avait les traits et le corps sec de son père, mais harmonieusement proportionné. Petite, mince, pleine d'énergie. La comparaison s'arrêtait là, la douceur de son regard et la chaleur de son sourire démentaient toute filiation avec l'homme rustre qui les avait accueillis. La commissaire fit à nouveau les présentations. Elle les fit entrer.

La bâtisse avait été transformée par un architecte talentueux. Un bel espace ouvert sur les cimes, planté en son milieu d'une cheminée circulaire et au fond, un escalier en aluminium donnait sur l'étage, protégé par une rambarde aux tubulures de même matière.

La jeune femme les fit asseoir sur le canapé face aux vitrages. Puis elle introduisit une capsule dans la cafetière expresso et renouvela l'opération. C'est quand elle les servit qu'elle demanda :

— Café ?

Puis elle s'installa sur une chaise pliante style scénariste. Une coupe carrée encadrait un visage ovale aux yeux d'un noir intense.

— Je suppose que vous voulez me voir au sujet de la mort de ce pauvre Delmare mais je ne vois pas ce que je pourrais vous apporter. Je ne le connaissais pas spécialement.

— Avez-vous observé un fait anormal, une altercation ? Savez-vous si des gens lui en voulaient ?

— Non, pourquoi le saurais-je ?

— Vous êtes infirmière libérale, vous allez chez vos patients, vous avez peut-être entendu des propos insolites.

— Pas plus que dans les bistrots ou au marché. Mais non, je suis désolée, je n'ai rien remarqué de particulier.

— Bon. En fait nous venons au sujet de Monsieur Rébac…

— Il lui est arrivé quelque chose ?

La question avait fusé. On lisait sur son visage comme si elle l'avait exprimée à voix haute : la peur, un meurtrier était en liberté, il était susceptible de renouveler son acte, n'importe qui pouvait devenir sa victime.

— Ne vous inquiétez pas, rassura la commissaire, nous voudrions seulement que vous nous expliquiez cette histoire de photos d'enfants chez François Rébac. C'est bien votre ami n'est-ce pas ?

— Ah, ça ? Oui, nous sommes ensemble… J'aurais mieux fait de me taire ! Si j'avais su… Ce soir-là, je dînais chez mes parents. Aux actualités, le journaliste rappelait qu'il n'y avait toujours aucune nouvelle des deux enfants disparus. En découvrant leur photo en médaillon, je me suis exclamée qu'elles étaient affichées chez François. J'aurais mieux fait de me mordre la langue. Mon père s'est empressé de répandre l'idée que François avait un rapport avec ces disparitions. Tout le village sait que les visages de ces enfants ornent les murs de l'instituteur. Et je suppose qu'on brode des scénarios. C'est tout, Madame la commissaire, il n'y a rien d'étrange à tout ça.

— Vous trouvez, ça ne vous interpelle pas ?

— J'ai entièrement confiance en François.

— Votre père en veut à Monsieur Rébac ? demanda Falcone.

— Je suppose que vous avez eu un aperçu du caractère de mon père…

— Il n'aime pas grand monde, dirait-on.

Chloé ne renchérit pas. Ses lèvres se contractèrent. Elle n'en pensait pas moins mais elle ne voulait sans doute pas dénigrer son père. Boulu termina l'entretien. Lorsqu'ils regagnèrent la voiture, les deux chiens étaient toujours allongés sur le pas de porte de la ferme. Ils les fixèrent jusqu'au sortir de leur champ de vision.

La commissaire reprit le volant et profita de la route pour faire le point.

Ils avaient beau rouler, la rampe rocheuse les dominait, éclatante de blancheur.

— Hypothèse numéro un : Marc Vauché élimine Delmare pour lui ravir son usine. Pourtant, ses affaires dans l'achat et la vente de biens immobiliers sont prospères, il n'a pas besoin de cette entreprise pour gagner de l'argent.

— Il faudra contrôler l'état de ses finances, compléta Francesco, voir s'il a accumulé des dettes. Si c'était le cas, jusqu'où serait-il capable d'aller pour rétablir l'équilibre. Cependant sa femme confirme bien sa présence chez lui.

— Elle avait l'air sincère.

— Oui, elle avait l'air. Hypothèse numéro 2, ajouta-t-il, Simon Campan se fâche, c'est un sanguin, une dispute, un mauvais coup et c'est trop tard, le mal est fait.

— Oui, il a plus à perdre avec la mort de Delmare car il est encore moins sûr de retrouver son client. Quant à François Rébac, lui, il tombe à pic. Il n'est pas du coin, donc on ne l'aime pas, on l'accuse de tous les maux, les enfants disparus, on déterre même une Eugénie Catel tombée au fond d'un précipice.

— Il n'a aucun mobile.

— Non, on veut faire croire à un serial killer

— Décidément, conclut Francesco, c'est un drôle de village ici, sympathique, accueillant, mais en grattant un peu, des histoires de gros sous et des médisances.

— Tout ça dans un décor de rêve qui éclate de couleurs et de lumière.

— N'exagérons pas !

Le smartphone d'Aglaëe, posé dans le vide-poche entre les sièges, s'alluma en même temps que la sonnerie musicale s'éleva, le nom s'inscrivit à l'écran : Grandey. Le commissaire divisionnaire ! Aglaëe l'avait presque oublié et elle ne s'en portait pas plus mal. Il venait faire son petit numéro de chef, immanquablement.

— Commissaire Boulu, si ma mémoire est bonne, je vous avais intimé de me tenir au courant de l'avancement de l'enquête.

Ça y est, c'était parti…

— C'est exact.

— Je n'ai jusqu'à l'heure aucune information, courrier, mail ou téléphone : rien.

— J'allais vous envoyer un point incessamment.

— Si vous le dites. Est-ce à dire que vous n'avez rien à me communiquer ?

— Si, nous avançons.

— C'est tout ?

— Des personnes trouvent un intérêt financier à la disparition du mort, nous enquêtons dans ce sens, d'autre part l'instituteur est la cible des villageois qui le soupçonnent d'être l'auteur du meurtre. Mais pour l'instant, nous n'avons de preuve pour aucune de ces pistes.

— Tout ceci est bien maigre, aurait-on exagéré les prouesses de la commissaire Boulu ? Vous me décevez. Il va falloir me convaincre que vous êtes un élément comment dire, tout au plus convenable. Les effets de manche, ça ne marche pas avec moi, seuls les résultats m'importent. Je ne veux pas de mouton à cinq pattes dans mon équipe ! Alors premièrement, vous me présentez immédiatement un rapport circonstancié de l'avancement, ou devrais-je dire du piétinement de votre enquête, et deuxièmement, secouez-vous Boulu, trouvez un coupable, enfermez-le et qu'on n'en parle plus. Bougez-vous, Boulu, bougez-vous !

Il raccrocha.

Et voilà, trois petits tours et puis s'en vont ! Aglaëe regarda son téléphone, sidérée.

— Comment peut-on atteindre un tel niveau de hiérarchie et être si loin de la réalité. Si incompétent en termes de direction, d'investigation, de management…

— La question restera insoluble encore bien longtemps. Comme le dit le proverbe africain, plus le singe monte à l'arbre plus il montre son cul…

XIII Tempête en cuisine

Christèle Vauché avait couché sa fille, elle attendait avec impatience son mari, il devait rentrer plus tôt aujourd'hui. Elle l'avait loupé la veille, parti aux aurores, revenu la nuit. Mais cette fois-ci, il avait dit qu'il rentrerait moins tard. D'ailleurs elle entendait le moteur de la Jag. Elle guettait, bras croisés, appuyée contre le plan de travail de la cuisine et fixait la porte du couloir.

Qui enfin s'ouvrit.

— Je suis crevé !

Il avait sa petite mallette en main, la cravate jaune dénouée.

— Je boirais bien un petit whisky. Tu m'en sers un ?

— Bonjour !

Marc identifia immédiatement le ton de ce salut. Il la regarda.

— Bonjour… Ça va pas, il y a un problème ?

— Non mais, tu t'es vu ? Tu arrives, pas de bonjour, pas de comment ça va ma chérie, tu as passé une bonne journée ? Seulement je suis fatigué, je veux un whisky, tu me sers.

— Qu'est-ce qu'il y a ? Pourquoi tu le prends comme ça ?

— Parce que c'est toujours la même chose quand tu rentres, c'est toujours « moi, moi, moi ». Pas de petites attentions, pas un mot comme quoi tu t'intéresses un tant soit peu à moi.

— Mais enfin, je connais tes journées, tu emmènes Marlène à l'école, tu fais les courses.

— Oui rien d'intéressant quoi, bobonne à la maison !

— Mais ce n'est pas ce que j'ai voulu dire. Mais je rentre du boulot…

— Justement, parlons-en de ton boulot.

Marc pencha la tête, regarda sa femme avec curiosité, comme s'il la découvrait.

— Quoi ? J'en suis plutôt content, je gagne bien, on va bientôt atteindre un stade de développement de dingue.

— Oui, c'est ça, en volant la scierie de cette pauvre Suzie !

— Je ne l'ai pas volée et puis Delmare, tu ne le supportais pas.

— Toi, c'était ton copain de chasse.

— Il est mort. Dans le contrat il était stipulé que…

— Mais Suzie, elle n'est pas morte, c'est mon amie et tu l'as dépossédée !

Elle avait crié, le front rougi par la colère.

— Mais c'est les affaires, je n'ai rien fait d'illégal.

— Tu aurais pu m'en parler avant, je t'aurais donné mon avis.

Marc avait encore sa valisette en main, il la posa avec violence sur une chaise. Il commençait à ne plus supporter cet accueil. Elle l'agressait alors qu'il était harassé par une journée de fou, sans parler de celle d'hier où il n'avait pas eu une seconde de libre. S'il avait su, il serait rentré plus tard.

— Tu dis n'importe quoi ! Depuis quand je te parle de mon business ?!

Lui aussi avait crié. Il n'allait pas se laisser dominer, c'est lui qui ramenait le pognon. Merde !

— Là, ce n'est pas uniquement ton « business », cela concerne mon amie, alors ça me regarde aussi.

— Tu vois pourquoi tu ne dois pas t'en occuper : le premier principe, c'est de ne pas mélanger les sentiments et les affaires. Et ça, tu ne sais pas.

— Mais là, ce sont des gens, des ouvriers du village, c'est Suzie Delmare qui est venue plusieurs fois à la maison.

— Depuis quand tu t'intéresses aux ouvriers ?!

— Ah, te fous pas de ma gueule ! Je veux que tu rendes cette usine à Suzie !

— Ça va pas, non ! Tu sais combien ça représente ?

— Je veux pas savoir.

— Il n'en est pas question !

— Tu es vraiment dégueulasse.

— C'est toi qui deviens folle, tu ne sais pas comment ça marche. Tu ne t'es jamais intéressée à mes affaires !

Marc prit quelques secondes pour se calmer. Il reprit sur un ton plus bas, compréhensif.

— Je ne sais pas ce qui te prend, tu dois être fatiguée. Tu as tes règles peut-être…

— Mais tu es un machiste odieux !

— Allez, va te coucher, ça ira mieux demain.

Elle exulta.

— Non, ça n'ira pas mieux demain !

Elle prit un verre à sa portée et le lança sur son mari. Mais il se fracassa sur le mur sans le toucher.

— Ça va pas, non, tu es folle ! Je préfère monter me coucher.

— Oui, c'est ça, va te coucher !

Elle avait les yeux humides, elle savait qu'elle n'obtiendrait pas gain de cause. Elle alla chercher le balai et la pelle pour ramasser les débris de verre. Il ne fallait pas que Marlène se coupe les pieds à cause d'elle. Une chance qu'elle ne se soit pas réveillée, avec tout le boucan qu'ils avaient fait. Elle monta l'escalier avec l'appréhension de croiser le regard de son mari. Mais dans le couloir elle entendit ses ronflements… Ça ne l'avait même pas empêché de s'endormir !

XIV John Deere

Simon Campan agrippait le volant de son John Deere avec application. Il était fier de son W550 4X4. La série W ! Acquisition toute récente. La toute dernière moissonneuse-batteuse qui possédait des fonctionnalités exceptionnelles. Convoyeur à ultra haute capacité avec 3 chaînes. Grand batteur de 660 mm avec 10 battes et un canal d'une largeur de 1 400 mm. Moissonneuse-batteuse connectée ! Avec GPS. Sans parler des 8000 litres de trémie à grain… Il n'en finissait pas de se passer en boucle les caractéristiques techniques de son petit, façon de parler, bijou. La Rolls Royce de l'agriculture !

Pas question de la laisser aux mains d'un de ses employés ! Non pas qu'ils soient incompétents ! Au contraire, il avait dans son équipe deux ou trois conducteurs d'engins aguerris qui pourraient le piloter et qui se sortiraient des pièges de la moisson mécanisée en haute montagne, pente à forte déclivité, petits murets, chemins escarpés. Mais est-ce qu'ils soigneraient avec autant d'amour son W550 sans monter dans le rouge son PowerTech PSS six cylindres deux turbocompresseurs ? Manieraient-ils ses secoueurs avec la délicatesse suffisante ? Rien n'était moins sûr ! Simon avait une tonne de dossiers à gérer mais c'était lui et personne d'autre qui conduisait son John Deere.

La moissonneuse indiquait à tout moment la progression de sa récolte, pourcentage de l'avancement du champ, poids au grain près de la récolte. Il avait branché sa playlist, le son surround avec ses quatre baffles projetait la septième de Beethoven avec une qualité digne de son salon.

Le soleil n'était pas encore très haut, la chaleur était encore supportable, il n'avait pas besoin d'enclencher la clim. Simon Campan se sentait bien.

Une silhouette apparut sur le bord du champ.

Rares étaient ces moments où travail rimait avec bien-être et voilà qu'un casse-couille venait en rompre un ! Ce ne pouvait être un passant, pour accéder à ce champ il fallait en avoir l'intention, on n'y arrivait pas par hasard. D'ailleurs, la personne se dirigeait droit vers lui. Elle lui faisait même signe. C'était bien un importun. Aidé d'un bâton de marche, il faisait de longues enjambées parmi les tiges fraîchement coupées à ras. Simon déjà en rage, ne pouvait l'ignorer, il passa le point mort et stoppa l'engin. L'homme s'approcha à hauteur de cabine. Campan ouvrit la portière, les instruments de l'orchestre avaient entamé l'envolée du deuxième mouvement, l'Allegretto s'échappait au-dessus des blés.

— Quoi ? demanda-t-il avec humeur. Qu'est-ce que vous foutez dans mes champs ?

— Il faut que je vous parle, je peux monter ?

Puis quoi encore ! Il n'était pas question qu'on monte dans sa cabine. Campan descendit. Il agrippa la poignée, se retourna pour poser le pied sur le marchepied et tendit la jambe à la recherche du sol. L'homme brandit le bâton qui lui servait de canne. Il lui fit décrire un arc de cercle qui vrombit, rajoutant une note incongrue à la symphonie, mais qui n'était pas en dysharmonie et l'abattit sur la tempe. Simon bascula, sa main crispée sur la poignée le retint un instant, elle s'ouvrit lentement. Son corps heurta le sol, sa tête froissa les courtes tiges qui firent mille piqûres d'aiguilles sur sa peau. Elles furent comme une décharge électrique qui lui fit recouvrer sa conscience. Ses paupières s'ouvrirent à demi. Il vit sa moissonneuse comme un monstre au repos à sa gauche, le soleil qui blanchissait le ciel tout en haut et, à sa droite, cet homme qui le regardait comme on observe un insecte. Un scarabée sur sa carapace, les pattes gesticulant en vain. Et lui au milieu de ce tableau, avec pour bande-son le doux roulement du moteur de son beau John Deere, et Beethoven. Ce drôle de goût de sang dans sa bouche. C'était une scène bizarre, tout était immobile, statufié, lui principalement. Ses membres étaient inertes, il fallait qu'il réagisse. Mains en appui, il se concentra sur la contraction de ses muscles et parvint à se redresser à demi sur ses coudes. La chaleur ou l'effort, son front ruisselait, sa chemisette était trempée, il réussit à gargouiller une phrase malgré tout audible.

— Qu'est-ce que tu veux, salopard ?

L'homme se mit lui aussi à se mouvoir. Il leva son morceau de bois au ralenti, comme on le fait d'une masse pour cogner un coin planté sur une bûche que l'on veut fendre. Le choc produisit un son mat. Le crâne de Simon s'enfonça dans les brins de blé fauchés. Ce deuxième coup l'avait tétanisé mais il avait conservé sa lucidité. Il assista inerte à la suite. Il vit son agresseur s'accroupir, poser son bâton, leurs regards se croisèrent un temps qui lui semblait sans fin. L'homme prit Simon par les bras et le traîna jusqu'à la lisière du champ, là où attendait le matériel qui devait faire suite à la moisson, le tracteur et deux remorques spécifiques : une presse à former les rouleaux de paille et une emballeuse. Campan avait prévu de terminer son champ en milieu de journée et un saisonnier devait former et envelopper les ballots de paille…

1 Guet-apens

L'œil était en parfait alignement avec l'œilleton, la mire et la cible, en l'occurrence un front coiffé d'une casquette verte. La cible mouvante avançait avec régularité mais le trait virtuel qui liait les trois points était toujours aussi rectiligne.

Pour Jo qui tenait le fusil, il ne manquait que l'ordre de son supérieur. Le visage qui se dessinait sous ce front n'avait aucune importance, c'était juste une cible et cette cible était juste un Boche. Il n'avait plus qu'à appuyer sur la détente et ce serait un Allemand en moins, plus encore, ce serait une cible atteinte. Une de plus à son palmarès. Mais il n'anticiperait pas son succès, ce serait une excitation qui nuirait à sa concentration. Donc respiration calme, muscles détendus, corps allongé, appuyé sur les coudes, jambes légèrement écartées. Suivre l'avancement du conducteur assis derrière le volant du Stuart, haut camion germanique vert kaki, en tôle épaisse à l'épreuve des balles. À ses côtés, un officier et derrière, deux rangées de soldats. Une moto les précédait, une Zundap, modèle peu courant de l'armée allemande. Derrière, un tank, le classique Sherman dont le canon protégeait l'avancée de la troupe, lui-même suivi d'un GMC, le plateau chargé de sa vingtaine de soldats…

La montagne était belle. La route rampait mollement, tournoyant de temps à autre, avec en amont des forêts de sapins dressés aux branches en pente douce, et en aval un à-pic vertigineux au fond lointain. En cet endroit, la route montait allègrement entre un virage au loin et un autre tout près, où le macadam repartait invisible parmi les conifères. Les bruits familiers, quelques oiseaux à l'esprit chagrin, le craquement d'une pomme de pin qui s'ouvrait ou d'une branche qui tombait, le souffle du vent, s'étaient estompés, remplacés par la vibration grave de moteurs à la peine. Et puis la colonne était apparue avançant avec lenteur, dominée en hauteur par la nacelle du tank.

Mais le cortège se rapprochait de la position du sniper, il allait bientôt aborder le virage et échapper à sa zone de vision. Il serait ensuite trop tard pour tirer. Jo s'impatientait. Qu'attendait Lelu pour envoyer le signal ? Il quitta la ligne de mire quelques secondes, regarda aux alentours. Les compagnons étaient camouflés. Impossible de les discerner dans la végétation. Pas d'avertissement visuel. Ils devaient attendre aussi. Il reprit sa position. Il restait encore quelques minutes avant que ce front ne lui échappe. Il n'y aurait plus qu'à plier bagage. Tout ça pour ça ! Le guet-apens étudié avec tant de soin par leur chef allait tomber à l'eau. C'était bien la peine ! Pourtant il n'y avait qu'à fermer l'index et tout serait joué.

Pan ! La détonation éclata, brève, nette, sans écho. Jo n'avait pu laisser passer une telle occasion, il avait attendu au maximum l'ordre de Lelu. L'impact avait explosé le crâne du conducteur qui se crispa, déviant la trajectoire du Stuart sur la gauche, le buste s'inclina sur le volant. L'officier tenta de rectifier la direction mais le corps appuyé sur le volant l'en empêchait. Il râlait contre son subordonné sans vie quand la première roue entama le bord de la route. Il se mit à crier quand la deuxième suivit, ce fut alors qu'il songea à s'extraire du véhicule. Il n'eut pas le temps d'ouvrir la porte et voulut sauter par-dessus, mais c'était trop tard, le camion bascula dans le vide avec tout son chargement d'hommes.

Il fallut quelques secondes aux deux camps armés pour réaliser ce qui venait de se passer. Le convoi s'immobilisa. Lelu lança l'ordre de se battre. Et ce fut un déferlement de détonations. Les tirs se déclenchèrent des hauteurs. Les soldats évacuèrent le GMC sous une pluie de balles, deux d'entre eux n'eurent même pas le temps de se lever des bancs latéraux, cinq autres tombèrent sur le goudron. Le canon s'abaissa vers l'endroit d'où était venu le premier coup de fusil et dans une déflagration assourdissante, un obus fut tiré. Jo n'avait pas attendu la réplique pour déguerpir. Les Allemands s'étaient réfugiés entre leur véhicule et le précipice et tiraient à l'aveugle vers les hauteurs. Un deuxième convoi rejoignit le premier, un VW Kübelwagen en tête, capote rabattue, dont l'officier supérieur commandant le convoi éructait des ordres au milieu d'une confusion générale. À sa suite, un Half-Tracks surmonté d'une mitrailleuse tirait entre les broussailles et les arbres. Une mitrailleuse Hotchkiss installée sur un rocher riposta sur l'engin, le soldat qui tenait le poste de tir de la mitrailleuse embarquée bondit en arrière sous l'impact de la balle qui lui traversa le corps. Son coéquipier qui maintenait la bande de balles se leva pour le remplacer, en vain. Une roquette souleva le lourd véhicule qui retomba sur le flan. La nacelle du tank pivota vers la position de la mitrailleuse. Lorsqu'il tira, il fut atteint en même temps par le tir du Bazooka. L'obus dévia de sa trajectoire. Il passa à deux pas des tireurs mais un éclat les atteignit. Les grenades éclataient, lancées par les hommes postés plus bas. Les Allemands étaient impuissants, dominés par les tireurs invisibles, incapables de riposter derrière leur abri de tôle. La mitrailleuse empêchait toute fuite et le Bazooka atteignait les véhicules les uns après les autres. Dans la voiture de commandement, la tête de l'officier reposait en sang sur le montant de la porte. Avant que le traquenard ne soit un carnage complet, un sous-officier allemand fit signe qu'il cessait le combat. Parvenant d'entre les arbres, une voix forte intima l'ordre d'arrêter les tirs. Peu à peu les soldats allemands se levèrent et déposèrent leurs armes, bras levés.

Un homme apparut et descendit la pente. Il était haut et large d'épaules. Il mit un pied sur la route. Les cheveux bruns dominaient un front large, les yeux d'un bleu éclatant transcendaient un beau visage régulier. Pistolet au poing, il se dirigea droit vers le gradé qu'il supposait être le commandant de la troupe.

— Je suis le commandant Lelu, dites à vos hommes de se regrouper ici.

— Oberfeldwebel Schlagen.

— Si tout se passe bien, vous ne perdrez pas d'autres hommes.

Le sous-officier, promu de fait par la perte de l'officier, à la tête de ce qui restait du convoi, était dépassé par les événements. Il n'avait pas souhaité une promotion aussi rapide, en tout cas pas dans ces conditions, une défaite lamentable par un petit groupe de maquisards moins nombreux et bien moins armés qu'eux. Il se retourna vers ses hommes qui obéirent à ses ordres. Ils furent rassemblés au milieu de la route.

Lelu avait été rejoint petit à petit par sa troupe. Elle avait ramassé armes et munitions. On lui annonça qu'ils avaient perdu deux camarades. Les résistants rassemblèrent les prisonniers. Lelu se dirigea sur la VW et ouvrit la portière. L'officier supérieur s'écroula sur la route. Lelu s'agenouilla, ouvrit la sacoche de l'homme à terre, fouilla les papiers jusqu'à tomber sur ce qu'il cherchait. Il plia le document et l'enfila dans sa poche intérieure. Puis il annonça à Schlagen qu'il les laissait libres. Muette, la troupe s'ébroua, s'effilant le long de la route.

Les combattants disparurent rapidement vers les sommets, emmenant avec eux les corps de leurs compagnons. Ils marchèrent sans bruit, sans une parole, en file indienne, chargés de fusils et de mitraillettes qui pendaient à leurs épaules. Le rythme fut soutenu plusieurs heures durant.

XV Un fantôme

Dans la cour de l'école les enfants couraient, sautaient, criaient, jouaient, ignorant le calme et la modération. Il fallait que tout se fasse dans l'instant, la rapidité et l'excitation. Boulu et Falcone franchirent le portail accompagnés d'une dame de service qui leur avait ouvert. Ils se dirigèrent vers Rébac qui surveillait le bon déroulement de la récréation.

— Maître, maître ! Y'a Gautier qui m'a pris mes billes !

— Va lui dire de venir.

L'enfant détala, satisfait. Il revint accompagné.

— Qu'est-ce qu'il s'est passé, Gautier ?

— C'est pas moi, maître. Charline elle dit ça parce qu'elle a perdu alors elle veut reprendre ses billes.

— C'est même pas vrai ! Il a fait une « relevette » alors que j'avais dit pied.

— Mais moi j'avais dit contre-pied.

— Non t'as pas dit contre-pied.

— Si j'ai dit contre-pied et quand il y a contre-pied il y a « relevette ».

— C'est même pas vrai il y avait pas « relevette ». C'est mes billes il veut pas me les rendre.

— Gautier, montre-moi les billes…

Gautier ouvrit une main où de jolies billes transparentes aux couleurs irisées roulaient les unes sur les autres.

— Bien, voilà ce que vous allez faire. Vous reprenez chacun vos billes et vous recommencez, mais vous allez me dire si vous faites « relevette » ou pas.

Les deux enfants se sondèrent, prenant du regard une décision commune.

— On va faire « relevette », dirent-ils de concert.

— Allez-y !

— Ce ne doit pas être évident de rendre le jugement de Salomon tous les jours, commenta la commissaire en tendant la main.

— La difficulté est de ne pas être injuste et ce n'est pas évident, on ne sait jamais exactement qui a raison ou tort. Ils pensent souvent sincèrement qu'ils sont dans le vrai. Je les renvoie à leur propre jugement en les faisant recommencer mais cela ne marche pas toujours. L'essentiel est de prendre en considération leur demande.

— « Relevette », pied, contre-pied, il y en a beaucoup d'expressions d'expert comme ça ?

— Je n'en connais pas la signification, ça semble évident pour eux.

— Nous avons quelques précisions à vous demander, cela prendra quelques minutes.

L'instituteur fit signe à sa collègue qu'il s'absentait. Celle-ci acquiesça. Le trio entra dans l'établissement. Lorsqu'ils se dirigèrent vers la classe, Boulu intervint.

— Je préférerais aller plutôt dans votre appartement. Vous avez un logement de fonction, n'est-ce pas ?

— Oui, j'ai encore cette chance, il n'en existe plus beaucoup. Mais pourquoi chez moi ?

— S'il vous plaît.

L'homme acquiesça, surpris. Ils montèrent à l'étage.

Les fenêtres donnaient sur les montagnes.

— Vous voyez, partout où l'on regarde j'ai ce splendide panorama. C'est ce qui m'a fait déménager ici. Je suis né et j'ai toujours vécu à Paris, mais je venais dans la région dès que je pouvais, l'hiver le ski, l'été les randonnées. Cela faisait des années que je demandais ma mutation et je l'ai obtenue pour mes trente-quatre ans. C'est ma première année. C'est une belle vie ici, saine, vraie. J'espère seulement que l'appréhension des gens du village envers ma personne s'estompera.

— Qu'est-ce qu'ils vous reprochent ? demanda Falcone.

— Ça a commencé par une séance de découverte du monde où j'ai eu le malheur de parler des engrais azotés et des dégâts des nitrates sur les nappes phréatiques. Du jour au lendemain, je suis passé pour un citadin écolo qui voulait faire la leçon aux paysans. Plusieurs petites choses de cet acabit ont été mal interprétées par une minorité de parents d'élèves, mais c'est ceux-là qu'on entend le plus.

— Pouvez-vous nous montrer votre chambre ?

— Je ne vois pas où vous voulez en venir, mais puisque vous y tenez…

Sur un mur, une photo de classe était punaisée, deux visages d'enfants étaient entourés au feutre. La commissaire les désigna.

— Pourquoi cette photo et ces marques ?

— C'est pour ça ! Mais comment savez-vous que j'ai cette photo affichée ? C'est dingue !

L'homme passa la main sur son visage comme pour effacer des informations qu'il ne pouvait pas contrôler.

— Bon. Vous savez que deux enfants ont disparu à Paris il y a plusieurs jours. Il se trouve que c'étaient des élèves à moi l'année dernière. Cela m'a beaucoup affecté, je les connaissais bien, Benjamin et Jérémy, des élèves brillants et très matures pour leur âge. À la prochaine rentrée, ils doivent intégrer le collège. Alors quand j'ai appris cette disparition, j'ai sorti cette photo. J'espère qu'on les retrouvera rapidement. En bonne santé. Vous avez des informations ?

— Non aucune.

— Ne me dites pas qu'on m'a associé à…

— Ne vous faites pas d'idées, c'est juste une enquête de routine, nous devons vérifier parfois des informations saugrenues, histoire de les écarter.

La sonnerie de la cour retentit en même temps que celle du smartphone d'Aglaëe.

La fourgonnette de la gendarmerie roulait à vive allure, les deux vitres baissées ne compensaient pas l'absence de clim. Pour un peu, la tôle se gondolerait, surchauffée par le soleil à son zénith. Le courant d'air ne parvenait pas à endiguer le ruissellement qui nappait les visages. Le capitaine Beaucourt conduisait, un pli creusé entre les sourcils.

— C'est quoi encore ce bordel ? Deux crimes en cinq jours ! On va où là ? On n'a jamais vu ça ici. Un meurtre une année, comme ça, en passant, un mari qui pète les plombs, un dealer qui s'est égaré de ses caves des cités, pourquoi pas… Je ne sais pas, moi… Mais là…

— Un « serial killer » capitaine ?

— On n'est pas dans une série télévisée, adjoint Tot. Le jeune Dourgues a trouvé le Simon mort d'une drôle de façon m'a-t-il dit. Si on n'a pas plus d'indices que pour le premier meurtre, on est mal, adjoint Tot. On est très mal.

— Et la commissaire Boulu, capitaine ? Elle n'a pas de pistes non plus…

— Je sais, adjoint Tot, je sais… Justement la voilà.

Au bout du chemin, Boulu et Falcone venaient juste d'arriver. Ils attendaient la camionnette qu'ils avaient aperçue dans la poussière, bousculée par les ornières. Leur véhicule était à l'ombre d'un sapin qui s'était échappé de la forêt pour border le sentier. Aglaëe était adossée à sa voiture, bras croisés, jouant avec les volutes de son cigarillo. La Partner s'immobilisa, les deux gendarmes en descendirent. Le capitaine se coiffa de son képi qui lui apporta une ombre supplémentaire à celle de ses Ray Ban. Il porta une main à sa visière.

— Bonjour commissaire.

— Bonjour capitaine. Je vous présente le commandant Falcone. Francesco, voici le capitaine Beaucourt qui mène les investigations avec moi. Il a l'avantage de bien connaître les lieux et les habitants. C'est un précieux auxiliaire.

Ils entamèrent le sentier qui menait au champ.

— Alors c'est ici ? demanda Falcone.

— Oui commandant, on s'approche, on devrait bientôt le voir.

— Vous connaissez le témoin ?

— C'est Fabien Dourgues, il a appelé la gendarmerie.

— Fabien Dourgues ?! C'est déjà lui qui avait trouvé le cadavre d'Anselme Delmare.

— Exactement, approuva Aglaëe, qu'est-ce que c'est que cette histoire ?

Lorsqu'ils abordèrent la lisière du champ, ils virent la moissonneuse au milieu, prête à avaler la mer de blé ondoyant mollement. À l'opposé, la silhouette de Fabien se dessinait dans la pénombre des grands charmes où il s'était abrité de la chaleur.

Les policiers et gendarmes traversèrent le champ sans un mot. Ils arrivèrent auprès de Fabien Dourgues.

— Bonjour Fabien. C'est toi qui as prévenu la gendarmerie ? interrogea Aglaëe.

— Oui Madame la commissaire. Ce que j'ai vu, jamais de ma vie j'aurais imaginé une chose pareille ! Pourtant c'était déjà pas beau avec Monsieur Delmare, mais là…

— Où est le corps ? demanda Beaucourt.

— Là-bas, répondit le jeune homme en indiquant le tracteur.

— Essayez de ne pas polluer la zone de crime, indiqua la commissaire.

Ils s'approchèrent précautionneusement de l'engin, mais ne virent aucun cadavre gisant sur le champ.

— C'est quoi cette plaisanterie, Monsieur Dourgues ? s'emporta Beaucourt. Vous n'avez pas dérangé la maréchaussée pour une blague j'espère ?

— Non non Capitaine, rassura-t-il apeuré.

Le deuxième cadavre qu'il découvrait dans la semaine, il y avait de quoi être secoué. Son état l'attestait.

— J'ai préféré vous attendre ici, je ne voulais pas rester à côté de ça… On dirait un … un fantôme…

— Que faisiez-vous dans cet endroit, Fabien, demanda la commissaire ?

— Je faisais du motocross. Quand je suis arrivé au bout de la route, j'allais bifurquer sur la droite pour prendre le petit sentier qui mène vers Bois Barbu lorsque j'ai vu la moissonneuse de Monsieur Campan.

Tout en parlant, Fabien relevait avec nervosité la mèche qui lui tombait au milieu du visage.

— Je me suis arrêté, je trouvais bizarre qu'elle soit comme ça, la porte ouverte, immobile.

— Qu’est-ce qu’il y a d’étonnant, le propriétaire pouvait faire une pause.

— Je me suis dit ça aussi, mais c’est la porte ouverte qui m’intriguait. J’ai appelé pour m’en assurer et je n’avais pas de réponse. Alors j’ai poussé jusqu'à la machine. Personne. J’ai fait le tour, puis je suis monté dans la cabine. Je suis allé voir près du tracteur un peu plus loin et je suis tombé sur… ça.

Fabien tendit le bras vers une balle de paille.

Elle était posée sur sa circonférence du haut de son mètre soixante de diamètre. Le tout emballé dans son plastique blanc. Le gendarme fit le tour de la botte en inspectant la base. Appréhendant de trouver un corps à moitié écrasé sous trois cents kilos de paille.

— Et alors, qu’est-ce qu’il y a ?

— C’est dessus.

Le groupe leva le regard sur le cylindre. Son sommet dessinait un contour étrange. Lorsqu’on attardait le regard, les volumes dessinaient une forme improbable.

— Bon Dieu ! souffla le jeune gendarme.

— On dirait un fantôme, lança Fabien.

Le plastique blanc épousait les courbes d’un visage, la bouche ouverte sur les dents et le film arrondi vers l’intérieur de la cavité. Les globes oculaires voilés de blanc affichaient un drôle de regard inerte, contredisant les traits horrifiés de cette face. Les mains de chaque côté étaient deux serres tordues, griffant en vain l’enveloppe mortelle. Le cartilage du nez était écrasé contre la paroi tendue.

Une gargouille enveloppée par Christo.

Tous avaient envie de respirer pour ce corps et éprouvaient cette même difficulté, cette sensation d’étouffement. Comme un seul homme, ils avalèrent une longue aspiration.

— Qui est assez tordu pour accomplir une telle abomination… dit Falcone.

— La victime ? demanda la commissaire.

— C'est Simon Campan, souffla Fabien.

— Comment savez-vous ? questionna la commissaire.

— C'est sa moissonneuse.

— Vous avez sans doute raison mais c'est à confirmer. Bon, on touche à rien. Capitaine, vous installez un périmètre de sécurité. On fait venir la scientifique. Fabien, vous laissez votre moto ici. Vous viendrez en fin d'après-midi déposer à la gendarmerie les circonstances dans lesquelles vous avez découvert le corps. Si vous voulez, je peux vous ramener chez vous.

— Non, je préfère rentrer à pied. Ça me calmera.

Le jeune homme s'éloigna, les épaules affaissées. Tandis que le capitaine Beaucourt et le jeune gendarme tendaient les rubans d'isolement de scène, les deux policiers inspectaient les abords du tracteur et de la meule. Fouillant la terre entre les courtes tiges dressées, sous celles entières jonchant le sol, oubliées par la moissonneuse.

— Le sol est tellement sec, aucune trace de pas, commenta Falcone.

— Non, le climat joue pour notre assassin… Campan est seul dans sa moissonneuse. Il roule avec lenteur, laissant à sa machine le temps de couper le blé et le battre… Deux possibilités : l'assassin court derrière la moissonneuse, monte, ouvre la cabine et immobilise Campan. Difficile.

— J'opte plutôt pour la deuxième : il arrive droit sur Campan, lui fait signe de stopper. Une fois descendu, il l'assomme. Et l'intègre dans un rouleau de paille.

— C'est le scénario le plus probable. Mais comment s'y est-il pris ?

Le capitaine Beaucourt les avait rejoints.

— Pour cela, il a dû procéder en deux étapes. La première, l'assassin utilise le tracteur avec la presse à balle cylindrique. C'est celle-ci.

Le gendarme montra une remorque de forme ronde, à l'image du rouleau de paille qui s'en extrait.

— Je pense qu'il s'est arrêté avant que le cylindre ne soit complètement fini. Il ouvre le panneau d'accessibilité, y verse le corps et termine le rouleau. Ainsi le corps est intégré à la surface de la balle. Elle est éjectée. Puis il change de remorque, attache celle qui sert à emballer.

Beaucourt indiqua le plateau encore attelé au tracteur, muni d'un levier permettant de déposer le cylindre sur celui-ci.

— Il démarre l'emballement, le plateau tourne, la balle pivote sur elle-même permettant au film de plastique d'envelopper le ballot de paille.

— Merci pour cette démonstration, Beaucourt. Le procédé est donc cohérent.

— Tout à fait, j'ai des origines paysannes.

— Elles nous sont profitables. Combien de temps pour cette manœuvre ?

— Le plus long aura été de changer de remorque. La formation d'un rouleau ne prend pas plus d'une minute, mais il a fallu qu'il s'arrête, ouvre le panneau d'accès et y introduise le corps puis redémarre pour terminer le rouleau. On peut évaluer à trois, quatre minutes. Après, il détache la presse et attèle l'emballeuse, à peu près autant. L'emballage aura duré une minute. L'ensemble une dizaine de minutes, pas plus.

— D'après l'expression de terreur qu'on peut deviner à travers le film, Simon Campan s'est réveillé. L'assassin a pu même contempler la mort par asphyxie envahir doucement sa proie. Cette mort est trop cruelle pour qu'il n'en éprouve pas du plaisir. C'est un sadique. Les deux meurtres débordent de cruauté.

— Est-ce un malade ou veut-il se faire passer pour tel en poursuivant un but précis ? se questionna Falcone. A-t-il un intérêt quelconque à la disparition de Delmare et Campan ?

— Hmm... Si tout cela est prémédité, calculé, il faut trouver le fil qui lie les deux victimes, et vite !

2 Camp de base

Ils parvinrent à leur campement au crépuscule. En quelques mots, ceux qui les attendaient apprirent que l'objectif du raid était atteint. Mais tout ne s'était pas déroulé comme prévu, deux d'entre eux étaient morts. Un coup de feu avait claqué avant que l'ordre en soit donné.

Le camp de base était suffisamment éloigné, perdu entre les plis jurassiques pour être invisible de toute part. Cependant, le seul feu autorisé se trouvait à l'intérieur d'une grotte d'où la lumière était invisible et la fumée s'échappait par un courant d'air qui la dispersait. Les maquisards étaient réunis en cercle, le feu éclairait leur visage, une quinzaine d'hommes et femmes assis dans l'attente que leur chef prenne la parole. Anxieux. Des rides marquaient le front de Lelu, la décision qu'il avait prise allait provoquer des réactions diverses et plutôt vives. Mais il ne pouvait pas éluder, la survie de chacun était en jeu. Il se décida.

— Nous ne sommes pas dans un campement militaire, nous ne portons pas d'uniforme. Mais nous sommes une armée et je suis votre commandant. Je donne un ordre, vous l'exécutez.

Le crépitement discret du feu de camp, une chouette hulotte avait son écho dans les profondeurs de la nuit.

Lelu ne tergiversa pas.

— Jo !

— Oui, chef.

— Tu n'as pas attendu mon signal.

— Mais chef, je l'ai eu le Chleuh. J'ai visé, j'ai tiré et bingo ! J'ai fait mon boulot chef, je devais éliminer le conducteur du premier camion. Et vous avez vu, les autres ont suivi : boum au fond du ravin !

— Le convoi n'était pas assez avancé…

— Mais il allait partir.

— Non, il restait encore une vingtaine de mètres, tu t'es affolé. Jean-Jean n'a pas eu le temps de tirer sur le char qui a pu ajuster et tirer sur les mitrailleurs. Marc est mort, Montrouge est mort. Par ta faute.

— Mais, mais, j'ai éliminé…

— Tais-toi. Une telle irresponsabilité mériterait l'emprisonnement et le conseil de guerre. Pour l'instant, nous n'en avons pas les moyens, nous verrons plus tard. Mais dorénavant tu ne touches plus à un fusil. Plus de missions. Tu restes au camp. Tu es trop dangereux pour le groupe.

— Mais c'est pas juste ! C'est moi le meilleur tireur, je suis utile en mission.

— Tu feras comme j'ai dit.

Lelu balaya du regard l'ensemble de ses hommes. Ils étaient graves, approuvaient pour la plupart d'entre eux sa décision. D'autres baissaient les yeux. Mais Lelu voulait crever l'abcès s'il y avait la moindre réticence.

— Quelqu'un a autre chose à rajouter ?

— Moi !

— Paulo ?

Paulo, ça l'aurait étonné. Ils se connaissaient depuis la tendre enfance et Paulo s'était toujours senti en compétition avec Lelu. Le plus rapide à la course, le plus fort, il voulait toujours se mesurer à celui qu'il considérait comme un rival. Il n'y avait que pour les notes à l'école qu'il avait laissé tomber. Puis ils s'étaient perdus de vue, chacun prenant des voies différentes.

Quand Lelu était arrivé dans ce maquis avec ses hommes, Paulo était le chef d'un petit groupe. Lelu avait grossi les rangs des maquisards et il avait été affecté pour fédérer la région dans le réseau national de résistance. Paulo avait donc été destitué et cela, il ne l'avait toujours pas digéré. Tous les moyens étaient bons pour le contredire, il n'allait pas se priver de cette occasion.

— On a besoin de tous les tireurs et Jo est le meilleur d'entre nous.

— Je sais, mais on ne peut plus lui faire confiance.

— Nous ne sommes pas assez nombreux pour nous payer le luxe de nous passer de lui. Il n'y a qu'à le mettre à des postes où on peut le surveiller.

— Tu te rends compte du danger qu'il représente ! Deux d'entre nous sont morts ! Rappelle-toi le jour où, en revenant de mission, il a tiré sur un lapin, nous étions encore à proximité d'un village et donc vulnérables.

— Oui chef et je l'ai eu ! Et il n'était pas tout près. Et qui c'est qui l'a passé à la casserole ?!

— Tu vois, il est prêt à recommencer.

— À lui seul il a tué plus d'Allemands que…

— Tant pis ! Il est incontrôlable, c'est dit !

— C'est vous qui commandez.

— Oui c'est moi.

XVI Pauline

Les deux silhouettes étaient plaisantes à observer de dos. Elles cheminaient au milieu de la rue sans crainte du passage des rares voitures. Pauline, une fillette gracile, cartable accroché au dos et, à ses côtés, une dame aux contours plutôt massifs marchait les mains dans le dos comme pour se donner le temps d'avancer à pas pesés. La petite tenait une baguette, elle faisait trois pas quand l'adulte en allongeait un.

— Avec Gabriel il y a toujours des bagarres quand il joue au ballon, aux billes ou à la trappe. Au début ça se passe bien mais il y a toujours un moment où il donne des coups quand il perd. En classe il veut jamais faire comme nous. Quand on fait de la grammaire il veut faire du calcul et quand on fait des problèmes il veut faire de la conjugaison.

— Qu'est-ce qu'il dit ton maître ?

— Ça dépend. Souvent, il le laisse travailler à part mais des fois il l'oblige. Des fois ça marche, sinon Gabriel croise les bras et fronce les sourcils, il reste debout comme une statue.

— Et alors, qu'est-ce qu'il se passe ?

— Mon maître il le gronde ou le menace d'une punition ou de le dire à sa mère ou il l'envoie dans la classe de CM2 et ça il aime pas Gabriel parce qu'il y a sa sœur en CM2 et ça le vexe alors il se met à travailler et tout va bien.

— Ça ne doit pas être facile.

La petite fille marchait en faisant rebondir ses deux nattes blondes sur son cartable.

— Il faut le comprendre, dit-elle en affichant la mine très sérieuse de celle qui a mûri une longue réflexion : il est en CM2, il a déjà redoublé, eh bien quand même, il est le dernier dans toutes les matières. Même avec les CM1.

— Mais c'est quelle classe ?

— CM1, CM2, c'est mélangé.

— Ah, d'accord !

— Alors il préfère travailler une matière quand la classe en fait une autre comme ça il n'a pas à supporter les comparaisons.

— Dis donc, tu en comprends des choses, toi !

— Ma mère a fait des études dans la psychologie avant.

— Ça explique tout en effet.

L'une et l'autre s'observaient, essayant de percevoir la personnalité et l'intérêt qu'elles se portaient. Pauline jetait des coups d'œil rapides sur sa grande interlocutrice. Elles s'étaient rencontrées comme ça sur le trottoir, la dame était en train de la dépasser avec ses grands pas quand, sans réfléchir, la fillette avait lancé un « Bonjour Madame » comme cela se fait naturellement dans les villages. Et, au lieu de répondre et continuer son chemin, l'adulte avait ralenti et commencé la discussion. C'était une gentille dame, elle était policière, Pauline l'avait reconnue après. Tout le monde parlait d'elle.

— Et toi, que veux-tu faire quand tu seras grande ?

— Je ne sais pas, des études.

— Ce n'est pas un métier.

— Si, quand on en fait beaucoup, qu'on trouve des médicaments ou des sites archéologiques ou des formules mathématiques et qu'on va raconter tout ça dans plein de pays.

— De la recherche quoi.

— Oui c'est ça.

— Vu sous cet angle, tu as raison. Et en quoi ces études ?

— Je ne sais pas. C'est à cause du maître. Avant je voulais faire quelque chose en français parce que j'aime bien lire, journaliste ou professeur.

— Et alors, qu'est-ce qu'il a dit ton maître ?

— Rien, mais il nous a fait faire plein de choses, des expériences en sciences, en maths il nous raconte comment les chiffres ont été inventés, il nous montre des films en Histoire, enfin plein de trucs. On ne se rend même pas compte qu'on travaille. Maintenant je ne sais plus ce que je voudrais faire plus tard, je voudrais tout faire.

— Tu l'aimes bien, ton maître.

— Oui il est super ! Mais mes parents ne l'aiment pas.

— Pourquoi ?

— Ils disent qu'il n'aime pas les paysans, qu'il se croit supérieur.

— Pourquoi ils disent ça ?

— Parce qu'il nous a emmenés à Paris pendant une semaine. Toute la classe. D'abord, les parents ils ne voulaient pas, ils trouvaient que ça servait à rien, qu'on ferait mieux de travailler, faire des calculs ou des dictées au lieu de jouer les touristes. Alors le maître les a fait venir à l'école pour leur expliquer qu'en allant à la capitale, on apprenait la géographie, l'histoire, le français, tout quoi ! Il a été voir ceux qui refusaient toujours et la classe entière est partie.

— Tout est bien qui finit bien !

— Pas du tout ! Le voyage était super, on a vu plein de choses. Même la tour Eiffel ! On a fait un exposé, tout le monde est venu le voir. Mais les parents n'étaient pas contents, ils disaient que l'instituteur voulait que les enfants s'en aillent en ville pour faire des études et qu'ils ne restent pas au village pour continuer l'exploitation de leurs parents.

— Et toi, qu'est-ce que tu penses de tout ça ?

— Que les adultes très souvent, ils sont idiots. Attention, ne soyez pas fâchée, je ne vous connais pas, ajouta-t-elle, gênée, en regardant droit devant elle.

— Je suis d'accord avec toi, très souvent, les adultes ils sont idiots.

Pauline sourit à la dame, soulagée, cette réponse l'entraîna à poursuivre.

— Parce que même si on a aimé les musées, la cité de la science, les hamburgers et le bateau-mouche, c'est pas pour ça qu'on aimerait vivre là-bas. Ils ont peur qu'on parte faire des études loin, ça c'est sûr ! Mais quand même pas tous les parents, il y en a qui sont pour. Et puis ceux qui partent, ils reviennent pendant leurs vacances et tout ça.

— C'est vrai, tu as raison. En tout cas, il y a une chose de sûre.

— C'est quoi ?

— Quand tu seras grande, tu ne feras pas partie des adultes idiots.

— Merci Madame.

La fillette prit ses jambes à son cou, ses cheveux blonds sautant au rythme de sa course. La commissaire s'arrêta, accrocha un cigarillo à ses lèvres et l'alluma. Elle regarda pensivement l'enfant détaler. Elle se baissa pour ramasser le quignon de pain qui s'était détaché et l'envoya sur le bas-côté où des pigeons batifolaient.

3 Louison

— On peut déranger le commandant Lelu dans son QG ?

Lelu était assis à une minuscule table sous une petite tente de l'armée aménagée d'un lit de camp. Il épluchait le dossier retiré de la sacoche allemande. Louison avait posé cette question avec une pointe d'ironie. Elle avait fait irruption, écartant le pan de toile qui pendait à l'entrée. C'était une femme grande, énergique, au corps harmonieux et musclé. Un flot de cheveux auburn descendait sur ses épaules. Ses yeux noirs confirmaient l'aspect joyeux et volontaire qui se dégageait d'elle.

— Tu sais que tu ne me déranges jamais, répondit Lelu en s'adossant à sa chaise.

— La pêche a été bonne ?

— Apparemment oui. Le dossier de l'officier allemand révèle que des déplacements importants de troupes sont prévus, mais les noms de villes sont codés. Il faudra envoyer tout ça à Londres. Dès demain tu descendras à Villard. Tu apporteras ce courrier à notre « boîte aux lettres ».

— Bien commandant !

— Louison, arrête…

— C'est bien pour me donner cet ordre que tu m'as fait venir, non ?

— Si. Mais pas uniquement.

— Ah bon ? Je croyais que tu ne voulais pas mélanger les missions et le loisir.

— Quand j'ai dit ça…

— Tu m'as comparée à un loisir !

— Ce n'est pas ce que j'ai voulu dire, mais plutôt de ce qui est de l'ordre du personnel, de l'intime.

— Je préfère.

— Il y a la raison et le sentiment. Mes sentiments me poussent vers toi.

— Et la raison ?

— Elle me dit que le lieu et l'époque sont bien mal choisis.

— Sauf qu'on ne les choisit pas. Lequel l'emporte ?

— Embrasse-moi…

Décidément, il la trouvait irrésistible. Sa silhouette féline, souple, son esprit vif, ironique, toujours pertinent. Il l'avait observée pendant le combat. Elle était courageuse et se battait comme un homme, mieux que plusieurs. La première fois qu'il l'avait vue, il l'avait comme reconnue. Elle n'était pas libre, elle sortait épisodiquement avec le Beau Léo. Mais elle l'avait définitivement quitté dès leur première rencontre.

Et maintenant elle était dans ses bras…

— Je n'aime pas t'envoyer en mission.

— Je suis moins repérable.

— Je sais bien, mais je préfère te savoir près de moi.

— Tout près de toi ?

— Encore plus près. Dis-moi, le Beau Léo, il y a longtemps que tu étais avec lui ?

— D'abord je n'étais pas avec lui, on se voyait de temps en temps, c'est tout.

— Et pourquoi l'as-tu quitté ?

— Devine.

— Pour moi ?

— Comment tu as deviné ? Mais aussi parce qu'il m'énervait. Il est très beau bien sûr, mais il est comment dire… plat. C'est ça, il est plat. Il n'y a pas de volonté forte chez lui, pas de surprise.

— Tandis que moi je ne suis ni beau ni plat ?

— Toi ce n'est pas pareil, tu es mon homme pour la vie.

XVII Petit garçon

Fabien était rentré chez sa mère. Il n'avait pas franchi le seuil qu'elle l'avait senti nerveux, déstabilisé.

— Ça va pas, mon Fabounet ?

Il s'arrêta, surpris. Derrière cette question banale l'intonation révélait un sentiment d'inquiétude profond. Simone avait ressenti le désarroi de son fils. Elle ne savait pas de quoi il en retournait mais elle avait compris qu'il était dépassé par les événements. Il ne contrôlait plus sa vie, le quotidien lui filait entre les doigts.

— Si, ça va, pourquoi ? répondit-il néanmoins.

— Qu'est-ce qui se passe, Fab ?

— Rien m'man.

— Tu peux me dire, je suis ta mère, je peux tout entendre.

Il s'assit à la table de la cuisine, roula une cigarette. Elle se retint de faire une remarque. Un sujet à la fois. Fabien se dit qu'il fallait qu'il lâche quelque chose, sinon elle le tannerait jusqu'à ce qu'il craque. Il n'était pas question qu'elle découvre sa relation avec Suzie Delmarc et encore moins ce qu'ils tramaient au sujet de Marc Vauché.

— J'en peux plus.

— De quoi, qu'est-ce qui t'arrive ?

— Je viens de découvrir un nouveau cadavre.

— Quoi ? Comment ça ? Qui ?

Simone s'assit en face de Fabien, ses traits s'assombrirent, c'était à elle d'être déroutée. Elle ne comprenait pas les mots qui sortaient de la bouche de son fils.

— Simon Campan, j'ai vu son corps. Il était dans une balle de paille, on aurait dit une momie. On aurait dit qu'il criait mais aucun son ne sortait. Moi, il me semblait l'entendre et ce n'était pas un cri, ça ressemblait à une complainte. Qui venait de loin. Il était emprisonné et regardait avec ses yeux tout blancs. J'ai l'impression qu'il me regarde encore, là, maintenant.

Fabien Dourgues aspira une longue bouffée en levant les yeux au ciel. Sa mère se leva, contourna la table et s'assit à ses côtés. Dans ses mains en corbeille, elle lui prit le visage.

— Regarde moi, mon Fabounet, tu vois les yeux de qui, là ?

Il la fixa.

— Réponds-moi mon Faby, qui vois-tu ?

— C'est toi maman, répondit-il comme un petit garçon qui se faisait consoler.

Il posa sa tête dans le creux de son cou, les yeux clos. Elle lui caressa la nuque comme quand il était tout petit.

Il ouvrit les yeux, la commissure à gauche de ses lèvres se contracta en un petit rictus. Il n'était plus un petit garçon.

4 Contact

Louison marchait depuis trois heures, elle avait traversé des sous-bois, franchi des ruisseaux, suivi un petit sentier qui virevoltait jusqu'en bas de la vallée. Elle était arrivée en sueur à un cabanon au bord d'un champ. Il fallait toujours forcer un peu cette porte en bois qui raclait l'herbe. Dans l'obscurité, elle devina plus qu'elle ne vit la bicyclette qui l'attendait. À l'extérieur, elle l'inspecta, les pneus étaient toujours bien gonflés, elle ne serait pas retardée comme la dernière fois où elle avait dû remplacer une chambre à air. Elle la poussa jusqu'à la route et grimpa dessus. L'air lui fit du bien. La vitesse soufflait un courant frais le long de l'épine dorsale en sueur. Louison ressentit un frisson de bien-être. Elle appuya plus fortement sur les pédales. Elle avait cinq kilomètres à parcourir avant d'arriver à Villard-de-Lans. Il faisait beau : un ciel vierge de nuages. Elle aurait pu se croire en vacances.

Louison avait déjà bien entamé ses études à la fac de lettres de Grenoble lorsqu'elle avait décidé de les abandonner. Continuer à suivre des cours dans l'indifférence des événements, cela lui était intenable. Lorsqu'elle lançait des débats sur la guerre et l'engagement de la Résistance, les discussions avec ses pairs étaient passionnées, parfois agressives. Mais quels que soient les avis de chacun, le lendemain de ces soirées enflammées, les étudiants reprenaient leurs cours, leur quotidien. Louison ne supportait plus cette rhétorique où l'on employait de jolies phrases et l'on se contentait de théories, de concepts, les idées se suffisant à elles-mêmes. Elle ne supportait plus de rester à l'écart du monde réel, il lui fallait s'engager. Elle n'avait pas mis beaucoup de temps à prendre sa décision. Elle se rapprocha d'un professeur d'histoire qui, dans ses propos semblait plus impliqué que les autres. Elle ne s'était pas trompée : elle obtint un contact et quelques semaines plus tard, elle se trouvait dans le maquis et avait fait connaissance avec le chef du groupe, le Beau Léo.

Ces souvenirs l'avaient amenée à Villard-de-Lans sans qu'elle vît le temps passer ni le macadam défiler. Elle arriva une heure en avance à son rendez-vous, ce qui lui permit d'inspecter le quartier, d'en faire le tour plusieurs fois et de s'assurer que rien de suspect ne se présentait. Un petit immeuble étroit, précédé d'une courette, coincé entre deux maisons plus spacieuses, était le lieu de rendez-vous. Elle appuya cinq fois sur la sonnette. La serrure claqua, elle poussa la porte, longea le couloir et gravit deux étages. Elle frappa à la porte qui se déroba aussitôt.

— Bart !

— Louison !

Ils s'enlacèrent chaleureusement. L'homme portait de lourdes lunettes en écaille. Il tentait d'équilibrer sa calvitie par une barbe broussailleuse.

— Comment ça va là-bas ?

Il avait préparé un succédané de café qu'il présenta à Louison.

— On a perdu deux hommes.

— Qui ?

— Marc et Montrouge.

— Marc est mort ?

— Oui.

— Putain, il avait à peine dix-neuf ans.

— Je sais… Nous avons anéanti le convoi et récupéré le dossier. Le voilà.

— Très bien. Ça fait du bruit ici. Les Allemands sont affolés, vous avez fait des dégâts. On craint des représailles…

Debout devant une fenêtre, ils avalaient en grimaçant le pseudo café par petites lampées.

— J'ai un gros problème, dit Barthélémy, il ne faut plus venir. Mon contact a disparu. Je n'ai aucune nouvelle. Lorsque je suis allé à mon rendez-vous, il n'y avait personne, seulement cette lettre dans une cachette connue de nous deux seulement. Elle vous est destinée. C'est tout. Je ne sais pas ce qui se passe. S'il a été arrêté, il n'aura pas craché le morceau car les Allemands m'auraient attendu dans cette cache. Je transmets votre pli par un autre conduit, mais n'essaie plus de me joindre, c'est trop dangereux. Moi je m'efface pendant quelques temps.

Elle prit la missive et la rangea dans son sac à main.

— J'espère qu'il ne lui est rien arrivé. Toi va-t'en, mets-toi à l'abri, j'informerai le réseau qu'on ne compte pas sur toi pendant quelques semaines. Si ton contact a été serré, tu es en danger.

— On fait comme ça. Fais attention à toi aussi, Louison. Salue Lelu pour moi.

Ils essuyèrent leur tasse, remirent la cuisine comme ils l'avaient trouvée et descendirent l'escalier. Barthélémy entrouvrit la porte et jeta un regard circulaire.

— C'est bon.

Ils s'étreignirent rapidement et partirent chacun de leur côté. Louison retrouva son vélo planqué dans une sente entre deux maisons. Elle l'enfourcha et partit rapidement. Ses pensées étaient enclavées dans l'avenir immédiat. Si le contact était aux mains des Allemands, c'est tout le réseau qui était en danger. Malgré le cloisonnement, il suffisait d'un nom ou deux pour élargir la liste. Pour le groupe, le maquis était leur seule protection. Mais les autres, ceux qui œuvraient en souterrain dans les villes, qu'en serait-il de leur survie ?

XVIII Jean Pastier

La voiture se faufilait au milieu de ce paysage vertigineux, invisible pourtant aux yeux des policiers immergés dans les dédales de ce nouveau meurtre.

— Ce Simon Campan tu m'en as parlé...

— Oui, c'était le principal fournisseur en bois d'Anselme Delmare. On l'a vu s'emporter contre lui lors d'une négociation. Depuis, Delmare ne lui avait plus passé de commandes.

— Maintenant il est hors de cause.

— L'affaire prend une autre dimension.

— Marié, célibataire ?

— Il vit seul.

— A-t-il une maîtresse ?

— Il va falloir approfondir.

La maison de Campan était accrochée à un piton rocheux, comme encastrée dans les entrailles de la terre. Un escalier creusé dans la pierre montait jusqu'à une terrasse taillée dans le même minéral. Celle-ci dominait un précipice abyssal, sans garde-fou. Une lourde porte en chêne était dotée d'une grosse serrure à l'ancienne dont Falcone vint à bout rapidement. L'intérieur était sombre et austère. Il fallait éclairer en plein jour, même l'été. L'hiver dans cette bâtisse devait être sinistre. Propre, bien rangée, sans fioriture ni déco, ni photos, la maison ne donnait pas envie de rester. Pas de couleur, rien de personnel.

— Un véritable intérieur de célibataire ! s'exclama Francesco.

Ils commencèrent à fouiller sans trop savoir ce qu'ils cherchaient. Ordonnés, classés, alignés, les vêtements comme les dossiers étaient impeccablement disposés. Dans une armoire à dossiers suspendus, l'ensemble de ses activités était noté sur la tranche. D'un coup d'œil, Falcone avait le résumé de la vie professionnelle de Simon Campan : exploitation forestière, vente de bois, transport, activité agricole, embauche du personnel, comptabilité. Il choisit le dossier du personnel, uniquement des CDD et saisonniers puis consulta la comptabilité qui était traitée par un cabinet d'experts. Cependant, un document indiquait qu'il avait contracté une lourde dette envers un dénommé Bernard Perju. Il retint ce nom dans un coin de sa mémoire. De son côté, Boulu avait ouvert l'ordinateur qui ne comportait pas de mots de passe. Des logiciels de gestion d'exploitation, aucune photo ici non plus. Dans l'historique, aucun site n'attira son attention.

Le policier verrouilla la serrure de fer. Ils reprirent la route.

— Pas grand-chose, commenta Francesco, si ce n'est une grosse dette qu'il devait à un certain Bernard Perju… Il faudra faire examiner ses comptes.

— Oui, sinon pas de traces de visites féminines. Deux fusils de chasse. Sa vie se résume au travail : ses champs, ses bois et la chasse. Point barre.

Un appel fit jouer le groupe de Calogero.

— Allo commissaire ? Capitaine Beaucourt, je viens d'avoir un appel de Monsieur le maire, il a des ennuis avec ses administrés. Il y a un rassemblement devant la mairie. Il a besoin d'un soutien. Je m'y dirige.

— On arrive ! Francesco, direction la mairie, il y a du chahut là-bas !

Lorsque la voiture stoppa devant l'hôtel de ville, une quinzaine de personnes s'étaient amassées sur le perron, elles parlaient dans un brouhaha inaudible, tendaient le cou vers l'intérieur. Les policiers contournèrent le groupe et se glissèrent dans le hall empli de monde. Le maire, Jean Pastier, dominait du haut de la troisième marche menant à l'étage. Il ne se distinguait de ses électeurs que par sa position élevée de quelques degrés. Il était comme eux, plein d'une énergie distillée par les forces telluriques des montagnes. Un feutre noir recouvrait une tignasse fournie de même couleur. À ses côtés, un conseiller municipal jetait des regards impuissants à l'élu et à l'assemblée, alternativement. Beaucourt et l'adjoint Thomas Tot les avaient rejoints. Des invectives comme « Faites votre boulot ! », « Ça ne peut plus durer ! », « Enfermez le coupable ! » étaient projetées éparses au-dessus de la rumeur confuse, comme des bulles d'une lave épaisse. Plusieurs individus étaient assez excités, c'était à eux surtout que le maire s'adressait, espérant que, les calmant, c'est toute la foule qu'il maîtriserait.

— Je vous en prie, restez calmes, le capitaine Beaucourt et la commissaire Boulu travaillent sans relâche à la recherche du coupable. D'ailleurs la voici, elle va vous dire deux mots sur l'avancement de l'enquête.

Trop heureux de lui donner le relais, le maire fit signe à la femme de le rejoindre. Surprise, celle-ci gravit les trois marches. Un silence méfiant s'établit. Boulu dévisagea ce rassemblement surgi on ne sait comment. Elle fit un exposé clair et succinct des faits établis et conclut qu'à ce stade de l'enquête, aucune piste n'était à écarter.

— On le connaît le coupable !

L'exclamation venait de la foule, anonyme, mais les têtes acquiesçaient. La commissaire expliqua d'une voix calme qu'en matière d'accusation, seul le juge pouvait déclarer qui était coupable, et c'était à la police de lui soumettre les éléments, les preuves pouvant déterminer qui était suspect. Ou pas. La foule s'était tue dans l'espoir d'en apprendre un peu plus sur des noms de personnes pouvant être impliquées dans l'affaire

— Je vais vous annoncer une nouvelle, ajouta-t-elle, qui va bientôt paraître aux informations et qui montre que les rumeurs que vous répandez sont nocives à tous. Les deux enfants Benjamin et Jérémy ont été retrouvés. Ce n'était qu'une fugue. Ils avaient parié qu'ils tiendraient une semaine en jouant les Koh-Lanta. Ils ont gagné puisqu'ils sont rentrés sept jours après leur disparition, dans un état de maigreur et de saleté notable. Vous vous doutez du soulagement des parents… et de la réprimande carabinée. Toujours est-il que les accusations que vous portez sur François Rébac ne reposent sur rien. Alors rentrez chez vous dans le calme.

Le maire leur annonça qu'ils seraient avertis dès qu'une étape importante serait franchie dans la progression des recherches. Puis il les pria de se disperser. Les meneurs n'insistèrent pas. Ils partirent en petits groupes qui se désagrégèrent.

— Vous voyez dans quelle situation vous me mettez !

— La remarque est insolite, Monsieur le maire. Le meurtrier n'a pas signé ses crimes. À partir de là, nous enquêtons et avec ce nouveau meurtre l'enquête se complexifie.

— Cette vague de meurtres ne peut plus durer commissaire, vous avez vu dans quel état se trouvent les gens ! Ils ont peur. Ici c'est un petit village tranquille, sans histoires. Cette série de crimes le plonge dans un état d'insécurité insupportable. Chacun se demande si sa femme, son enfant ou lui-même pourra aller aux champs, au travail ou à l'école. Il faut faire quelque chose commissaire Boulu, et vite !

— Deux crimes, c'est deux de trop, d'accord, mais cela ne s'appelle pas une vague ni une série.

— Trois.

— Quoi trois ?

— Vous savez bien, Eugénie Catel.

Aglaëe dévisagea le maire.

— La gardienne de chèvres qui a dévalé le coteau, rajouta-t-il.

Il n'allait pas lui aussi transformer cet accident en assassinat ! Sa température intérieure commençait à s'élever jusqu'à bientôt lui faire bouillir le sang. Heureusement, Falcone intervint.

— Pas d'autre décès depuis un an ou deux ?

Jean Pastier ne comprit pas le trait d'ironie, il répondit, hésitant, se demandant où ce flic voulait en venir.

— Deux Moucherollois sont décédés durant l'hiver. Ils sont morts de leur belle mort, l'un avait quatre-vingt-huit ans et l'autre quatre-vingt-seize ans.

— Il va falloir qu'on ouvre leur cercueil pour procéder à une autopsie. Il n'y a pas de raison que Madame Catel y passe et pas les autres.

— Mais ils sont morts dans leur lit.

— Ce n'est pas une preuve de mort naturelle.

Le visage de Pastier se referma soudain, il venait de comprendre l'allusion et cela ne lui plut pas du tout.

— Je n'avais pas encore rencontré la commissaire Boulu, mais son arrivée était attendue. Et vous, vous êtes qui ?

Le maire avait enfilé rapidement sa veste côtelée lorsqu'on l'avait appelé à la mairie. Il était en train de s'occuper du cheval de l'Antoine, son métier ces derniers temps avait pris un essor insoupçonné, cela lui prenait beaucoup de temps et les affaires de la commune en pâtissaient. Cette histoire de meurtres commençait à lui gratter le cerveau façon toile émeri. Ce n'était pas une bonne pub pour la commune.

— Je n'ai pas eu l'occasion de vous présenter le commandant Falcone. Il se joint à moi pour cette enquête.

— À vous trois, dit le maire en incluant le capitaine Beaucourt, j'espère que les choses vont s'accélérer.

Le gendarme adjoint Thomas Tot n'osa pas s'immiscer, il fut néanmoins dépité d'être transparent aux yeux de l'élu.

— Car il n'en reste pas moins qu'il y a deux assassinats. Aujourd'hui, les gens ont été relativement calmes, mais qu'est-ce que ce sera demain…

— Bernard Perju, vous connaissez ?

— Oui, bien sûr c'est un ami. Ne me dites pas qu'il est impliqué.

— Dites-moi seulement où je peux le rencontrer.

— On est voisin, il est le propriétaire des cars Perju. Suivez-moi.

Jean Pastier sortit de la petite mairie et montra du doigt une grande bâtisse.

— Vous voyez la maison aux deux grandes cheminées, c'est ici qu'il habite. Son entreprise se trouve à

Gap, à l'entrée de la ville. Ne me le mettez pas à dos lui non plus, c'est tout ce que je vous demande.

— Nous ne sommes pas là pour vous mettre quiconque à dos. Nous faisons notre job, c'est tout.

Ils se séparèrent.

La place du village était vide, comme si rien ne s'était passé, comme si l'accusation d'un habitant du village, tout nouveau venu qu'il soit, était chose banale, sans importance. Justifiée. Chacun vaquait à ses occupations familiales ou professionnelles sans complexe ni remords, avec la conscience tranquille de l'honnête citoyen. Les deux policiers étaient atterrés par ce qui venait de se passer.

— Je croyais que la vie dans les montagnes apportait un peu de sérénité, une certaine philosophie, se désola Francesco.

— L'esprit du Montagnard, tu parles ! renchérit Aglaëe. J'avais planté ma tente près d'un gîte en haut d'un col et j'avais oublié mon rouleau de PQ cinq minutes sur un rocher en face des latrines et quand je suis revenue le chercher, disparu ! Ce ne pouvait être qu'un randonneur. Ce n'est qu'un détail sans importance je sais, mais quand même ce n'est pas joli joli comme mentalité.

— J'imagine le reste de ton parcours… feuille de chêne, de buis, les doigts ?

— Un autre randonneur m'en a donné un.

— Ah ! Tu vois, il y en a des bien.

— Eh oui, comme partout ! Pas plus en montagne qu'ailleurs, ni moins… nous y voici.

Un portail en fer forgé aux lourdes barres épaisses se dressait, fixé à deux piliers en béton brut. Une porte était ouverte en permanence : des touffes d'herbe avaient poussé tout le long. Les deux flics continuèrent jusqu'à l'entrée d'une grande bâtisse.

Falcone appuya sur la sonnette qui émit un sifflement strident. Rapidement le battant s'ouvrit sur un homme accablé par la chaleur. Il était grand, épais, on devinait une force cachée par de la graisse envahissante. Il était vêtu d'un marcel qui lui collait à la peau. Quelques mèches luisantes échappées à la calvitie dominante se faufilaient vers le cou.

— Bernard Perju ?

— Oui, c'est pourquoi ? souffla-t-il.

— Nous sommes de la police et voudrions nous entretenir avec vous, répondit Falcone.

L'homme hésita, il avait envie de demander pour quelle raison les flics s'intéressaient à lui, mais sa priorité était de refermer cette foutue porte ouverte sur la fournaise. Il aspirait juste à s'asseoir à l'ombre de ses murs épais. Il leur fit signe d'entrer et la referma rapidement derrière eux. Dans la pénombre du couloir, sa silhouette se détachait, imposante. Il atteignit enfin la cuisine, sortit du réfrigérateur une cruche en Pyrex. Il prit une chaise, remplit un verre d'eau qu'il vida d'une traite. Comme délivré d'une ânée, un lambeau d'énergie le traversa.

— Il y a un problème me concernant ?

Sa voix était profonde et feutrée.

— C'est au sujet du meurtre de Simon Campan, dit la commissaire.

— Et ?

— Vous le connaissiez ?

— Oui.

— C'était un ami à vous?

— Un copain d'enfance.

— Vous le voyiez souvent ?

L’homme se gratta le crâne. La chair qui pendait sous le menton ondulait comme une poire blette.

— On se voyait de temps en temps pour des parties de chasse. Plus souvent l’automne.

— Vous aussi vous pratiquez la chasse ?

— Plus maintenant, pourtant j’avais la réputation d’être plutôt une bonne gâchette, mais c’était dans mon jeune temps. Maintenant je m’occupe plutôt de l’organisation, l’intendance, les repas. Celui du soir par exemple, dans les assiettes il y a le produit de la chasse du matin : perdrix en sauce, lapin gibelotte, je vous dis pas comment ça doit s’activer en cuisine.

L’homme avait sous les yeux les menus qu’il commentait, la gourmandise l’irradiait, apportant un peu de vie sur son visage terne. Puis il s’arrêta net, comme s’il découvrait ses interlocuteurs.

— Je suppose que vous n’êtes pas venus pour mes recettes du pavillon de chasse.

— En effet, nous aimerions savoir quel type de relation vous entreteniez avec Monsieur Campan. Vous nous dites la chasse. Rien d’autre ?

— Non.

— Nous sommes tombés sur un contrat qui vous liait à lui. Vous ne nous dites pas tout, Monsieur Perju.

Celui-ci sortit un grand mouchoir à carreaux et épongea son front, ses joues, en terminant par son cou mou.

— Oui c’est vrai, je n’y pensais pas. Je lui ai prêté de l’argent.

— Vous lui avez établi un prêt et vous ne vous en souvenez plus ! Pourquoi pas plutôt à la banque ?

— C’était un ami, je lui ai fait des conditions largement plus avantageuses que n’importe quelle banque. C’était pour l’aider.

— Que va-t-il se passer maintenant ?

— Je ne sais pas exactement, je crois que je récupérerai mon prêt sur la vente de ses biens. Il faut que je me penche sur les clauses.

— Tenez, penchez-vous !

Falcone fit claquer la liasse sur la table. Bernard Perju s'essuya à nouveau le front, désorienté.

— Ah, vous l'avez ! dit-il en se servant un verre d'eau qu'il engloutit.

Il tourna quelques feuilles sans véritablement lire. Juste une posture.

— C'est vrai, reprit-il, il y a un alinéa qui précise que le taux étant très bas, je récupère ses biens forestiers en cas de non-paiement.

Aglaëe et Francesco échangèrent un regard surpris.

— C'est une chanson qu'on a déjà entendue, commenta Boulu.

— Que voulez-vous dire ?

La question de Perju n'était pas convaincante, il connaissait la réponse.

— Anselme Delmare a signé le même type de contrat avec Marc Vauché. Votre pavillon de chasse est plutôt un cabinet d'affaires, non ?

— On n'y parle pas que de chasse.

— Racontez-nous, dit la commissaire en tirant une chaise sur le coin de la table.

— Il n'y a rien de particulier.

Falcone s'approcha, posa sa main sur la table et se pencha.

— C'est maintenant qu'il faut nous dire. Deux contrats, deux morts, deux mobiles pour deux suspects. Vous êtes à deux doigts de l'inculpation. Le lieu de détention à Villard-de-Lans n'est pas climatisé.

Bernard Perju comprit qu'il était inutile de continuer à faire l'ignorant. De toute façon, ces flics connaissaient déjà les trois quarts de l'histoire.

— Je vais vous expliquer… mais je n'ai rien fait.

— On vous écoute, ajouta le commandant.

— Ça remonte à il y a quelque chose comme trois ans, il faisait chaud aussi, la chasse avait été bonne, particulièrement bonne. J'avais préparé un festin. On avait pas mal bu, comme les copines étaient parties, on s'était retrouvé seuls.

— Les copines…

L'homme baissa les yeux sur son mouchoir qu'il triturait.

— Oui, parfois on a des invitées. Ce soir-là on avait fait venir deux amies.

— Deux amies, rémunérées ?

— Juste quelques billets pour le déplacement.

— Des billets de cinquante ?

Perju hocha la tête. Francesco éleva la voix.

— Arrêtez de tourner autour du pot. Vous avez fait venir des prostituées, alors dites-le !

L'homme piqué au vif déballa d'une traite le déroulement de la soirée.

— Elles avaient fait un strip-tease sur la table entre les plats, on chantait, on criait, on les acclamait et puis on les a sautées. Et alors ! Rien d'interdit, elles savaient pourquoi elles étaient là et nous aussi. C'était pas la première fois. Après elles sont parties, l'euphorie était tombée. Marc et moi on commentait la soirée autour d'un rhum, on était encore bien partis. Mais Simon et Anselme étaient revenus sur terre, ils étaient accablés. On leur a demandé ce qui n'allait pas, il n'y avait aucune raison d'avoir le moral à plat après une si belle journée. Alors l'un et l'autre nous ont fait part de leur problème.

On était bien embêtés. C'étaient des problèmes d'ordre financier, ils avaient besoin tous deux de liquidités. Les banques leur fermaient leur porte, une fin de non recevoir à Anselme, Simon, lui, n'avait trouvé qu'un emprunt à un taux prohibitif. Leurs activités étaient viables mais il leur fallait seulement de la trésorerie et de quoi investir. Alors on le leur a fourni ce prêt qui leur manquait tant, Marc Vauché à Anselme Delmare, moi à Simon Campan. Un taux dérisoire, c'était pour leur rendre service. Pour nous remercier, ils ont eux-mêmes proposé une partie de leur bien si le remboursement ne se clôturait pas jusqu'au dernier centime. Ils ont insisté, pensant que cette clause ne s'exécuterait pas puisqu'ils étaient en capacité de payer. Dès le lendemain, les contrats étaient tapés, signés. Voilà, vous savez tout. Rien d'illégal, quatre amis qui se rendent service.

Perju n'en pouvait plus d'avoir tant parlé, il avait pris un torchon avec lequel il se tapotait les chairs. Aglaë observait ce Bernard Perju, un homme émotif, soumis à la pesanteur de son corps enrobé, mais sous cette couche adipeuse se devinait une ossature robuste, un corps puissant. Elle le voyait très bien frapper Simon Campan à l'aide d'un bâton, traîner son corps, le hisser dans la benne à envelopper les rouleaux.

— Rien d'illégal en effet, reprit-elle. Vous allez quand même nous dire où vous étiez et avec qui ce jeudi six dans la matinée.

— Facile, j'ai passé la journée sur la route. Je suis allé à Grenoble accompagner Robert pour récupérer un car qui était au garage pour une révision.

— Il a un nom ce Robert ?

— Robert Tambi, il conduit mes cars depuis plus de vingt ans.

— On peut le voir ce Robert Tambi ?

— Là, il faudra attendre une semaine. Il conduit un car en voyage organisé de dix jours, il est parti de Grenoble directement avec le car et les voyageurs.

— Quelle destination ?

— La Corse.

— Où exactement ?

— Porto Vecchio, vous connaissez ?

La commissaire lui précisa de rester à la disposition de la police.

Les deux policiers plongèrent dans la débauche de lumière qui leur faisait plisser les yeux. Ils se concertèrent à mi-mots.

— Toi aussi ? demanda Falcone.

— Pareil.

— Il en est tout à fait capable, un peu diminué par cette chaleur écrasante, mais au matin pourquoi pas, il en a les capacités.

— C'est indéniable. À qui profite le crime… à lui et son compère Marc Vauché.

— Il aurait un alibi… qu'il faudra vérifier…

— Une permutation ? insinua la commissaire.

— Possible, ils sont amis : emplois du temps à élargir.

— Le Robert Tambi, on le laisse arriver à Porto-Vecchio et on le met entre les mains d'André Ortis.

— Avec lui, on saura de quoi il en retourne, c'est certain, approuva Falcone.

Fabien Dourgues ne donnait pas de grands à coups d'accélérateur, évitant ainsi de faire pétarader son moteur. De plus, il avait emprunté des routes différentes, parfois il cachait sa moto dans un coin de ruelle et poursuivait à pied. D'autre fois, il se mettait en planque et observait.

Il avait épié la famille Vauché toute la journée. C'est ainsi qu'il avait reconstitué leur emploi du temps. Les heures d'absence de Christèle et de sa fille. Il avait observé que le soir, une fois Marlène au lit, les parents regardaient un film à la télé. Puis la femme montait se coucher tandis que Marc travaillait une heure ou deux à son bureau avant d'aller la rejoindre. Cela lui permit d'échafauder un plan que Suzie avait validé avec un enthousiasme débridé. Fabien remarqua que, lorsque ce sujet était évoqué au lit, une excitation particulière la submergeait. Ils atteignaient des sommets d'érotisme qu'il n'avait jamais imaginés. Sous des dehors de petite bourgeoise champêtre se cachait une femme ardente, accro à chaque parcelle de son corps.

5 Dissidence

Poussée par l'urgence, dopée par l'anxiété, Louison n'avait jamais grimpé si rapidement, elle avait parcouru le sentier en un temps record. La nouvelle de la disparition de l'agent de liaison de Barthélémy avait atteint le moral des hommes, chacun y allait de son avis. Ils étaient convaincus que le contact avait été arrêté par les Allemands. Il fallait donc redoubler de vigilance. Remettre en question toutes les procédures de communication. Douter de toutes les informations jusqu'à ce qu'une autre filière se mette en place.

En commençant par cette dernière.

Lelu avait convoqué une assemblée pour échanger sur les derniers événements. Notamment le message rapporté par Louison : Duber, une sommité de la Résistance, avait été arrêté par la Gestapo. Ordre leur était donné de le délivrer. Duber était enfermé dans les caves du siège de la Gestapo situé à la Kommandantur de Gap. Il avait été torturé pendant quatre jours. Il était resté muet. La Gestapo ne voulait pas risquer de le tuer, il savait trop de choses. Alors elle projetait de détruire tout espoir en lui. Les Allemands avaient décidé de l'acheminer en Allemagne, de l'isoler. Il devait partir dans trois jours.

Un silence pesant suivit le discours de Lelu. D'habitude, quand une nouvelle mission était exposée, c'était plutôt une atmosphère électrique qui parcourait la troupe. L'inaction était insupportable, ils rongeaient leur frein, tournaient en rond. Mais les circonstances étaient différentes, ils avaient perdu deux hommes, ils ressentaient encore l'affrontement entre leur chef et Paulo, la mise à l'écart de Jo. Et cette arrestation. Rien n'allait plus comme avant.

— On ne va pas se lancer comme ça tête baissée, il me faut des assurances, termina Lelu.

— Comment ça des assurances, ce message vient bien du réseau ? commença Paulo.

— Oui, les codes, les marques le certifient.

— Et sachant cela tu ne veux rien entreprendre ?

— Je veux d'abord contrôler que tout est clair.

Paulo se leva, lança avec rage la branche qu'il avait dans la main, qui se cassa net sur un tronc.

— Mais c'est un ordre ! cria-t-il.

— Écoute-moi bien. Écoutez-tous. Cette lettre, cet ordre nous vient d'Angleterre. Elle est authentique mais elle nous est parvenue de façon trouble. Bart a trouvé ce message dans sa cachette alors que son contact devait la lui remettre en main propre. La procédure n'a pas été respectée.

— Mais cette cachette était connue d'eux seuls, non ?

— Oui.

— On peut donc supposer que, se sachant surveillé, le contact ait déposé la missive à l'endroit convenu pour ne pas entraîner Bart dans la filature. Il aura été arrêté ensuite ou pas, dans ce cas il s'est peut-être mis en planque. Résultat, l'ordre nous est parvenu et il faut l'appliquer.

— Dans le domaine des suppositions, on peut aussi penser qu'il a été embarqué et torturé. Il aura révélé l'endroit de la cachette, l'heure et le lieu de rendez-vous avec Bart.

— Et pourquoi Barthélémy n'aurait-il pas été arrêté ?

— Pour nous tendre un piège justement. Cette lettre entre leurs mains est une occasion rêvée.

Le ton montait au fur et à mesure de la discussion, Paulo ne voulait rien lâcher et Lelu s'exaspérait devant tant d'entêtement.

— C'était plus facile pour les Allemands de coffrer Bart et de le faire parler pour remonter jusqu'à nous. Non ! Il faut attaquer la Kommandantur. On peut préparer ça efficacement, on a trois jours, on a toutes les chances d'y arriver !

— Je vous ai dit qu'on ne le ferait pas, en tout cas pas dans ces conditions. Il y a trop d'incertitudes.

— Ce que je sais, moi, c'est que l'un des nôtres, Duber, est en danger. On ne peut pas l'abandonner.

— Voilà ce qu'il va se passer. Je vais aller moi-même à Villard-de-Lans. Par radio, je vais en référer à mon agent de liaison qui informera Londres de ces événements. Il faudra organiser une autre intervention inconnue des Allemands.

— Je ne suis pas d'accord. Il y a urgence. C'est de la lâcheté ! Si j'étais toujours chef de ce groupe…

— Tu ne l'es plus, Paulo !

L'assistance subissait cette confrontation avec gêne. Le groupe d'origine appréciait Paulo, leur ancien chef. Quand le commandant Lelu était arrivé avec sa propre troupe, ils avaient trouvé injuste cette destitution. Certes Paulo était devenu le bras droit, piètre compensation, il n'était plus le chef de file. Puis Lelu s'était très vite fait admettre. Son charisme, son sens pratique, son efficacité dans les choix des actions et sa science du combat contre les Allemands, le rendaient digne du poste qu'il occupait. Auparavant, leurs attaques étaient trop ponctuelles pour déstabiliser l'ennemi. Cette notion, d'abord vague, de leur appartenance à une armée secrète organisée, dont les objectifs fixés devaient contribuer à la déroute de l'envahisseur, se concrétisait petit à petit. Lelu avait gagné leur confiance.

Penauds, ils assistaient à la joute entre ces deux hommes sans prendre parti.

Lelu et Paulo se défiaient du regard, on aurait dit que ce dernier était prêt à en venir aux mains.

— Tu es le commandant de ce groupe et à ce qui se dit, haut responsable de tout le réseau de la région. Mais là, tu ne te conduis pas comme un chef qui doit tout faire pour protéger les siens, mais comme un pleutre. Je le dis comme je le pense.

— Ça suffit comme ça ! Tes propos sont irresponsables ! On arrête là, tout est dit ! Dès demain je pars, je vais aux renseignements. Voir ce qui est fait pour remplacer le contact, recevoir d'autres instructions car je suis certain qu'elles ne seront plus les

mêmes quand je leur ferai part de ma décision quant à cet ordre. Ils pourront initialiser un nouveau plan d'attaque pour délivrer Duber, pendant son transfert par exemple. Paulo, pendant mon absence je peux compter sur toi ?

— Bien sûr. Par contre, moi, je ne compte pas sur toi. En rien. Tu te trompes sur toute la ligne !

— J'ai dit que la discussion était close. De toute façon on verra bien qui de nous deux est dans le vrai.

— C'est tout vu ! Et quand on le vérifiera, ce sera trop tard !

Rien ne pouvait le faire taire. Paulo voulait avoir le dernier mot, il en faisait une question d'honneur, démontrer aux hommes que c'était lui qui avait raison. Lelu avait clos la réunion. Il regardait ses hommes et femmes se lever, s'étirer, le regard fuyant, et former des petits groupes murmurants qui se dispersaient dans la nuit. Il déplorait cette atmosphère délétère qui n'était pas le reflet de l'implication fantastique des hommes et femmes qui engageaient leur vie dans ce combat inégal avec les forces d'occupation. Il regagna navré son QG.

Chacun se préparait pour la nuit. Le bivouac était rudimentaire. Certains s'étaient débrouillés pour apporter un matelas, un lit de camp, mais le plus grand nombre couchait à même le sol sur de la paille ou de l'herbe sèche et une couverture. Tentes et cabanons construits à la hâte les abritaient de la pluie, rare à cette période de l'année.

Les habitudes avaient été prises malgré la précarité des installations. Après le repas, invariablement, la guerre, les missions passées ou à venir étaient au centre des conversations. Le vin chaud terminé, femmes et hommes regagnaient leur couche, regroupés ou isolés selon leur préférence.

Mathieu était un des derniers couchés. Il s'allongea sur un lit d'herbes sèches recouvert d'une bâche. Son parka plié lui concoctait un oreiller somme toute confortable. Il s'allongea sur le dos et grilla sa dernière cigarette en songeant à l'altercation de ses chefs. Il redoutait un tel conflit qui ne pouvait rien entraîner de bon. Malgré son jeune âge, une certaine maturité lui conférait un bon sens critique reconnu des siens. Il se remémorait les discussions avec ses camarades. Il avait argumenté pour que le groupe ne prenne pas parti pour Lelu ou Paulo et ne se divise pas. Cela déboucherait sur de graves conséquences. Outre leur efficacité, leur sécurité ne serait plus assurée. Il avait été tout de suite rallié par certains et ceux-là avaient convaincu les défenseurs de l'un ou l'autre. Au terme de ces échanges, tous avaient convenu que la sauvegarde de la cohésion du groupe était vitale. Mathieu se sentait mal à l'aise, ce soir il n'avait pas vu Paulo…

Il écrasa son mégot. Il adorait ce mois de juillet qui permettait de dormir à la belle étoile. Il perdit son regard dans ce ciel d'été et ses myriades d'étoiles comme jetées par brassées, fenêtre ouverte sur l'éternité, petit rappel sur la fugace apparition de l'homme.

XIX Accrobranche

Sept heures du matin, le soleil n'avait pas fini d'escalader les crêtes, là-bas tout en haut des deux cimes de la Montagne les Deux Sœurs. Il n'en était pas loin car en face sur l'autre versant, les rayons illuminaient déjà les arbres ancrés bien droits comme des i. Sur la terrasse, les trois consommateurs sacrifiaient au rituel du petit déjeuner, café noir ou au lait, croissant ou tartine, juste un petit noir pour Danjou qui avait pris le sien en sa demeure. C'est lui qui entama le sujet.

— Vous étiez venue pour enquêter sur un meurtre, qui aurait présagé qu'un second allait surgir ? C'était impensable. Est-ce un assassin qui poursuit un plan diabolique ou s'agit-il de deux meurtres isolés ?

Francesco suspendit son geste qui consistait à engouffrer sa viennoiserie dégoulinante de café.

— Nous sommes à un stade de l'enquête où aucune piste n'est à négliger.

— Ce qui veut dire que vous n'en savez fichtrement rien, sauf votre respect… Je suis désolé, reprit le comte surpris lui-même par sa réplique qu'il jugeait inconvenante. Je voulais juste dire que cela était trop tôt pour le dire, après tout la seconde enquête débute à peine.

— Ne vous formalisez pas, un dossier, avant de le clore, il faut en consulter les pages. Nous en sommes là, rassura Aglaëe.

Confus, Danjou trempa les lèvres dans la tasse.

— En tout cas, il ne fait pas bon appartenir à ce club des quatre chasseurs, ajouta le commandant en s'essuyant la bouche.

— Cinq, rectifia Danjou.

— Cinq quoi ? s'enquit Boulu en scrutant le visage de son vis à vis.

— Cinq chasseurs. Ils se retrouvaient la plupart du temps à cinq le dimanche dans leur pavillon, pas quatre. C'est vrai que Gribel était moins assidu à ces rendez-vous, mais il y participait quand même assez fréquemment.

— Qui est-ce ?

— Charles Gribel…

Mais déjà elle n'écoutait plus, son regard fut attiré par la statue du monument aux morts. Quelque chose l'avait frappée, comme un éclair réfléchi par un miroir. Elle était comme tous les matins, assise dos à la façade de La Mouchevole, Francesco à sa gauche, en face de Danjou, celui-ci ayant le dos tourné à la place du village. Le panorama était le même que celui des matins précédents. La statue n'avait rien d'inhabituel. Le soldat recouvert d'un épais manteau dont un pan était ouvert, tenait un drapeau d'une main, le fusil brandi de l'autre. Le regard dirigé vers l'horizon à l'assaut d'un ennemi lointain. Il était un rempart contre l'assaillant. Grâce à son courage il protégeait femmes, enfants et sauvegardait la liberté de son pays. La commissaire scrutait chaque détail du personnage, cette main qui enserrait la crosse, le sculpteur y avait tracé les veines qui la parcouraient. L'œil n'était qu'une bille de pierre, pourtant les sourcils pliés vers la base du nez, les lèvres charnues entrouvertes comme pour gonfler les poumons contribuaient à renforcer l'expression de sa détermination. Non, Aglaëe ne retrouvait pas ce qui avait fouetté sa pupille. Quel message crypté avait-elle reçu ? Il fallait regarder autrement, peut-être au contraire envisager la statue dans son ensemble, sa globalité ? L'artiste avait arrêté le temps pour ce combattant, immortalisant ainsi cet instant de bravoure. Il était immobile, fixé sur son socle. Le socle ! C'est là que quelque chose avait frappé la rétine de la commissaire. Boulu se leva, retirant sa chaise derrière elle avec des gestes précautionneux comme pour ne pas effaroucher cette vibration qui émanait de la pierre.

Les deux hommes l'observaient depuis un moment déjà. Ils s'étaient interrompus, avaient perçu la concentration silencieuse de la commissaire. Francesco savait que lorsque son esprit était ainsi en alerte, il ne fallait surtout pas l'interrompre mais la laisser flairer, comme un épagneul dans la lande.

Elle quitta la terrasse, s'avança à pas lents comme pour amadouer le soldat de pierre. Elle s'immobilisa à trois pas de lui. La tension qui contractait son corps se relâcha, d'où ils étaient Francesco et Danjou virent son dos se détendre, ils comprirent qu'elle avait trouvé. Ils se levèrent à leur tour. Francesco la questionna du regard. Elle leur montra la liste des chers disparus au champ d'honneur.

Un nom était inscrit au-dessus des autres : Lucien Rébac.

La jambe du cheval était calée contre la cuisse de Jean Pastier. D'une main il maintenait le sabot, de l'autre il arrachait le clou avec la tenaille qui faisait levier en s'appuyant sur la corne. L'animal était une belle bête de trait, un percheron blanc à pois noirs. Impassible, l'oreille dressée, l'œil rond attentif mais paisible. Aglaëe toussota pour marquer sa présence. Seul l'animal réagit par un coup d'œil rapide tandis que l'homme continuait son travail.

— Je vous dérange ? demanda-t-elle.

À l'aide de sa rénette, il raclait la sole du sabot, la nettoyant de toutes les saletés accumulées dans les aspérités, puis il l'échangea contre une râpe pour adoucir les angles.

— Qu'est-ce que vous croyez ? Qu'être maire d'un petit village c'est rester assis derrière un bureau à écouter les doléances de ses administrés, couper des rubans, regarder défiler des majorettes, boire une clairette de Die après un discours du huit mai ?

L'homme se redressa, saisit le premier fer à cheval sur une pile de quatre. Il fit enfin face à la commissaire. Sa barbe poivre et sel de trois jours envahissait ses joues jusque sous les yeux.

— Eh bien il y a tout ça, mais pas que ! Il y a aussi le métier qui n'avance pas tout seul. C'est sûr, maréchal-ferrant ça n'occupait pas tout son temps, le métier s'en allait… Oui, il s'en allait. Il n'y en a plus que trois dans tout le département des Hautes-Alpes ! C'est mon père qui m'a transmis le métier. Son père, rien que sur le canton il avait du travail pour toute l'année. Moi, quelques sabots de paysans nostalgiques. Le Blanco que vous voyez là, il appartient au Daniel, il tire quelques charrettes de temps en temps pour se rappeler quand il était petit. Mais les temps changent, les clubs d'équitation fleurissent, les écolos veulent des moyens de locomotion à l'ancienne, des roulottes et soudain le travail revient, qui l'aurait prédit ? Je commence même à former un jeune qui veut en faire son métier. C'est pas beau ça ? Avant, maréchal-ferrant c'était le cachet du village, le dernier témoignage d'un temps révolu, une momie qui tombe en poussière et voilà-t-y pas que les jeunes prennent le relais ! Mais qu'est-ce qu'il a à gigoter ? C'est vous qui l'excitez comme ça ?

L'animal n'avait pas bronché. Le maire appliqua le fer sur la paroi du sabot. Trois coups de marteau plus tard, le premier clou était enfoncé.

— Vous n'êtes pas là pour un stage de ferrant, alors je vous écoute.

— Dites, Monsieur le Maire, à propos du discours du huit mai, qui a fait construire le monument aux morts ?

— Le maire de l'époque, je n'étais pas né. Il m'a toujours impressionné ce soldat, je trouvais qu'il avait l'air triste, je croyais qu'il s'était perdu… Maintenant je sais qu'il s'était perdu au milieu de ce carnage. Le maire s'appelait Dulong, c'est lui qui l'avait commandé, c'était de son ressort… Vous vous intéressez à l'art pompier ?

— Non, plutôt aux hiéroglyphes. Le premier nom de la liste, vous connaissez ?

— Comment ne le connaîtrais-je pas ? Tant de commémorations, de minutes de silence.

Les sept autres clous furent plantés en quelques coups rapides et précis. Il libéra la jambe de l'animal et installa la deuxième sur sa cuisse. Enfin il répondit :

— Lucien Rébac.

Puis il nettoya le sabot, passa quelques coups de râpe et posa le nouveau fer.

— Ce devait être quelqu'un d'important.

— Qu'est-ce qui vous fait dire ça ?

— Les noms sont dans l'ordre alphabétique, le sien est en début de liste, séparé des autres.

— Bien vu. Il était le chef des maquisards de toute la région.

— Il était d'ici ?

— Oui, il était de Sainte-Moucherolle-sur-Bourne.

— Que lui est-il arrivé ?

— Il est mort en mission, je ne connais pas exactement les circonstances. Pourquoi ces questions ?

— Rébac, ça ne vous dit rien ?

— Vous faites allusion à l'instituteur. À part cette responsabilité de chef de la Résistance, je n'ai pas de connaissances précises sur cet homme.

— Qui pourrait me renseigner sur ce Lucien Rébac ?

— Vous savez, ici on commémore les dates de la république, c'est mon devoir en tant que maire, mais disons qu'au village nous n'aimons pas remuer ces souvenirs, trop de disparus, trop de malheur comprenez-vous. Si vous cherchez des renseignements sur Lucien Rébac, allez questionner un ancien. Vous en trouverez au café.

L'homme reprit ses fers et ses clous et ponctua l'entretien à grands coups de marteau.

Le soleil déteignait sur les arbres et les champs, les verts et les bruns s'étaient estompés pour laisser place aux jaunes pâles. La chaleur faisait trembler les lignes, un tableau bâclé par un peintre atteint de la maladie de Parkinson.

La tête inclinée, le pas au ralenti, presque immobile, la commissaire scrutait le sol avec minutie sous l'écrasant soleil. Parfois elle se penchait pour ôter l'ombre d'un doute, mais ce n'était qu'un caillou à la forme bizarre ou un ramassis de terre improbable. « L'assassin laisse toujours une trace, l'assassin laisse toujours une trace, l'assassin… » comme un mantra cette ritournelle rebondissait dans son crâne. « Il suffit de la trouver et de l'interpréter… » il fallait qu'elle ait raison…

Puis, tout en continuant son inspection elle réfléchissait aux différents scenarii possibles. Elle employait deux modes de pensées différents. D'abord elle n'utilisait que les faits avérés, les indices relevés, les individus concernés. Elle reliait l'ensemble par les liens de cause à effet, en déduisait les conséquences qu'elle validait ou pas selon leur cohérence. Dans un deuxième temps, elle laissait son imagination qu'elle avait fertile, échafauder des hypothèses impliquant aussi des gens non concernés directement par l'affaire. Puis son esprit logique et rationnel établissait toutes les déductions possibles en prenant en compte les informations concrètes. Cette façon d'opérer permettait de relancer une enquête sur des voies complètement inattendues et parfois d'arrêter un criminel à cent lieues de celle-ci. Pour l'heure ce n'était pas le cas, elle était accaparée par l'instituteur et son homonyme.

Aglaëe était un fleuve, la sueur coulait en continu sur son front, son cou, son chemisier était une serpillière oubliée sous la pluie. Mais elle persistait, sa recherche systématique composait un déplacement en colimaçon qui s'éloignait petit à petit du tracteur. Une station suivie d'une autre et encore d'une autre, concentrée sur la parcelle de terre devant ses pieds. Mais elle perçut un crissement, leva la tête et vit une silhouette aux contours ondoyants marcher vers elle.

— Que cherches-tu exactement ?

Francesco stoppa à quelques pas, laissant la surface d'investigation vierge.

— Si seulement je savais.

— Arrête un peu, viens sous les arbres, leur ombre te fera du bien, tu frises l'insolation.

La commissaire ficha une brindille pour repérer l'endroit et suivit le commandant. Ils s'assirent. Francesco lui tendit une gourde qu'elle saisit avec ravissement.

Elle se délecta de la fraîcheur de l'eau qui coulait jusqu'au plus profond de sa gorge.

— Tu me sauves la vie.

— Je ne serai pas venu pour rien.

— Que veux-tu dire ?

— Je suis très content d'apporter de l'eau à ma commissaire préférée.

— Tu penses que tu es inutile ?

— Je suis très satisfait de te seconder dans cette vallée aux habitants plus complexes qu'il n'y paraît.

— En venant ici à l'improviste, tu te doutais bien que je serais accaparée par mon métier et tu es bien placé pour savoir ce que ça veut dire : journées à rallonge, week-ends qui n'en sont pas, je te fais pas un dessin. Avec ce deuxième meurtre, ça ne va pas s'arranger.

— Je sais bien. Si je pouvais t'apporter une cruche d'eau fraîche juste sortie du puits et te couvrir le crâne d'une ombrelle, je serais comblé.

— Trêve d'ironie, mon Francesco, je suis très heureuse de t'avoir à mes côtés. À propos de ton utilité dans cette enquête, qu'as-tu obtenu dans tes recherches ?

— Je suis allé prospecter, le maire avait raison : c'est au café que j'ai rencontré les personnes susceptibles de me donner des infos. Quand je suis entré, j'ai tout de suite perçu une drôle d'ambiance. Il y avait peu de monde, deux hommes à une table sur la gauche en entrant, ils avaient la trentaine. Au fond, quatre autres plus âgés. Les conversations se sont suspendues et elles ont repris un ton plus bas après que tous m'eurent dévisagé. Je suis allé au comptoir, le patron me regardait il avait… je ne sais pas, un drôle d'air, comme s'il était sur ses gardes. Je lui ai commandé un café et je lui ai demandé si Lucien Rébac ça lui disait quelque chose. J'avais l'impression qu'il s'attendait à cette question. Je crois que ta conversation avec le maire a fait le tour du village. Tout de suite il a claironné la question. « — Eh les vieux ! Le commandant il veut savoir si vous connaissez Lucien Rébac ! — Et pourquoi il veut savoir ça ? » C'était un ancien avec une casquette quadrillée vissée sur la tête qui s'était adressé au patron. Celui-ci commença à me répéter la question. « Le Jeannot il demande… — J'ai entendu, je ne suis pas sourd ! » Cette discussion par bande de billard interposée ne m'intéressait pas. Je me suis approché de la table des quatre vieillards. J'ai retourné une chaise et accoudé mes bras sur le dossier. « J'aimerais savoir qui était Lucien Rébac, comment s'est-il illustré pendant la guerre pour devenir un personnage important de la Résistance ? » Derrière moi, un consommateur de l'autre côté de la salle, a lancé, « Vous pensez que c'est sa statue qui s'est dessoudée de son socle pour aller assassiner le Simon et l'Anselme ? Ah, elle est forte la police ! » Avec son voisin, ils se sont esclaffés comme des veaux. Je les ai ignorés, à ma grande surprise les vieux aussi. Le silence a suivi ces rires gras et satisfaits. J'ai regardé les joueurs, une drôle d'atmosphère régnait, elle s'épaississait, poisseuse, mais rien à voir avec la chaleur. L'un d'eux avec une barbe bien blanche m'a répondu. « On sait que c'était un résistant courageux, mais pas grand-chose de plus. » Il était évasif, pas convaincant du tout, il m'avait regardé furtivement. Un troisième s'est gratté sous le béret. « Moi, j'étais pas né, alors… ». J'ai poussé un pion : « C'est un parent de l'instituteur ? — Ah ! C'est vrai qu'ils ont le même nom. — Vous vous foutez de moi, vous le savez très bien. » Le premier, celui avec la casquette a repris la parole, sa voix était tendue, la tension monta d'un cran.

« Je crois, commandant, que si quelqu'un se moque ici, c'est vous. Vous venez nous questionner sur un homme mort depuis plus de soixante ans. Vous nous demandez s'il est parent avec l'instituteur alors que vous pouvez trouver vous-même avec vos ordinateurs. Alors arrêtez de nous ennuyer avec vos questions inutiles et faites votre boulot. Allez plutôt enquêter sur les morts d'aujourd'hui. Mathieu, tu distribues ou quoi ? » Mathieu, c'était le plus vieux, il était resté silencieux et ne m'avait même pas jeté un regard. Je l'ai fixé, ignorant les sarcasmes de comptoir. Enfin il a levé les yeux, des yeux très clairs, intelligents, profonds. Il a été bref, mais quand il a pris parole, tous l'écoutaient. Il inspirait le respect. « Lucien Rébac, moi je l'ai connu. J'ai combattu avec lui. C'était un homme bien, chef des résistants dans le massif du Vercors. Les Allemands l'ont appréhendé, bêtement, un contrôle d'identité. Il a été tué. Fin de l'histoire. » Le vieil homme s'est tu, le visage fermé. Je ne lui ai posé aucune question, je n'en aurais rien tiré. Je me suis levé, j'ai rangé ma chaise. Je me suis adressé aux autres. « Si vous avez aussi des choses à me dire, vous savez où me trouver. » J'ai dit ça histoire d'avoir le dernier mot. J'ai plaqué deux pièces sur le comptoir. En me dirigeant vers la porte, je sentais les paires d'yeux plantés dans mon dos, au Far-West c'étaient deux balles de colt. Lorsque la porte s'est fermée, les deux niais ont lancé « Allez voir Fred Perdeau ! » en rigolant bêtement.

Aglaë se leva, but une gorgée.

— On n'a pas besoin d'eux pour connaître la filiation des Rébac. Je voulais seulement prendre la température, avoir l'avis des gens du village… Je suis servie. Ils auraient pu nous aider pour nous informer des faits guerriers de l'aïeul, si aïeul il y a. Ils veulent qu'on découvre l'assassin, mais sans eux, on dirait qu'on les dérange.

Elle brandit la gourde au-dessus d'elle, l'inclina. Un mince filet coula sur le sommet de son crâne, glissa le long de sa joue, roula au creux du cou, perla sur son sein. La fraîcheur lui fit tendre le téton, visible alors sur le chemisier humide. Francesco se leva, pinça le bout du sein entre ses lèvres à travers le tissu. Il ressentit lui aussi la fraîcheur, remonta le petit ruisseau qui coulait encore jusqu'au coin des lèvres. Ils s'embrassèrent. Il se glissa derrière elle et souleva sa jupe. Elle s'agrippa à la branche au-dessus d'elle. La chaleur avait disparu, l'écho des petits animaux s'était effacé, seuls comptaient leur corps emplis de désir. L'arbre qui les soutenait s'affolait, devenait frénétique, ses branches et ses feuilles vibraient d'un tempo inconnu toujours croissant. Une secousse digne d'une tempête l'ébranla puis le jeune chêne se figea et l'immobilisme à nouveau l'envahit, épuisé. La chaleur enveloppa les deux corps alourdis surpris par l'élan qui les avait emportés. Se rajustant, Boulu regarda ses mains.

— J'ai de la résine plein les doigts !

6 Sédition

Le Beau Léo était assis, le dos calé contre le tronc d'un sapin, un bras négligemment posé sur son genou plié. Stature de dieu grec. Il tendit une cigarette à Paulo. Celui-ci refusa et roula la sienne en un tour de main, il frotta la molette de son Zippo, la grilla. Contrairement à Mathieu, le ciel, les étoiles ne les faisaient pas méditer, ils étaient plongés dans de sombres pensées. Des craquements de brindilles leur firent relever la tête. Jo apparut dans la clarté de la lune.

— J'étais sûr de vous trouver là !

Il s'assit en tailleur, saisit, coincée sous sa chemise une flasque dont il dévissa la capsule métallique et avala une gorgée. Le Beau Léo donna un coup de menton en signe de question.

— J'ai mes sources, répondit Jo.

— Attends, insista le Beau Léo, on est à cinq heures de marche de toute habitation.

— D'abord tout seul je mets quatre heures. J'ai fait l'aller-retour avant-hier ni vu ni connu j't'embrouille ! Ensuite son ordre de ne pas quitter le campement je m'en contrefiche. Je suis dégoûté. Il fait n'importe quoi depuis quelques temps ce petit chef de bas étage…

Il reprit une autre rasade et tendit la fiole.

— Je préfère me torcher… Vous en voulez ?

— Une petite goutte je veux bien, ça ne me fera pas de mal, acquiesça Paulo.

Sorti de son mutisme, sa voix trahissait une rage contenue. Jo lui passa la fiole.

— Je suis d'accord avec toi Paulo, dit le Beau Léo, sa décision n'est pas celle d'un chef.

L'alcool descendait dans tout le corps, répandant un bien-être immédiat.

— Paulo, si c'était toi, on serait en train de préparer un plan, hein ? demanda Jo.

— Exact, Jo. Et dans trois jours notre frère d'arme serait ici, à l'abri avec nous.

— J'en suis sûr, Paulo. Je te fais une confiance totale. Ce n'est pas comme l'autre. Si je n'avais pas tiré, je suis convaincu qu'il aurait laissé passer les Boches sans intervenir. C'est une lopette. Je ne le supporte plus.

— Pareil, il me porte sur les nerfs, ajouta le Beau Léo.

— Si je ne m'étais pas retenu je lui aurais envoyé mon poing dans les dents… Mais pour le moment je ne vois pas trop ce qu'on pourrait faire.

Deux cigarettes apparurent, l'alcool circulait.

— Moi j'ai une idée…

Les regards se tournèrent vers Jo. Ce dernier scruta leur visage attendant une forme d'acquiescement. Vas-y semblaient-ils dire.

— C'est simple comme bonjour : on le balance !

La surprise se dessina sur leur visage.

— On le balance… tu veux dire… répéta le Beau Léo, éberlué.

— Je veux dire on le dénonce et c'est marre !

— Aux Allemands ? Mais tu es complètement malade, répliqua Paulo.

— Mais non, juste aux gendarmes.

— Comment ça ?

— Écoute, on le signale aux gendarmes comme trafiquant, œuf, saucisson, jambon : il fait du marché noir. Les gendarmes l'enferment quelques jours. Quand il revient, il ne pourra que constater la queue entre les deux jambes la présence de la grosse tête parmi nous. Tu auras réussi ta mission Paulo…

Les hommes s'observèrent. Tout ça avait l'air tellement simple.

— Et comment on contacterait les gendarmes ?

— Je pars sur le champ, je dépose un mot à la gendarmerie expliquant qu'à l'aube un trafiquant arrivera rue de la Fleur du Roy*. Dans cinq heures je suis de retour, pas vu pas pris.*

— Qu'est-ce qui te dit qu'ils le libéreront d'ici quelques jours ?

— C'est ce qu'ils font pour les trafiquants, surtout un gars de la région. Il n'y a aucun risque.

Silence. Les trois hommes réfléchissaient à cent à l'heure.

— Qu'est-ce que tu en penses, le Beau Léo *? Tu ne dis rien.*

— Moi, je suis avec vous.

Paulo hocha la tête.

— C'est bon, cela ne peut que marcher. On fait comme ça.

Il prit un carnet de sa poche, traça quelques notes rapides, déchira la feuille qu'il donna à Jo.

— Voilà, tu files de suite, tu jettes ça dans la boîte aux lettres de la gendarmerie et tu te casses vite fait. Demain matin l'info nous parvient que Lelu est arrêté, je reprends la main et quand il revient, je lui fourgue le Duber *dans le creux de ses pognes.*

XX Corse

Le Mega Smeralda s'approchait des côtes. Le soleil rouge sang s'extirpait des flots bleus et enflammait les crêtes des vagues de ses dégradés carmins, à bâbord le port de Calvi et ses façades pastel. Le navire accostait sans vaguelettes ni remous, les cent soixante et onze mètres s'alignèrent avec la précision d'un géomètre au ras des quais. Un éléphant sur la pointe des pieds.

La gueule grande ouverte, le bateau vomissait sa charge de véhicules et parmi eux le car Perju s'ébrouait vers le centre-ville. Robert connaissait comme sa poche la route qui s'étalait devant lui. C'était une destination qu'il affectionnait, pourtant chaque fois c'était la même chose, il ne parvenait jamais à dormir lors de la traversée. Le tremblement sourd des moteurs provenant des tréfonds de la soute le maintenait éveillé. Il songeait à la profondeur insondable et obscure des eaux sous la coque et à ses habitants étranges et hostiles. Il ne s'y habituerait jamais. Aussi, quand il prenait le volant et que les six roues agrippaient la terre ferme, il reprenait enfin vie. Les voyageurs étaient prêts, après le petit déjeuner sur le pont ils avaient regagné leur place, celle qu'ils avaient à l'embarquement. Déjà les habitudes immuables étaient gravées dans le marbre et personne n'y pourrait rien changer jusqu'à la fin du séjour. Sauf si une idylle naissait qui nourrirait le journal oral du groupe... Ils somnoleront pendant plusieurs heures, d'ici là Robert aura gagné la première étape.

Porto Vecchio, destination finale, pile l'heure du déjeuner. Robert était satisfait, il avait respecté l'horaire, pas d'imprévu. Les passagers pourraient s'installer, défaire les valises et se rafraîchir avant de s'asseoir à nouveau et prendre leur repas.

Son café avalé, il songeait avec délice au moment où il s'allongerait pour profiter d'une bonne sieste réparatrice. Cet après-midi quartier libre, pas de route. Repos…

Un homme en complet veston sillonnait entre les tables du restaurant jusqu'à la sienne. Il était suivi par un deuxième, taillé dans le roc, qui le dépassait de deux têtes.

— Monsieur Robert Tambi ?

Des flics bien sûr, il parierait son bulletin de paye ! C'est comme s'ils affichaient un écriteau pendu au cou et le ton de la question ne laissait aucun doute.

— Oui, pourquoi ?

Il ne comprenait pas, Robert respectait toujours le code de la route. Toujours ! Et si par inadvertance il avait dépassé une limitation de vitesse, la société Perju Cars recevrait la prune. Au pire il aurait été cueilli sur la route. L'homme bien habillé fit les présentations.

— Capitaine Ortis et voici le capitaine Pronelli, voulez-vous nous suivre, nous avons quelques questions à vous poser.

Ils n'avaient pas l'air agressif, mais cela ne signifiait rien, qui de plus torve que cette engeance ?

— Oui mais dites-moi pourquoi ? Je n'ai écrasé personne que je sache.

— Ne vous inquiétez pas, il n'y en a pas pour longtemps. Juste une ou deux questions concernant une enquête sur le continent.

Robert se leva, jeta sa serviette en même temps que sa sieste.

Les deux flics l'avaient laissé seul à l'arrière, preuve qu'il n'y avait pas d'interpellation si les séries-télé étaient exactes. C'était le grand costaud qui conduisait. Ils discutaient de choses et d'autres comme s'il n'était pas là. Avec cet accent que Robert imitait à la perfection. Il martelait les consonnes, les syllabes bien articulées et s'allongeant parfois, il descendait le ton en fin de phrase et l'ensemble donnait un accent qui ne ressemblait à aucun autre. Il faisait son show en fin de repas en racontant des blagues corses bien sûr, provoquant l'hilarité des vacanciers. C'était son petit succès de fin de séjour. Il se surprit à sourire, ce qui le ramena au présent. Un nœud au fond du ventre s'amplifiait au fur et à mesure qu'il s'approchait du commissariat de Porto-Vecchio. Il n'avait rien à se rapprocher mais apparemment son estomac n'en était pas convaincu.

L'établissement était accroché sur la voie qui montait sur les hauteurs de la vieille ville. La grande salle de réunion était ouverte sur le port. Lui-même et le plus petit des deux, celui qui était habillé en ministre, étaient assis de chaque côté d'un coin de la grande table. Le sportif était appuyé sur le bord de la baie vitrée, il regardait la ville mais dans son champ visuel Robert avait, il s'en doutait, la place principale.

Le capitaine Ortis lui avait posé en introduction les questions basiques sur son identité et sa profession. Cet homme était impressionnant, par sa froideur, ses phrases précises, son immobilité de caméléon en chasse, ses questions courtes qui fusaient rapides comme la langue de l'animal sur sa proie, concentré sur les réponses. Puis il attendait, passant Tambi aux rayons laser de ses petits yeux noirs plus inquisiteurs qu'un détecteur de mensonges. Robert Tambi en avait vu d'autres pourtant, des clients qui voulaient en montrer, des forts en gueule, des qui prenaient de l'ascendant sur le groupe et croyaient en faire autant sur le chauffeur. Il savait les mater ceux-là, par des réparties bien ciblées, cinglantes et ils la ramenaient moins, ils ne s'y frottaient plus. C'était lui le capitaine, point barre ! Mais ce gars ! Une intensité redoutable se cachait derrière cette paire d'yeux qui étaient deux trous noirs insondables. Robert avait le kiki serré, il répondait d'une petite voix, il se voyait gamin dans le bureau du principal du collège, pareil.

— Votre patron, Bernard Perju, c'est un ami ?

— Oui, on s'entend bien mais c'est mon patron.

C'est pas après lui qu'ils en avaient mais Bernard, le nœud se fit d'un coup plus lâche.

— Quel était votre emploi du temps jeudi dernier, le jeudi six juillet au matin ?

— J'étais avec lui justement.

— Toute la journée ?

— Oui, enfin non.

— Soyez plus précis Monsieur Tambi.

La clim soufflait à plein régime au fond de la salle, cependant la peau de Robert était un champ de perles transparentes alors que ce flic était frais comme un gardon, les cheveux secs ordonnés de part et d'autre de sa raie de côté, sa chemise sans une trace de sueur et ce regard toujours impénétrable. Il ne fallait pas qu'il se mette à bredouiller sinon il allait passer pour un coupable ou un complice. Mais de quoi ? Il n'osait l'imaginer mais avec les flics tout était possible, surtout le pire. Même en respectant le code de la route, il avait des amendes ! Alors ici dans ce commissariat, qu'est-ce qui pouvait lui tomber sur le dos ? Le nœud se resserra d'un cran. Il fallait qu'il se concentre.

— Ce que je veux dire c'est que nous avons pris ensemble sa voiture, vers huit heures du matin. Nous sommes partis de Sainte-Moucherolle-sur-Bourne et nous sommes arrivés à Grenoble vers neuf heures. On a repris le car qu'on avait laissé au garage pour la révision. Puis je suis allé à la gare routière embarquer mes touristes.

— Il vous a accompagné ?

— Oui, pour voir si tout se passait bien.

— Vous êtes partis quand exactement ?

— Vers onze heures.

— Perju ?

— C'est à ce moment qu'il m'a quitté. Il est monté dans sa voiture et il est reparti.

Silence. Rayons lasers. Estomac ligaturé. Ça se confirmait, c'était le patron qu'ils avaient dans le collimateur. Pourtant rien à faire, ce gars-là aurait fait croire à l'abbé Pierre que c'était lui qui avait mis les SDF à la rue. Robert n'osait esquisser un seul geste, pourtant il aurait aimé s'éponger le front. Qu'cst-ce qu'il voulait cet Ortis ? Il avait envie de pisser. Il ne bougeait pas dans un mimétisme inconscient.

— Vous avez remarqué quelque chose d'insolite chez votre patron ?

— Non.

Il avait répondu trop vite comme s'il avait quelque chose à cacher, mais s'il avait tardé, on aurait pensé qu'il réfléchissait pour dissimuler un événement. Il ne savait comment s'en sortir.

— Non, je n'ai rien remarqué de bizarre, reprit-il, s'appliquant à contrôler le ton de sa voix.

Silence encore.

— Bon, vous pouvez partir.

Robert Tambi avait-il bien entendu ? C'était fini ? Le capitaine se leva, il fit de même avec lenteur, comme un miroir, puis il fit un pas, deux, arriva à la porte, saisit la poignée.

— Attendez !

Le grand, il n'avait pas prononcé un mot. Et maintenant il l'apostrophait. Robert l'aurait parié. C'était une tactique de flic, faire croire à la liberté proche et lancer à nouveau les filets. Il se retourna, pétrifié.

— Oui.

Encore cette foutue voix de collégien convoqué dans le bureau de la direction.

— Vous voulez qu'on vous raccompagne ?

C'était trop d'émotions !

— Non, ça ira.

Il franchit le seuil, longea le couloir. Plus il s'éloignait, plus ses pas s'accéléraient. Il descendit les escaliers comme un automate et se trouva sur le trottoir ébloui de lumière, ébahi de liberté. Il rentra à pied, heureux de suer sous le soleil, se fustigeant de trop de sensibilité. Lui, le fort en gueule, on l'avait retourné comme une crêpe, un jouet dans les mains d'un enfant capricieux ! Il s'était laissé impressionner par rien, du vent, du vide. À son âge !

— Alors ? demanda le capitaine Pronelli.

— On peut compter sur la valeur de son témoignage, dit son collègue, ils étaient bien ensemble sur la route de Lyon lors de l'assassinat de Simon Campan. Avec certitude, dit son collègue en déboutonnant le premier bouton de sa chemise.

— D'accord avec toi !

7 Au revoir

Louison avait le visage fermé, elle était irritée. Lelu n'était plus là. Plus elle parlait moins il l'écoutait. Il était déjà en train d'accomplir sa mission, prévoyant chaque étape pour ne rien omettre, s'assurer que tout se déroule comme voulu. Elle prit sur elle pour cacher sa contrariété grandissante.

— Chéri, n'y va pas. Ce n'est pas à toi de rétablir le lien. Tu dois préserver la tête du réseau. Tu dois te protéger. Envoie quelqu'un de confiance.

Il tourna un front soucieux, déterminé, vers elle. Ah, enfin, il voulait bien parler, peut-être aurait-elle raison de lui…

— Au contraire mon amour, moi seul peux renouer le contact et remonter à la source.

— Mais non. Prends Paulo par exemple puisqu'il tient tant à prendre ta place. Tu lui expliques comment faire, mots de passe, lieux de rendez-vous, que sais-je…

— Qu'est-ce que tu as ma Louison, je ne t'ai jamais vue comme ça. Ce n'est pas la première fois que je descends.

— Ce n'est pas pareil, les conditions ne sont pas les mêmes.

— C'est vrai, c'est justement pour cela que je dois y aller.

— J'ai vu Bart, il essayait de me le cacher mais dans ses yeux, dans sa voix, je sentais qu'il était terrorisé. Les Allemands nous flairent comme des chiens galeux, ils sont tout près de nous. Ce Duber qui est torturé, son contact qui a disparu. Rien ne va. Attends un peu de voir ce qui arrive.

— Je ne peux pas rester dans l'expectative, il faut se renseigner, apprendre où en sont nos frères. Tu le sais bien.

Louison était à court d'arguments, elle ne savait plus quelle justification avancer pour le convaincre.

— … Il y a autre chose.

— Quoi ?

— Rien, tu ne veux rien entendre, tu restes borné sur tes positions. Tu m'énerves !

Louison piétinait, elle tournait en rond dans l'espace réduit de la tente. Comme un cheval fougueux dans un box trop étroit.

— Qu'est-ce que tu veux dire par « il y a autre chose »

— Je te l'ai dit, les Allemands sont sur nos pas…

— Arrête, je te connais trop, tu veux me dire autre chose.

— Rien.

Il se leva, la prit dans ses bras. Elle tenta de résister puis se laissa entourer, lasse de combattre.

— Tu ne peux rien me cacher.

— Je ne veux pas te perdre Lucien… j'attends un enfant.

— Louison…

Ses traits se détendirent, ses yeux s'agrandirent.

— Louison…

— Cela fait un mois que je le sais.

— Et tu me le dis seulement maintenant.

— Oui.

— Pourquoi ?

— Tu ne m'aurais jamais envoyée en mission.

— Ça c'est sûr !

— Eh bien c'est pareil pour toi : je ne veux pas que tu y ailles !

Il sourit, c'était bien elle, elle revenait à la charge.

— N'aie crainte, je pars avant l'aube et je serai de retour en fin de journée. La guerre ne va plus durer. Je pense qu'il va bientôt se passer quelque chose d'important. Après la victoire nous nous marierons et nous élèverons un enfant de la liberté. Tu es ma femme pour la vie.

Elle abdiqua, navrée.

— Je t'aime, reviens-moi.

— Je te le promets.

Ils s'embrassèrent avec passion.

XXI Angèle

— Allo ?! Teter ?
— C'est vous patron ?
— Comment vont les affaires ?
— Ça va, ça va…

Le commandant Falcone entendait en bruit de fond une précipitation de grêlons sur une plaque de Plexiglas. Teter devait avoir sélectionné la fonction haut-parleur de son smartphone, ce qui lui permettait de continuer à taper sur son clavier d'ordinateur.

— … des vols à l'arraché sur des touristes, des petits trafics de peu d'envergure. Rien de bien méchant, pourvu que ça dure. Et vous patron, les vacances se passent comme vous voulez ?

Le crépitement des doigts boudinés se tut quelques secondes. Cela suffit à Falcone pour saisir que derrière cette question innocente, tous étaient au courant. Teter le débonnaire, le gros nounours savant, savait que son chef était parti rejoindre celle qui avait résolu cette affaire inextricable qui avait démarré par une noce empoisonnée. Si lui savait, alors André Ortis savait, Martin Pronelli savait. Ses collaborateurs, sa fine équipe ! Ces trois-là, c'était sa famille, son univers… Mais il en était le chef et il ne confondait pas l'affectif et l'intime.

— On dira que ce sont des vacances studieuses. Notre commissaire préférée est sur une enquête compliquée, je lui donne un coup de main, d'où mon coup de fil…

— Oui patron ?

— Je veux que tu me dises tout sur Lucien Rébac ancien combattant de l'ombre, tous ses liens familiaux.

— Pas'd'prob' chef, c'est tout ?

— Le plus tôt possible.

— Je vous envoie ça.

Avant de raccrocher, Teter passa le combiné à André Ortis qui confirma l'alibi de Bernard Perju. Celui-ci ne pouvait être sur les lieux lors du meurtre de Simon Campan.

Grande maison d'architecte composée de cubes posés côte à côte, empilés, décalés, couleur béton, ouverts sur de larges baies vitrées. Les deux flics patientaient devant l'entrée Alu gris cendré. Les serrures claquèrent, la porte s'ouvrit. Un homme de taille moyenne, le corps en forme de barrique, cheveux bruns, joues rondes, polo col Mao, apparut.

— Bonjour ?

Son salut était une question.

— Commissaire Boulu, voici le commandant Falcone. Vous êtes bien Charles Gribel ?

— Oui.

— On peut entrer ?

Son hésitation fut brève mais sensible.

— Oui bien sûr, c'est au sujet de Simon Campan je suppose.

Ils entrèrent et suivirent le geste qu'il fit en s'installant sur le canapé qui donnait sur les gorges de la Bourne. L'homme était parfaitement détendu comme s'il avait convié des amis.

— Je vous écoute.

— Vous connaissiez bien Simon Campan ?

— Oui, depuis l'enfance, comme tout le monde ici. Mais je ne le voyais plus qu'occasionnellement.

— Lors de parties de chasse par exemple, compléta Francesco.

— Exactement, je n'étais pas aussi assidu que lui, mais j'y participais de temps en temps. Ça me détend.

— Ça vous détend… Vous avez un travail stressant ?

— Assez, je suis restaurateur.

— Vous possédez un restaurant ?

— Pas ces temps-ci.

— Un restaurateur sans restaurant, voyez-vous ça !

— C'est à dire que j'achète des restaurants en péril, je leur redonne un coup de fouet, un coup de jeune. Je fais revenir la clientèle avec des menus attractifs à caractère régional puis je les revends. Pour le moment, j'en suis à une période d'observation et d'analyse avant de me lancer dans un nouveau projet.

— Qui rencontriez-vous lors de ces parties de chasse ? fit la commissaire.

— Il y avait parfois Bernard Perju, mais avec Simon il y avait toujours Anselme Delmare et Marc Vauché. Ces trois-là étaient des acharnés, la maison forestière était leur second foyer.

— Pas uniquement pour la chasse paraît il.

— Oh, parfois il y avait des invitées peu farouches, rien de bien méchant !

— Sans doute. On y parlait affaires aussi ?

— Oui, entre autres.

— Vous aussi ?

— Oui et non, rien de précis.

— C'est vague comme réponse, je vous pose ma question plus clairement. Êtes-vous ou étiez-vous en affaires avec l'un de ces quatre hommes ?

Deux rides s'alignèrent sur le front de Charles le temps d'un battement de paupière. Un coup d'œil rapide sur la gauche. L'homme jouait-il à pile ou face avant de répondre ? Il n'avait rien d'authentique, il avait dû jeter son naturel en même temps que sa première tétine.

— Non.

Il se savait jaugé et attendait le verdict en se composant un visage qu'il jugeait adapté aux circonstances, disponible, un tantinet naïf mais pas trop et même prêt à aider avec ses petits moyens, car tout de même, deux hommes étaient décédés et un tueur rôdait dans les montagnes. Il n'envisageait pas que ses postures sautaient aux yeux. Tout ce qu'il affichait semblait factice, calculé. Un comportement permanent pour des raisons obscures, quelque chose à cacher ou simplement une attitude contractée dès l'enfance.

— Bon, on se contentera de cette réponse. Restez dans le coin, on risque de se revoir. Nous voudrions parler avec votre femme.

— Pourquoi ? Qu'aurait-elle à vous dire ?

— Elle est là ?

Les policiers s'entretinrent avec Lucienne Gribel qui ne fut d'aucune utilité, puis ils s'éclipsèrent.

— On l'a vu où ce Charles Gribel ? questionna Francesco.

— Hier lors de la manifestation à la mairie.

— Exact, il était même assez excité.

— Oui, il était dans le petit groupe de meneurs.

— … À surveiller !

Une sonnerie qu'Aglaëe n'avait pas entendue depuis des lustres tinta. Le nom affiché confirma ce qu'elle appréhendait. Elle blêmit. Francesco s'aperçut immédiatement de son trouble. La communication utilisait l'application WhatsApp qui permettait des appels gratuits de n'importe quel l'endroit du globe.

— Qu'est-ce qui se passe ?

Elle secoua la tête et fit glisser son pouce.

— Oui ?

— C'est moi, Angèle.

— …

— Bonjour Aglaëe.

— Bonjour Angèle. Tu… tu m'appelles…

— Tu vois bien !

— Mais, tu ne devais pas me contacter.

— Je sais, mais là, je n'ai pas le choix.

— Il fallait que tu aies terminé ta période de repos avant qu'on se revoie.

— Oui, mais non je suis partie.

— Tu as quitté la clinique avant la fin du traitement.

— Ça allait beaucoup mieux et ça n'en finissait plus. Je tournais en rond, je m'ennuyais comme un rat mort alors que j'étais guérie, donc j'ai pris la tangente.

— Mais, avec le professeur Martie tu étais d'accord sur la nécessité d'aller jusqu'au bout de la période de sevrage, avant de reprendre tout contact avec l'extérieur.

— Ah tu ne vas pas faire la moralisatrice hein ! Je ne t'appelle pas pour que tu me fasses la leçon ! Je n'ai pas quatre ans.

— Des fois je me demande…

— Et voilà, tu recommences à me dévaloriser !

Aglaëe soupira, dépitée, tandis que Francesco essayait de comprendre à partir des réponses d'Aglaëe.

— Bon, pourquoi m'appelles-tu ?

— Voilà… c'est embêtant à demander, mais… est-ce que tu pourrais m'envoyer de l'argent ?

— Quoi ?! Ça ne va pas recommencer, merde !

Elle avait crié, excédée, le visage cramoisi, surprise elle-même par cette montée soudaine d'adrénaline.

— Si tu le prends comme ça, salut !

La correspondante avait raccroché. Francesco, étonné par cet éclat si rare chez la commissaire, la dévisageait, ébahi.

— C'était qui ?

Avant de répondre, la commissaire laissa une brassée de secondes s'écouler, histoire de se calmer. Puis elle regarda loin devant elle.

— Ma sœur. Angèle.

La stupeur se lut sur le visage de Francesco.

— Quoi ?! Tu as une sœur ?

Elle hocha la tête. Le silence s'installa entre eux. Puis, le regard toujours vers l'horizon :

— Tiens, j'aurais cru que tu allais me mitrailler de questions… Je préfère ça.

— Tu sais pourquoi je me tais ? Je me tais parce que je suis dépité, liquéfié… Ça fait combien qu'on s'est rencontrés, qu'on se côtoie, qu'on vit des trucs assez dingues ? Un bail quand-même ! Et là, j'apprends que tu as une sœur, et encore, parce qu'elle t'a appelée et que j'étais avec toi, sinon combien de temps se serait passé avant de le découvrir ? Je constate que tu ne m'as rien dit sur toi. Qui es-tu ? Je croyais te connaître et j'apprends que tu as une famille. Je suis qui pour toi ? Un passe-temps ? Ça me fait gerber.

— Ah c'est ça ? Alors au lieu de t'intéresser un peu, de me demander quel est le problème, de te soucier pour moi, car tu as vu quand même que j'étais un tant soit peu contrariée, Monsieur pense à sa petite personne, Monsieur ramène tout à lui, à son petit nombril égoïste.

— Moi !? Moi, un nombril égoïste ? J'en reviens pas !

— Oui, tu as le nombril égoïste !

— Bon, je me casse !

Francesco accéléra le pas.

— Oui c'est ça, casse-toi ! En plus tu es lâche !

— Non dit-il sans se retourner, je me barre parce que tu m'énerves ! C'est pour pas te gueuler dessus comme tu le mériterais !

Aglaëe ralentit le pas, puis s'arrêta, le regard inexpressif sur Francesco s'éloignant. Et, lorsqu'il prit le croisement sur la droite et qu'il ne fut plus visible, elle leva les yeux au ciel.

— Vous me faites tous chier !

Lelu avait descendu le versant au pas de course. En deux heures il fut dans la vallée. La lumière du jour ne s'était pas encore déversée, mais elle se faisait annoncer par une petite éraflure bleutée au-delà des pics. Lelu s'approchait de l'orée du bois qui marquait l'arrivée. Au-delà, s'étalait un pré traversé par une route étroite qui menait à Villard-de-Lans. Mais un bruit qui n'appartenait pas à la nuit le surprit. Il se rua sur le bord du sentier, se plaqua contre un sapin. En effet, une silhouette surgit au milieu du chemin, concentrée sur ses pas. Elle lui était familière, mais l'obscurité était encore trop profonde dans le sous-bois. Elle fut rapidement à sa hauteur. Lelu sauta sur l'homme, ils roulèrent dans la terre. Il ne lui offrit aucune résistance, il présentait un petit gabarit que Lelu maîtrisa sans efforts.

— Jo !

Celui-ci suffoqua, décontenancé par cette rencontre inopportune. Ils se relevèrent, aussi stupéfaits l'un que l'autre. Lelu le prit par le col.

— Qu'est-ce que tu fais ici ?

— La peur que vous m'avez faite, commandant !

— D'où viens-tu ?

Jo prit un air conspirateur, comme pour mettre son chef dans la confidence.

— Je suis allé au ravitaillement, chef.

Il fit glisser la petite bouteille plate de son blouson, accompagnant son geste d'un clin d'œil complice.

— J'ai formellement interdit toute expédition dans la vallée.

— Oh, il faut un peu de gasoil pour faire avancer le troufion, commandant. C'est bon pour le moral des troupes.

— Tu rentres. Nous réglerons ça ce soir.

— Mais, chef, j'ai fait ça en loucedé, ni vu ni connu j't'embrouille !

— Dès à présent considère-toi en état d'arrestation.

— … d'arrestation !?

Une lueur de défi illuminait son regard.

— …ne me faites pas rire… chef !

Lelu ferma ses poings sur le revers de son blouson, le soulevant à moitié du sol.

— Tu es un danger permanent pour toi et pour le groupe. Alors écoute bien : tu montes au camp. Tu te tiens sagement. Je rentre et on réglera ça. C'est clair ?

— Très clair chef. Je monte et… je vous attends.

Un rictus lui tordait le coin de la bouche.

— Allez !

— Oui chef, j'y vais et je vous attends.

Lorsque Jo se retourna pour reprendre le chemin, il éclata d'un rire mauvais. Lelu le regarda s'éloigner, atterré par l'immaturité de ce type qu'il n'avait pas envisagée à un tel niveau.

Dans la prairie, à découvert, le commandant allongea le pas.

Le brigadier Patuel buvait à petites gorgées son café brûlant. Il se trouvait chanceux, ses camarades ne pouvaient pas en dire autant. Plusieurs d'entre eux étaient au front, certains en étaient revenus mutilés. C'étaient les plus veinards pensait-il, pour d'autres il avait dû annoncer aux parents ou à leur femme qu'ils étaient morts pour la France. Cependant cette cohabitation avec les envahisseurs lui était insupportable. La tension augmentait avec les Allemands qui devenaient plus nerveux, chaque jour plus soupçonneux. Il fallait se méfier d'eux sans être entreprenant en matière de répression. La Résistance était pour lui le seul moyen de se sortir de ce guêpier. Ménager la chèvre et le chou. Son supérieur partageait le même avis, heureusement. Maintenir l'ordre, mais mettre le plus de distance possible entre l'armée secrète et les verts de gris. Il alla, tasse à la main, à la boîte aux lettres. Un seul pli qu'il ouvrit. Encore une dénonciation anonyme. Patuel n'aurait pas imaginé un seul instant ses compatriotes aussi lâches, mais, mesura-t-il, c'était une minorité, malheureusement la plus tonitruante.

— Capitaine, encore un message X.

À son bureau, le capitaine Toussin poussa un soupir de contrariété. Il prenait en compte ces missives malgré tout le mal qu'il en pensait. Il devait en vérifier la véracité et intervenir si besoin était. Il parcourut le mot. Marché noir ! Si la dénonciation s'avérait correspondre aux faits, il devait agir. Faire une bonne peur à l'auteur du trafic, celui-ci allait bientôt passer par Mouche-rolle. Il ne tolérait pas qu'on profite de la détresse des gens.

— On y va, dit-il simplement.

Le chemin faisait face à la montagne, le dénivelé s'accentua, Jo l'aborda, excité par cette rencontre.

— Ah ! Je monte, je monte et j'attends. Oui, je l'attends. Ça pour attendre je vais l'attendre. L'Arlésienne que je vais l'appeler. Commandant l'Arlésienne !

À l'entrée du village, il n'y avait pas un chat. Tout le monde dormait encore ou, à tout le moins, prenait son petit déjeuner. Le petit matin diffusait sa lumière blanche. Le commandant Lelu affichait une démarche calme et régulière alors que son sang le poussait à doubler la cadence. Juste après le virage à trois cents mètres, deux gendarmes étaient postés près de leur Juvaquatre. Lelu hésita une demi-seconde. Devait-il faire demi-tour ou détaler ? Le temps qu'ils grimpent dans leur véhicule, il aurait pris la tangente direction les champs. Ils seraient obligés de continuer à pied, et à la course il ne craignait personne. Mais il n'y avait aucune raison qu'on l'arrête, ses papiers étaient en règle et il n'était pas recherché. Il continua d'une démarche assurée. Le supérieur s'avança vers lui et lui demanda sa carte d'identité qu'il inspecta avec méticulosité.

— Suivez-moi.

— Mais pourquoi ? Je vais chez mon oncle, je viens de parcourir plus de quinze kilomètres.

— Eh bien vous allez vous reposer un peu. Montez ! Si vous n'avez rien à vous reprocher vous serez relâché dans quinze minutes.

Lelu obtempéra, dans un quart d'heure il devrait être libre. Il monta à l'arrière. Les portes ne furent même pas verrouillées. Ce ne devait être qu'un contrôle de routine. Il pourrait sauter et déguerpir s'il voulait. Mais l'urgence de la mission ne le permettait pas. Ils arrivèrent à la gendarmerie. On l'installa dans le bureau du capitaine qui glissa une feuille de papier autour du rouleau de la machine à écrire. Les questions d'identité posées, il en vint à sa venue à Moucherolle.

— Je viens de Corrençon et je vais à Engins chez mon cousin pour l'aider aux foins. Et je ne fais pas de marché noir. D'ailleurs vous pouvez constater que je n'ai rien sur moi.

— Vous allez peut-être au ravitaillement. C'est au retour que vous pouvez être chargé, non ?

— Mais, regardez, je n'ai même pas de sac à dos ni de gibecière…

C'était un vrai dilemme pour le capitaine Toussin. Devait-il prêter foi à un délateur anonyme plus qu'à l'homme qu'il avait en face de lui ? Par ces temps troubles, il avait été confronté à pas mal de profiteurs en tout genre, mais aussi à des gars courageux dont les actes n'étaient pas étalés au grand jour. Cet homme n'avait rien d'un trafiquant à la petite semaine, son regard franc plaidait pour lui. Pour Toussin, ce Rébac faisait plutôt partie de la deuxième catégorie. Il repoussa sa chaise, alluma une cigarette, tendit son paquet à Lucien.

— J'en ai marre de ces putains de lettres anonymes, dit-il. Je n'aurais jamais pensé être confronté à ce problème dans notre

vallée. Dans les grandes villes peut-être, mais ici… Ça me consterne.

Bien sûr Lucien refusa la clope, cela ne le surprenait pas. Cet homme avait tout du sportif. Grand, large d'épaules, les foins allaient vite être montés dans la charrette… Si foin il y avait…

— J'ai été dénoncé…

Lucien parlait pour lui-même, il n'osait entrevoir la signification de cette révélation. Jo qu'il avait croisé… c'était trop lourd de conséquences… Jo risquait sa vie dans les combats pour défendre son pays, c'était un patriote, malgré ses conneries à répétition. Ce n'était pas possible ! Ce n'était plus de l'inconscience, il avait franchi une ligne rouge. Cela avait un nom, trahison. Mais non il devait d'abord enquêter avant de prendre un avis tranché…

Le capitaine écrasa sa Gitane maïs. Il avait pris sa décision.

— Bon ! Je ne vais pas me faire manipuler par ces gens qui naviguent dans la boue…

Il tira la feuille de papier qu'il froissa.

— Je vais vous laisser partir comme vous êtes venu, Monsieur Rébac. Vous êtes libre !

Des éclats de voix parvinrent du couloir. Il reconnut celle de son brigadier parmi elles et d'autres aux sons plus gutturaux. La porte s'ouvrit avec violence. Deux hommes de la Gestapo investirent le bureau.

— Bonjour capitaine. Une petite visite de courtoisie…

Malgré un fort accent, l'Allemand maîtrisait fort convenablement la langue de Molière. Il dévisagea l'homme assis.

— Mais je vois que vous avez déjà un invité.

— Non c'est rien.

— Qui est-ce ? Dites-en plus capitaine

— Rien d'important, on le soupçonnait de marché noir mais c'était une erreur.

— Ah ! Un peu de ravitaillement. Saucisson, boudin noir, gnôle ?

— Non, il n'avait rien sur lui.

— Trafiquant ou pas ?

— Je ne crois pas, j'allais justement le relâcher.

— Alors comment vous savez ?

— Une dénonciation anonyme.

Les deux gestapistes encadraient Rébac et le dévisageaient d'un regard métallique, tout en s'adressant au capitaine. Le plus gradé leva la tête vers le gendarme.

— Dénonciation anonyme, montrez.

Toussin montra le billet. Il voulait en finir, voir ce gars déguerpir d'ici avant que les choses ne s'enveniment.

— Il ne faut pas tenir compte de ce genre de messages…

— Au contraire capitaine Toussin ! C'est très important !

Il avait élevé la voix, il n'y avait plus de « visite de courtoisie » mais des ordres latents, des menaces en sourdine.

— Le gendarme doit travailler en collaboration avec l'Allemagne. Si je ne fais pas confiance au capitaine Toussin il n'y aura plus de capitaine Toussin. Vous comprenez ?

— Ce que je veux dire lieutenant c'est qu'il n'y a pas de faits avérés.

— Nous verrons bien, nous l'emmenons. Allez debout toi !

Il prit Rébac par l'épaule et le souleva. Le gendarme trouvait que cela allait trop loin, il regrettait d'avoir attendu cet homme au coin de la rue. Mais il ne pouvait pas savoir avant d'avoir vu quel type c'était. Et c'était un gars bien il en était sûr, la loyauté se lisait sur son visage et des gars qui ont de l'honneur ne restaient pas sans rien faire…

— Mais ce n'est qu'une dénonciation anonyme, sans fondements, sans doute une bassesse, une vengeance quelconque.

Mais l'officier ne voulait rien entendre.

— Taisez-vous capitaine !

— Il est sous ma juridiction, quand j'aurai fini de l'interroger.

Mais déjà ils prenaient la sortie.

— Vous n'avez pas le droit lieutenant.

Celui-ci se retourna vers le capitaine.

— Tu as entendu ce que j'ai entendu Konrad ? Le droit… le petit capitaine ose dire que nous avons pas le droit. C'est qui le droit ici ? C'est l'Allemagne ! C'est moi Obersturmführer Kraft et personne d'autre dans cette pièce ! Verstanden ? [2]

La phrase s'était terminée en cri. Le capitaine n'avait plus la parole, il se tut.

— Konrad, nimm ihn mit ! Wir gehen weg ! [3]

Konrad lui passa les menottes dans le dos. Puis s'adressant au capitaine :

— S'il a rien à se reprocher on le ramène. Sinon on saura lui faire dire… Vous inquiétez pas, on est voisins on vous donnera des nouvelles.

Son sourire glacé présageait que ces nouvelles seraient de toute façon sanglantes.

Les trois hommes sortirent de la gendarmerie. La voie sur la gauche après le croisement, se rappelait Lucien, se divisait en trois petites ruelles. Il jugea rapidement la situation qui s'était transformée en quelques minutes en drame. Il ne fallait pas qu'il tombe entre leurs mains. Le dénommé Konrad le tenait par le coude, le commandant marchait derrière eux, il était en train de s'allumer une cigarette. C'était le moment. Il projeta son front contre le nez de Konrad qui s'écrasa dans un craquement de cailloux qu'on piétine. Puis il se tourna vers l'officier les deux mains toujours autour de sa cigarette. Rébac lui lança son pied dans le foie, l'homme se plia de douleur, il le releva d'un coup de genou sous le menton. Celui-ci se retrouva à terre, sonné. Lucien détala et s'enfonça dans la ruelle de droite. Kraft appuya une main contre le mur et lentement se releva, il donna une tape à son subalterne.

---

[2] *Compris ?*

[3] *Konrad, emmène-le ! On s'en va !*

Celui-ci gémissait, la main enveloppant comme une coque son nez écrasé. Il montra la ruelle de droite.

— Konrad geht dahin ! [4] *lui cria-t-il.*

Une rage folle emplissait ses yeux. Il avait envie de vomir mais rien ne venait, même pas la bile. Plié en deux, titubant, il emprunta la sente du milieu et, reprenant son souffle se mit à courir, transporté par la haine.

Lucien, gêné par l'entrave des menottes dans le dos, ne pouvait courir à la vitesse dont il était capable. Cependant, il avait déjà pris une autre ruelle sur la gauche. Plus loin, il discernait les alpages protecteurs. Il donna toute son énergie dans sa course. Il s'approchait du sentier qui amenait vers la forêt salvatrice. Mais surgie de la droite, une silhouette s'interposa. Obersturmfürher Kraft se campait devant lui brandissant son Luger. Le coup de feu tonna. Une douleur fulgurante pétrifia le résistant, sa chemise s'étoila de rouge.

— Moi aussi je connais le quartier. On est chez nous ici.

Kraft tira un deuxième coup en plein cœur. Lucien coula lentement contre un mur de pierres. La tête appuyée, il regardait un coq de fer en haut d'un toit. L'Allemand s'approcha de lui, tendit le bras et tira une troisième fois.

---

[4] *Konrad, passe par là !*

XXII Vieux fusil

— Quel con ! J'en étais sûr. Il ne m'a pas écouté. Je l'avais prévenu. Il est bien avancé maintenant. Tout crevé qu'il est dans son sac de foin, étouffé dans son sac plastique. Il devait voir le ciel avec tout cet oxygène partout. Et pour lui rien ! Comme pour l'Anselme, il a bien dérouillé lui aussi quand la lame a entamé sa putain de queue. Nous éliminer lui suffit pas à ce salaud, il veut nous voir souffrir, nous entendre gueuler. Quelle séance de torture il m'a concocté à moi, pendu par les pieds ? Mais ça ne se passera pas comme ça ! Je ne vais pas attendre son bon vouloir, le voir surgir comme un diable pour qu'il me rôtisse aux petits oignons. Non ! C'est moi qui vais le trouver, je vais le crever. Et pas plus tard que maintenant.

Vivien Estoun parlait seul à voix haute, il ne parvenait pas à contenir sa rage et sa peur, mélange stupéfiant plus explosif encore que cocaïne et alcool. Il fallait qu'il expulse cette marée d'énergie à grands coups de gueule, à grands coups de poing sur le volant. Sa voiture se faufilait entre les branches basses faiblement éclairées par la lune blafarde. Il bifurqua avant le dernier virage de sa destination. Les montagnes font écho plus fort qu'un porte-voix et plus encore la nuit. Sa voiture s'enfonça dans une brèche parmi les taillis et stoppa brusquement. Il s'éjecta de l'habitacle fusil à la main et partit à grands pas.

— S'il croit que je vais me laisser faire, il se fourre le doigt dans l'œil. Et profond. Il ne sait pas à qui il a affaire. Il pense peut-être que je vais rester sans réagir comme les deux autres cons de cadavres. Putain, c'est lui qui va être surpris quand il va ouvrir les yeux avec mes deux canons comme une paire de lunettes. Ah, ça ! C'est moi qui vais rigoler, et bien comme il faut !

Le contremaître ne parvenait pas à retenir ses mots qui s'échappaient en un débit ininterrompu. Il serrait les dents pour contenir un bougonnement peu audible. Il atteignit la porte, contrôla qu'elle était fermée, longea le mur jusqu'à un vasistas au ras du sol dont le cadre était d'un bois d'apparence vermoulu. Il testa sa résistance d'un coup de crosse, le battant se renversa. Estoun se faufila dans l'ouverture, il força en rentrant l'estomac. Il contourna et enjamba un bric-à-brac d'objets à l'abandon pour accéder à la porte qui était entrouverte. Derrière un petit couloir, une autre porte et un escalier se présentaient à lui. Il le gravit, entra. Un tic-tac d'horloge, uniquement. Il fit quelques pas jusqu'au hall d'entrée, guidé par les rayons de la lune et monta l'escalier sans hésiter. Celui qu'il cherchait devait se prélasser dans les bras de Morphée. Il poussa une première porte. C'était la bonne. La lampe de chevet était allumée, l'homme dormait, un livre en main, c'était bien lui, il l'avait trouvé. Il fut rassuré qu'il soit seul, cela l'aurait contrarié de tuer un innocent. Vivien leva son fusil, pointa le visage du dormeur, heurta de l'acier son front.

L'homme ouvrit les paupières, vit les deux canons, puis les mains et derrière une silhouette. Aucune surprise ne se lisait sur son visage. Le livre se versa sur le matelas.

— Qui êtes-vous ? dit-il simplement.

— Qui je suis ? Comme si tu ne le savais pas ! Je suis le troisième homme sur ta liste. Mais moi je ne suis pas comme les autres, je n'attends pas bêtement que tu me surprennes. Je ne serai ni scié, ni emprisonné dans un cocon de plastique, à moins que tu n'aies envisagé une autre mise en scène macabre. Non, tu vois, c'est moi qui prends l'initiative. C'est moi qui te surprends dans ton lit. Espèce de salaud, tu as tué Anselme, tu as tué Simon. Mais ça s'arrête là ! Je vais te balancer ces chevrotines dans la gueule !

Estoun se laissait emporter par sa fureur, les mots le soûlaient, l'excitaient.

— Je ne vais pas faire plus compliqué que ça : j'appuie sur la gâchette et boum ! On n'en parle plus. Sache que personne ne remontera jusqu'à moi, ce fusil n'est pas déclaré, le dernier qui l'a utilisé c'était mon père, il y a une trentaine d'années. J'aurais bien aimé tirer avec mon Diana mais je suis pas assez c…

Vivien ne vit pas la canne gifler l'air et frapper sa tempe.

9 Aux armes !

Jo avait été témoin de la scène. Peu de temps après sa rencontre avec Lelu il avait fait demi-tour, impatient, curieux de voir comment allait se dérouler le plan. Il jubilait de voir celui-là même qui voulait le mettre en état d'arrestation se faire emprisonner par les gendarmes. Lorsqu'il l'avait vu suivre les képis et entrer dans la gendarmerie, il commençait à crier victoire avec cependant un petit doute, Lelu aurait dû se trouver menotté et ce n'était pas le cas. Il resta encore quelques minutes en poste au coin de la rue pour s'assurer que son chef ne serait pas relâché, lorsqu'il vit se pointer les gestapistes. Les choses se corsaient. Peu après ils sortirent, encadrant Lelu. Cette fois-ci, menottes aux poignets.

Le drame qui s'était joué l'avait atterré.

Mais il n'était pas responsable, ce n'est pas ce qu'il avait souhaité ni organisé. Les impondérables. Tout le monde risquait sa vie. C'était la guerre !

Jo s'était enfui.

Il grimpait, poussé par l'excitation de cet événement violent, imprévisible, et qui changeait la donne. Son esprit était bousculé. Angoisse et soulagement tourmentaient sa conscience. Des bribes de scènes, images et sons, repassaient en boucle : la soirée où il était l'instigateur de la machination avec ses camarades, la rencontre fortuite avec son chef, son arrestation, la tentative de fuite, puis l'exécution. De toute façon il n'était pas plus responsable que Paulo et le Beau Léo : et d'un. Et de deux : ce n'était pas ce qui avait été fomenté.

C'est la tête débarrassée de ces controverses qu'il atteignit le campement. Il courut à travers le camp, criant que Lelu avait été lâchement assassiné par les Allemands, tiré à bout portant par la Gestapo qui l'avait arrêté. Il expliqua, répéta à l'envie l'horrible scène.

Ce fut la confusion, certains voulaient descendre pour délivrer leur commandant n'admettant pas l'idée de sa mort, d'autres pour le venger. Un groupe souhaita disparaître au plus profond du Vercors, déclarant qu'après avoir décapité le commandement les Allemands n'allaient pas s'arrêter là. Paulo parvint à calmer la troupe, canalisa les énergies qui se dispersaient, les volontés qui s'éparpillaient. Pour cela il leur fixa un objectif : cet après-midi ils iraient à Gap repérer les lieux. Il avait un plan. Il avait besoin de la participation de deux hommes de sa connaissance qui seraient un prétexte pour s'introduire dans le QG allemand. Puis le lendemain ils délivreraient ce fameux Duber du sein même du siège de la Gestapo.

L'événement avait tellement secoué les maquisards que nul n'avait songé à demander à Jo ce qu'il faisait là-bas. L'espace d'un instant, la question avait traversé l'esprit de Mathieu. Il l'avait balayée, pensant qu'il était parti une fois de plus au ravitaillement en alcool.

Louison était terrassée par la nouvelle. Elle n'avait pas pleuré devant les camarades. Avec une peine immense elle avait refoulé ses larmes. Elle s'était isolée, essayant de ne pas vaciller devant l'étendue du vide qui s'offrait à elle. Il ne fallait pas qu'elle perde pied, pour elle, pour leur enfant.

Elle rejoignit le groupe après la décision prise d'attaquer le quartier général. Le regard indifférent, cachant sa détresse, elle tenta de les faire revenir sur leur décision. Tous avaient approuvé la mission planifiée par Paulo. L'inaction leur était intolérable. Constatant l'inutilité de ses arguments, elle ne put que leur re-

commander la prudence. C'était dit, le surlendemain ils prendraient d'assaut le centre de commandement allemand et raviraient ce chef résistant au nez et à la barbe des Boches. Et ils vengeraient leur chef !

XXIII Silencieux

La Jaguar engagea une roue sur le trottoir, patienta le temps que le portail finisse de coulisser jusqu'à sa complète ouverture. Les phares balayèrent les grosses taches rouges des fleurs de l'hibiscus qui disparurent dans la pénombre. Les pneus broyaient les cailloux blancs dans un craquètement de Corn Flakes géant. Le conducteur s'appliquait à produire le moins de bruit possible. L'heure tardive avait rempli son office, la maisonnée était endormie. Il roulait sur les bords de la gomme comme pour demander aux gravillons de se tasser avant la pression des mille trois cents kilos de sa voiture. Le portail glissait derrière lui lorsqu'une ombre se faufila avant la fermeture. Ce fut au tour de la porte du garage de s'élever dans un feulement huilé, la Jaguar se gara aux côtés de la mini de sa femme. À sa droite une place libre attendait la future Maserati, acquisition imminente. Il positionna l'embrayage sur la position parking et ouvrit la portière.

Le canon d'un Luger P08, directement exhumé de la dernière guerre, précédé du gros cylindre du silencieux occupa tout l'espace visuel de Marc Vauché. De sa vie il n'avait jamais vu de pistolet. Fusil de chasse oui et encore, plutôt du côté crosse. Mais ce gros tube d'acier noir pointé sur sa face, le pétrifia. Le temps se grippa, ses gestes se bloquèrent. Il ne voyait rien d'autre, pas même la main qui enserrait l'arme. Autour tout était flou, sombre. Un mince filet d'air peinait à s'extraire de sa gorge. Un faible « Quoi ? » éraillé se faufila entre ses cordes vocales nouées. La porte de l'auto bâilla complètement. Une forme humaine se dessina enfin derrière l'arme. Cagoule noire. Vauché se trouvait toujours devant cet abîme insondable : un inconnu surgi de nulle-part dans son quotidien confortable et ultra organisé, comme ça, sans raison. Sans raison ? Une vague de sueur déferla sur son front, ses aisselles, sa chemise lui colla à la peau. Il avait horreur de ça, il lui arrivait de changer quatre à cinq fois de chemise dans une journée d'été. Mais cette gêne était tellement éloignée de la menace immédiate.

— Que voulez-vous, il n'y a pas d'argent ici ?!

Fabien Dourgues appliqua le canon contre la joue de Vauché.

— Pousse-toi !

L'homme d'affaires glissa à la place du mort. L'expression l'emplit d'effroi, tandis que Dourgues s'installait derrière le volant.

— Dis donc, pas mal ta Jag, un vrai bijou. C'est une Mark II non ? Classe !

L'homme caressa le bois de merisier du bout de son arme. Puis il se tourna vers Marc Vauché.

— T'inquiète, c'est pas ton argent que je veux, c'est ton usine.

— Mon usine ?

— C'est ça, je veux juste ta scierie.

— Quoi ?! C'est n'importe quoi !

Le cri du cœur, la logique des affaires avait repris le dessus, mais à peine prononcée la réalité revint comme une vague, il regretta cette phrase inappropriée.

— Mauvaise réponse.

Fabien appuya le canon dans les parties sensibles de l'homme d'affaires qui retint un cri de douleur.

— Mais non tu n'as pas mal, c'est quand je vais appuyer sur la gâchette que tu vas souffrir, vraiment souffrir.

— Ça ne marchera pas, les flics vont remonter jusqu'à vous.

— Ils te rendront tes couilles ? Et à elles qu'est-ce qu'ils auront à rendre ?

Fabien sortit de sa veste deux photos. Celle de sa femme dans un parking, entassant les courses dans le coffre de sa Mini. Sa fille au sortir de l'école, sourire aux lèvres. Ces deux photos avaient la particularité de les montrer seules, isolées, vulnérables. Êtres sans défense contre un agresseur éventuel.

— Alors tu vois, reprit Dourgues, les flics, ils n'auront pas la possibilité de remonter jusqu'à moi. Ils ne sauront jamais rien car tu fermeras ta grande gueule. C'est compris ?

Ces photos eurent l'impact escompté sur Vauché, ses chéries étaient des proies faciles, fragiles. Qu'importe cette putain d'usine, ce n'était plus la priorité, il fallait passer la main avant que tout ne prenne des proportions dramatiques.

— D'accord, d'accord !

— C'est mieux. Écoute, demain tu iras chez le notaire, tu lègueras la scierie au nom de Suzie Delmare…

Marc observa pour la première fois son agresseur.

— C'est elle qui t'envoie ?

— Elle ne sait même pas que j'existe, moi ce que je sais c'est que tu lui as volé son bien et tu vas le lui rendre, c'est tout. Dis-toi que je suis une sorte de justicier masqué, enfin… cagoulé ! Ah ah ! C'est rigolo : je suis le justicier cagoulé ! Voilà, tu diras ça à ton notaire : tu lui diras que tu as des remords. Ça le surprendra de la part d'un pourri comme toi…

— Je ne vous permets pas !

— Ah ! On reprend de l'assurance, on affiche son petit air supérieur !

Il fouilla du bout de son arme. Une plainte s'échappa de la gorge de Vauché.

— C'est ça, réveille tes femmes et je m'occuperai d'elles. Plus on est de fous…

— Non, je ferai tout ce que vous voudrez.

— T'as intérêt ! C'est simple, demain Madame Delmare reçoit un coup de téléphone du notaire lui signifiant de passer à l'office chercher le contrat en bonne et due forme.

Marc Vauché acquiesça d'un signe de tête. L'homme le fixa et enfonça son silencieux dans la joue et entre les mâchoires. Sa tête cogna contre la vitre.

— Écoute-moi bien. Tu ne cherches pas à savoir qui je suis, tu oublies Delmare et tout ira bien pour toi et ta famille. Sinon la prochaine fois c'est à l'étage que j'irai souhaiter bonne nuit, à ta femme Christèle et ta fille Marlène. Quant à toi je te fais un trou dans le pantalon. C'est clair ?

Vauché émit une plainte signifiant qu'il avait compris le message. L'homme ouvrit la portière, pour se dégager il posa son arme entre les jambes de Marc et appuya en se levant. Celui-ci serra les mâchoires et cria en sourdine.

— Oups ! nargua l'homme.

Il repoussa la portière et se pencha.

— Pas un mot à Christèle, elle n'a pas besoin de savoir si elle pourra accompagner Marlène tranquillement à l'école Coluche à huit heures vingt sans se faire de soucis.

Fabien Dourgues disparut.

10 Villa Mayoli

Jean Mika se présenta à la porte de la Villa Mayoli, siège de la Gestapo de Gap. Il était accompagné de Paulo qui portait un grand colis plat entouré d'une couverture. Le militaire pointa sa mitraillette sur les deux hommes.

— Je suis convoqué par votre Major Geründe.

Le planton fouraillait du regard les Français, décortiquait les visages, balayait les vêtements.

— Je suis le conservateur du musée de Grenoble. Quand le Major Geründe est venu le visiter, il m'a ordonné de lui apporter ce tableau pour l'ornement de son bureau.

Le soldat finit par entrouvrir ses lèvres pincées.

— Papiere.

Jean Mika soutira de sa poche intérieure une petite feuille cartonnée marron patinée et la lui tendit. L'Allemand prit son temps pour la détailler.

— Ja. Et lui ?

— C'est mon aide, le tableau pèse lourd.

— Papiere.

Paulo posa le colis et présenta sa carte d'identité. La sentinelle recommença l'inspection en dévisageant l'individu.

— Gut ! Passez.

Les deux hommes franchirent enfin l'entrée après un temps qui leur sembla infini. Ils pénétrèrent dans le hall et gravirent le large escalier.

Côté cour de la Villa Mayoli, le camion de dépannage de Daniel se présenta au portail comme toutes les semaines. Daniel assurait l'entretien des véhicules de l'armée. Le soldat en poste lui fit un large sourire.

— Ach ! Dany tu viens nous polir les durites.

— Tu l'as dit bouffi !

— Qui est avec toi ?

— On va faire tomber un moteur, j'ai besoin d'un costaud.

— Vas-y et fais péter les moteurs.

— Tu crois pas si bien dire, Casimir !

Daniel cligna de l'œil au Beau Léo et enclencha avec raffut la première du camion-grue. Il roulait lentement lorsque le Beau Léo montra du doigt un côté du mur.

— C'est ici, range-toi là.

Daniel manœuvra et se gara, l'arrière du camion adossé au mur du bâtiment, à côté d'un Mercedes-Benz de transport de troupe.

— Allez, on déroule et on accroche, dit Paulo.

Ils descendirent du camion.

L'immeuble en pierre de taille était contigu à la Kommandantur, il s'élevait sur quatre étages. Au dernier niveau, Pierre Dormant habitait un appartement deux pièces, il avait fait ses valises et pris le train tôt le matin pour aller rendre visite à sa sœur à Marseille. La salle à manger avait une belle situation, orientée sud et surtout ouverte sur la cour du Q.G. allemand.

La table avait été poussée contre la fenêtre. Sur la nappe était installée une mitraillette Hotchkiss 8 mm, canon dirigé vers le milieu de la cour.

Jo vérifia pour la dixième fois que le ruban de balles était bien engagé dans le mécanisme. Il pointa diverses cibles et se déplia satisfait. Fred le regardait faire, lui-même soupesait le ruban de balles qu'il devrait maintenir pendant l'alimentation lors du tir.

— Tout est prêt ? demanda-t-il.

— Impec ! Tu crois que ça va marcher ?

— Si tout se passe comme prévu, on n'aura pas besoin de cette artillerie.

— Dommage, parce que là, ce serait un vrai jeu de quilles !

— Ne dis pas ça, Jo. Si on a besoin de nous, ça veut dire que c'est chaud pour les nôtres en bas.

Fred prit les jumelles et observa le manège dans la cour. Les Allemands s'affairaient, certains entraient dans la bâtisse, d'autres parquaient leur véhicule… Le camion de Daniel se rangeait près d'un mur de la Kommandantur.

— Qu'est-ce qu'elle fout là ? s'exclama un consommateur.

Trois hommes étaient assis à une table sous la fenêtre du café donnant sur la rue. Le jeu de rami était négligé, ils avaient aperçu Louison qui venait d'aborder le trottoir d'en face. Elle se dirigeait vers l'entrée du Q.G. allemand.

— J'y vais !

Mathieu se précipita hors du bar, traversa la route et l'agrippa par le bras.

— Louison, tu n'as rien à faire ici, ce n'est pas ce qui était prévu.

Elle se tourna vers Mathieu, pas franchement surprise par cette intervention.

— Lucien est mort, tu crois que je vais attendre sans rien faire ? Je pensais que tu me connaissais mieux que ça.

— Mais tu étais contre cette expédition.

— Toi aussi que je sache. Là n'est pas la question. Plus on est de fous plus on rit. Ils ne se méfieront pas de moi. Lâche-moi, tu vas nous faire remarquer.

— Pars, je t'en prie.

— Salut Mathieu, à tout à l'heure. Sinon embrasse la liberté pour moi !

Sa détermination était inébranlable. Mathieu comprit qu'il aurait été vain d'insister. Et il ne fallait pas se faire remarquer si près de la Kommandantur.

— À tout à l'heure Louison.

Il regagna le bar pendant qu'elle s'approchait du garde et l'apostrophait.

— Je voudrais voir votre commandant.

— Warum ?[5]

— Warum je veux un laissez-passer pour Paris, je veux rejoindre ma mère qui est…

— Papiere.

Elle les lui présenta.

— Vous avez rendez-vous ?

— Non.

— Si pas rendez-vous pas possible voir commandant.

— Je veux un rendez-vous alors.

— Allez voir Franz entrée du hall pour prendre rendez-vous.

Louison pénétra dans le hall, sur la droite, deux Allemands, fusil sur l'épaule, discutaient en riant. Ils se turent pour la regarder passer.

---

[5] *Pourquoi ?*

XXIV Geôle

L'homme était enfoncé dans un vieux fauteuil défoncé, style siège de cinéma, en velours rouge passé, râpé. Il alluma une cigarette extra fine. La fumée s'éleva à la verticale puis se courba et s'effilocha, aspirée par un mince filet d'air. À quelques pas un plot lumineux diffusait une lumière tamisée, sans lui l'obscurité aurait été complète. Aucune ouverture, le froid, l'humidité, les parois ne laissaient aucun doute, c'était une grotte ou une cave, un endroit blotti sous terre. De la roche à l'état brut, suintante, glacée. La source lumineuse était située près de barreaux en ferraille lézardée d'échardes, au-delà elle rebondissait sur d'autres parois rocheuses, lui donnant un nouvel éclat. Elle se projetait sur une forme tapie dans un coin.

Le tas se mit à bouger, d'abord quelques soubresauts, puis une tête émergea d'une mince couverture. Ce ne fut pas la faim, le froid, ni la douleur qui l'éveillèrent mais cette odeur de tabac. Les quelques molécules qui se perdirent au fond de ses poumons lui excitèrent les sens. Estoun rassembla ses membres, appuya son dos contre les aspérités, porta une main à l'endroit où son crâne était en fusion. Une bosse comme une mandarine. J'en mangerais bien une, pensa-t-il instinctivement. Cette remarque lui parut d'une bêtise sans nom. D'ailleurs il se sentait ainsi, bête à manger du foin : se laisser assommer alors qu'il tenait en joue un homme endormi ! Son esprit commençait à s'ouvrir par-delà cette dernière image consciente. Le présent qu'était-il ? Où était-il ? Dans une cave ? Elle ressemblait à la sienne, comme toutes les caves de la région où des cavités avaient été formées par l'excavation des sous-sols pour récupérer la roche servant à la construction des maisons et bâtiments. Sa condition commençait à s'infiltrer dans son cerveau. Il était enfermé dans une cave, et, de l'autre côté d'une porte en barreaux de fer, un homme assis le regardait en fumant, comme s'il était au spectacle.

— Tu as voulu me faire la peau !

Le ton n'était ni rageur ni même rancunier, un simple constat. La réalité s'abattit sur Vivien Estoun comme un coup de massue, le laissant pantois. Il était à la merci du tueur sanguinaire, froid, calculateur. Celui qui avait tué Anselme et Simon de façon si atroce. Il porta les mains à son sexe et se mit à trembler, suffoquant, l'air lui manquait comme si on lui avait appliqué un sac plastique sur la tête. Il plaqua les mains sur son visage ruisselant, se frotta les joues. Il reprit lentement sa respiration et leva le regard vers son geôlier. Celui-ci avait saisi les images qui l'avaient l'envahi, mais il restait froid, imperturbable.

— Pouvez-vous me donner une cigarette s'il vous plaît ?

C'était parti sans réfléchir. Avant la soif et la peur, une clope, une foutue clope, comme si le reste était superflu. L'autre regarda sa cigarette consumée d'un tiers. D'une pichenette il l'envoya à travers les barreaux. Estoun se plia, allongea le bras et la saisit. Cette première taffe lui fit un bien fou, encore plus que la première de la soirée après une journée entière à la scierie.

Alors il affronta la réalité.

— Qu'allez-vous faire de moi ?

Un silence mortel suivit. Dans ce trou à rat. Cette cavité souterraine. Où aucun bruit ne provenait de l'extérieur, ni le chuintement du vent, ni le grattement d'un petit rongeur, ni même le frôlement d'un insecte. Rien. Le silence de la tombe.

— Ta question n'est pas précise. Que me demandes-tu ? Si je vais te tuer ou comment je vais te tuer ?

11 Duber

Paulo et Mika étaient montés à l'étage, le couloir s'allongeait devant eux.

Le conservateur du musée avait rencontré le Major Geründe lors de sa visite du musée. Celui-ci avait exigé de lui l'inventaire des tableaux. Le prétexte était tout trouvé pour s'introduire dans ce nid de guêpes. Le tableau était un leurre pour s'y engager plus au fond.

Un soldat déboucha d'une pièce, dossier sous le bras, sans leur porter plus d'attention. Les deux hommes se séparèrent. Mika s'arrêta à hauteur de l'homme de garde devant une porte tandis que Paulo continua jusqu'au bout du couloir. Là, il descendit un petit escalier en colimaçon. Au rez-de-chaussée il tomba sur deux soldats qui allaient le gravir.

— Was ? [6]

— Tableau, peinture, commandant ranger dans cave, collection…

Le visage d'un Allemand s'illumina.

— Collection commandant, ja.

Les deux Allemands montèrent l'escalier sans plus attendre. Le maquisard continua vers les sous-sols. Au terme de sa descente, il scruta le couloir uniquement éclairé par une lucarne à l'autre bout. Il discerna trois portes à gauche et deux à droite.

— Normalement c'est celle du milieu à gauche, se remémora-t-il.

---

[6] *Quoi ?*

Un soldat sortit de la pièce du fond et disparut dans celle d'en face. Paulo longea le couloir, s'arrêta devant la porte du milieu. Il la poussa. Deux hommes en habit vert étaient debout encadrant un civil assis sur une chaise. L'un d'entre eux s'avança vers lui, mitraillette à la hanche.

— Wer sind sie ? [7]

— Collection commandant…

— Nein, hände hoch ! [8]

Daniel, au cul du camion appuya sur le bouton, le rotor déroula son câble. Le Beau Léo attrapa le crochet.

— Attends Armand ! souffla-t-il.

Un officier s'approcha d'eux.

— Herr Daniel ! Fous réparer le voiture. Ressorts Kaput.

— Oui, mais je dois aussi réparer le moteur de ce camion.

Il montra le GMC.

— Che suis pressé urgent!

— On fait juste tomber le moteur pour le ramener au garage. Si vous voulez on remorque la VW pour changer la pièce.

— Très bien Herr Daniel.

L'officier tourna les talons et s'éloigna.

Le soldat pointa sa mitraillette sur Paulo.

— Ch'ai dit hände hoch ! répéta le soldat.

Le résistant tira à travers le tableau. L'Allemand s'écroula. Profitant de la surprise, il tira sur le deuxième qui tomba en tirant une rafale vers le plafond. On entendit rapidement des soldats se précipiter dans le couloir. L'homme sur la chaise se leva comme il put, il avait été rudement interrogé, chaque mouvement qu'il effectuait en témoignait.

---

[7] *Qui êtes-vous ?*

[8] *Non, haut les mains !*

— Salut Duber. Faut pas traîner, il va y avoir tout un régiment à la porte.

Paulo verrouilla la serrure.

— On ne sort pas par là !

Paulo sentit l'arme sur sa nuque. Il se retourna. L'homme en civil arborait un sourire satisfait et parla dans un français dénué de tout accent.

— Nous ne pensions pas que vous arriveriez jusqu'ici ! Mais on l'espérait…

Il comprit instantanément le piège élaboré par les Allemands.

— Nom de Dieu, c'est Lelu qui avait raison !

De rage de s'être fait piéger, il poussa le tableau dans le cou de l'Allemand et appuya de toutes ses forces. Ils traversèrent la cave, la tête de l'homme heurta le mur avec violence. La pression du cadre provoqua l'écrasement de sa gorge. En glissant l'Allemand tira, la balle se logea dans la poitrine de Paulo, juste au-dessus du cœur. Des coups résonnèrent derrière la porte épaisse.

— Tu peux y aller Amédée, dit Daniel.

Le Beau Léo fit glisser le crochet entre les barreaux qui condamnaient le soupirail. Il leva le pouce en direction du garagiste. Celui-ci appuya sur le bouton supérieur, le câble se tendit, le moteur gronda. Tout resta immobile quelques secondes, le moteur forçait, l'extrême tension du câble était visible. Puis, comme au ralenti, les barreaux se tordirent, se descellèrent du ciment, l'ensemble s'arracha et tomba sur le bitume. Le Beau Léo tendit le cou vers l'intérieur de la cave.

— La voie est libre !

Il vit Paulo qui, assis contre le mur, leva la tête vers lui.

— Vite chef !

— Ils m'ont eu. Duber n'est plus ici. C'était un piège.

— Donne-moi ta main, on discutera plus tard.

Le Beau Léo passa son bras. Paulo se leva péniblement.

— C'est foutu, j'ai reçu une balle.

— Ta main vite !

Il attrapa la main tendue et tira, Paulo réussit à extraire le haut du buste. Il fut enfin dehors, le Beau Léo le soutint par les épaules pour l'amener au camion. Il le poussa pour l'aider à monter.

En haut, dans l'appartement qui dominait la fourmilière affolée, Jo était dans tous ses états. Sa mitraillette s'était enrayée, la balle était bloquée dans le magasin. Il donna un coup de poing sur l'engin.

— Saloperie ! J'en étais sûr qu'elle allait me lâcher ! La culasse est bloquée, la balle est mal engagée. Putain, c'est pas le moment…

Il forçait sur le levier d'armement.

— Ils en sont où Fred ?

— Paulo est monté dans le camion. Grouille-toi Jo ! Toute la meute va être à leurs basques !

— Je fais ce que je peux moi. Elle veut rien savoir !

Les détonations dans la cave avaient donné l'alerte. Les Allemands avaient couru directement vers la cellule où le piège avait été tendu. La porte était verrouillée, ce qui n'était pas prévu. Ils avaient cogné à coups de crosse, puis avaient tiré sur la serrure qui rendit l'âme.

La porte céda. Les soldats entrèrent et virent leur officier étendu, la tête renversée. L'un deux s'agenouilla à ses côtés et apposa la main sur son cou.

— Er ist tot ! [9] *conclut-il.*

Deux Allemands sur la pointe des pieds regardèrent par le vasistas, l'un deux aligna son fusil et tira. Le Beau Léo avait mis un pied sur la marche du camion. Il se figea, regarda son chef,

---

[9] *Il est mort !*

surpris. Un filet de sang s'échappa de ses lèvres. Il bascula en arrière, sans vie.

— Léo !

Mais il n'y avait plus rien à faire. Le camion-grue bondit en avant, franchit l'angle de la bâtisse et accéléra. Les Allemands dispersés dans la cour tirèrent sur l'engin, les balles ricochèrent sur la tôle. En face, un soldat se dressa, bazooka sur l'épaule, ajusta. Au moment de presser sur la détente, il tituba. Profitant de l'affolement généralisé, Louison s'était précipitée hors du bâtiment, à temps pour tirer sur l'homme. La roquette passa à côté du pare-brise et explosa dans une fenêtre de l'étage. Le camion pila, Paulo ouvrit la porte, Louison sauta sur le siège.

— Le Beau Léo ?

— Ils l'ont eu. Louison, c'était une embuscade, tu avais raison, Lelu avait raison. Tout est de ma faute.

— Plus tard Paulo, plus tard, il faut sortir d'ici.

Daniel redémarra.

— C'est comme si c'était fait Barnabé !

À gauche du portail de l'entrée, le canon en batterie pivota et tira. L'essieu arrière du camion fut arraché, le camion dérapa et se trouva dos au portail.

— Ça y est, leur canon se réveille Mireille ! rajouta le conducteur.

XXV Fred Perdeau

Le petit déjeuner du trio se terminait…

Falcone était descendu de sa chambre, puis peu après Aglaëe de la sienne. C'était un moment de calme avant le tourbillon de la journée. Les policiers avaient échangé leur ressenti sans pour autant dévoiler les avancements de l'enquête, avec un habitant un peu à part de par son statut de comte. Celui-ci avait une vue distanciée des événements et surtout des habitants. Francesco avait partagé les réactions des clients lorsqu'il les avait interrogés dans le bar. Danjou avait confié que l'ancien résistant, Mathieu Karmet, était un homme estimé par la population du village. Quant à la remarque des deux consommateurs sur Fred Perdeau, elle était à prendre en compte puisque lui aussi avait été un compagnon de Résistance. Mais ce Fred Perdeau était un homme très vieux et très fatigué, il fallait l'aborder avec beaucoup de prévenance.

Aglaëe et Francesco avaient très peu croisé le regard, l'altercation de la veille les taraudait. Elle les encombrait, un voile opaque ternissait leurs échanges, engourdissait leurs gestes. Elle avait été si soudaine et sans appel… Les mots lancés étaient-ils définitifs ? Ils se posaient la question et se demandaient où en était l'autre dans ses considérations.

Ils en étaient là de leur réflexion quand une dame vint les aborder. Elle était menue, vêtue d'une robe d'un bleu lilas uni. Un petit chapeau de paille la protégeait du soleil naissant.

— Madame la commissaire, puis-je vous parler s'il vous plaît ? C'est urgent.

Mais sans attendre la réponse, elle poursuivit.

— Je suis inquiète, mon mari a disparu. Avec tout ce qu'il se passe, je crains le pire. Il faut que vous le retrouviez avant qu'il n'arrive un malheur. Je vous en prie, est-ce que vous pouvez faire quelque chose ?

Elle s'effondra sur une chaise et essuya ses yeux humides du dos de la main.

— Calmez-vous Madame… Vous êtes Madame ?

— Madame Estoun Jeanne.

— Vous êtes l'épouse de Vivien Estoun, le contremaître ?

— Oui, il ne découche jamais.

— Racontez-moi, il a disparu ?

— Oui, hier soir il est parti, il m'a simplement dit qu'il avait quelque chose à faire et qu'il n'en avait pas pour longtemps.

— Il vous a dit ce que c'était ?

— Non, seulement une affaire urgente à régler. Je me suis dit que c'était peut-être à la scierie. Avec tout ce chamboulement… Il me raconterait après.

— À quelle heure est-il parti ?

— Vers minuit.

— Et depuis pas de nouvelle ?

— Non il n'est pas revenu. Je suis allée à la scierie pour voir. Il n'y est pas non plus et personne ne l'a vu.

— Il est parti en voiture ?

— Oui.

— C'est quoi comme marque ?

— Une Ford Escort bleue.

— Bon, je vais lancer une procédure de recherche. Le commandant Falcone va vous accompagner, il va jeter un coup d'œil chez vous, voir si quelque chose peut nous mettre sur une piste. Est-ce que vous avez remarqué un changement dans l'attitude de votre mari ces derniers temps ?

— Un changement ? Et comment ! Ce n'est plus le même : il est angoissé, nerveux. Lui si calme, il s'énerve pour un rien, même après moi ! Ça ne lui était jamais arrivé. Moi je laissais passer, je me disais que c'était à cause de son travail, la peur de la fermeture de l'usine, le stress de se trouver au chômage.

La femme s'épongea les yeux.

— Rentrez chez vous, je vais avertir le capitaine Beaucourt. Il va mettre ses hommes à sa recherche. Mais peut-être votre mari reviendra-t-il rapidement… Francesco, tu veux bien accompagner Madame Estoun ?

En entrant dans la cour de la petite maison, la commissaire changea de saison. L'ombre de l'église au sud, celle de l'immense noyer à l'ouest, conservaient les murs hors de portée du soleil toute la journée.

Elle frappa à la porte, attendit et recommença, attendit encore puis poussa le battant.

— Il y a quelqu'un ?

Elle fit un pas, la cuisine était sombre. Au fond du séjour, une flamme famélique vacillait dans la cheminée. Dehors on avoisinait les trente-cinq degrés à l'ombre et ici le feu était allumé et ne repoussait pas un froid hivernal.

— Il y a quelqu'un ?

Aglaëe traversa le vestibule et discerna un homme blotti sous un plaid dans un fauteuil près de l'âtre. Elle distinguait uniquement son profil dont les traits aux rides profondes étaient réguliers. Son regard était noyé dans le feu de bois.

— Monsieur Perdeau ? Fred Perdeau ?

Elle s'approcha.

— Puis-je vous parler, Monsieur Perdeau ?

Il restait hypnotisé par la danse des flammes.

— Je voudrais que vous me donniez quelques renseignements. Je suis la commissaire Boulu.

L'homme ne réagit pas à sa demande. Elle tira une chaise et s'assit près de Perdeau.

— C'est au sujet de Lucien Rébac. Vous avez été résistant avec lui je crois… Vous avez connu Lucien Rébac ?

À ce nom, le vieil homme décrocha le regard de l'âtre, il pivota la tête lentement vers l'intruse. L'autre moitié de son visage était ravagé par une brûlure ancienne, ses yeux se plantèrent dans ceux d'Aglaëe.

— Lucien Rébac, répéta-t-il un vague sourire aux lèvres. Il est mort…

— Oui, qu'est-il arrivé ?

— Pendant son arrestation il a tenté de s'évader…

Puis son regard plongea à nouveau au milieu de la cheminée.

— … J'alimentais la mitrailleuse de Jo pendant l'attaque de la Kommandantur… Quand il a les mains sur les poignées et qu'il tire ses rafales… Est-ce que Jo délire ou dit-il la vérité ?

Les traits vivants de sa face marquaient une angoisse profonde.

— Quand il est aux manettes de sa mitrailleuse, le Jo il est dans un état second et il atteint sa cible à tous les coups. On en a descendu des verts de gris cet après-midi-là…

L'homme revivait une scène connue de lui seul.

— Est-ce qu'on dit la vérité lorsqu'on délire ou dit-on n'importe quoi… les policiers savent ça…

— Ça dépend des gens, des circonstances, des fois oui des fois non, répondit-elle d'une voix douce.

— Hmmm, je ne saurai jamais…

— Que s'est-il passé, qu'est-ce que vous ne saurez jamais ?

Le feu s'embrasait dans chacune de ses pupilles.

— Monsieur Perdeau, que vous a dit Jo ? Fred, parlez-moi de Jo !

Boulu referma la porte sans la claquer de peur qu'un souffle ne brise le fil fragile qui tenait encore Perdeau dans le monde des vivants. Quelque chose s'était passé dans le maquis et qui refaisait surface, comme des bulles de méthane qui crèvent, exhalant des bouffées puantes au-dessus d'une étendue de vase. Un passé confus que les habitants de Sainte-Moucherolle-sur-Bourne avaient enfoui sous les strates des années. Elle comprenait pourquoi les deux individus avaient donné le nom de Perdeau à Falcone en riant comme des ânes, ils savaient que cet homme n'avait plus toute sa tête. Les premières notes interrompirent sa réflexion. En décrochant, Boulu lut le nom affiché sur l'écran.

— Qu'y a-t-il capitaine Beaucourt ?

— Je suis débordé, la population a remis ça, ils sont dans la cour d'école. Ils menacent d'envoyer François Rébac au fond du ravin où il a jeté Eugénie Catel. Il faut faire vite, je ne vais pas les retenir longtemps.

— On est là dans deux minutes.

Elle appela Falcone et lui dit de la rejoindre de toute urgence.

Sur la route de l'école, Falcone et Boulu échangèrent les conclusions de leur prospection. L'état de Perdeau ne permettait pas de lui soutirer une quelconque information. Quant à la disparition de Vivien Estoun, Francisco n'avait pas trouvé d'indice chez lui. Il était à craindre qu'on ne le découvre sous forme de cadavre, agrémenté d'une mise en scène macabre.

Lorsque la voiture freina avec fracas en travers de la route, un attroupement occupait la chaussée devant la grille de l'école. Dans la cour une vingtaine d'hommes et de femmes descendaient les quelques marches de la bâtisse. Ils tenaient François par les bras, un pan de chemise flottait ouvert sur son torse. Une trace de sang coulait d'une arcade fendue. Des invectives fusaient, le traitant de tueur d'enfants et de vieille femme, de tortionnaire et d'assassin de Simon et d'Anselme. Falcone et Boulu firent face à la foule. Le commandant cria.

— Lâchez-le immédiatement !

La foule stoppa sa progression, les cris diminuèrent.

— Où est le capitaine Beaucourt ? demanda la commissaire inquiète de ce qu'une foule irresponsable peut accomplir.

— On l'a enfermé dans un placard la rassura une femme au milieu du groupe.

— Libérez-le tout de suite !

La femme regarda ses acolytes et entra dans l'école. Elle en ressortit suivie du stagiaire et du capitaine qui ajustait sa casquette, l'air contrit.

— Maintenant vous relâchez Rébac.

— Jamais ! cria une voix, c'est un assassin et puisque vous ne faites pas votre boulot, c'est nous qui le faisons. Allons-y !

Le groupe avança et les cris reprirent. « Rébac assassin ! » Boulu avait reconnu parmi les meneurs qui avaient relancé la foule, les mêmes qu'à la mairie. Le pire d'entre eux : Charles Gribel, mais lui n'était pas en colère. De ses petits yeux de fouine, il observait les réactions de la foule excitée.

— Stop ! cria la commissaire en avançant. Le premier qui résiste je l'enferme, le premier qui profère une seule menace je l'enferme.

Ils étaient à un bras des belligérants.

Un flou remua la foule, l'hésitation à nouveau.

— C'est toujours les innocents qu'on menace et on protège les criminels ! s'exclama Gribel.

— Encore un mot, Gribel, et vous êtes en état d'arrestation ! Commandant veuillez accompagner François Rébac.

Falcone fit un pas, les hommes s'écartèrent de l'instituteur. Il le prit par l'épaule et le ramena aux côtés des forces de l'ordre. La commissaire détailla les hommes et les femmes, immobiles et maintenant silencieux. Elle fit demi-tour.

La voiture démarra avec François Rébac encore sonné par la violence de l'agression et bouleversé plus encore par la haine qui émanait des manifestants. Le trajet jusqu'à Villard-de-Lans se fit dans le silence le plus total.

Ils investirent la petite salle de réunion de la gendarmerie. Aglaée avança un gobelet de café et s'assit en face de l'enseignant, Francesco à sa droite. Ils buvaient tous les trois leur café à petites touches.

— Vous avez l'art de vous attirer des ennuis, Monsieur Rébac, débuta la commissaire.

— Vous pensez que c'est ma faute ? demanda Rébac.

— Cela fait la deuxième agression, d'abord la mairie, et maintenant ce lynchage public. Si nous n'étions pas intervenus, ils vous auraient peut-être jeté au fond du ravin comme certains le disaient ! On se serait cru au Far-West !

L'homme se referma.

Qui était-il vraiment ? Que cachait-il ? Était-il juste effaré par cette violence de tout un village contre sa personne ou était-il réellement l'assassin désigné par la vindicte populaire ? Avait-il tout manigancé ? La commissaire tentait de cerner le personnage de l'instituteur quand un gendarme entra et se pencha vers elle.

— Monsieur Fidois demande à vous voir, il est à l'accueil, il dit que c'est important.

Elle se leva pour se débarrasser le plus rapidement possible de l'importun.

— Continuez sans moi, je reviens de suite.

Devant le comptoir elle reconnut Hector Fidois, le béret vissé sur le crâne, petite moustache soulignant le nez rond rouge, le soleil n'y étant pour rien.

— Bonjour Monsieur Fidois, vous vouliez me voir ?

— Oui, en particulier.

Ses yeux roulaient de droite et de gauche, il ne voulait pas que ses révélations se dispersent.

— Suivez-moi.

Ils longèrent le couloir et entrèrent dans le bureau du capitaine Beaucourt. Elle prit place à son fauteuil et invita Fidois à s'asseoir. Celui-ci passa la main à l'intérieur de sa veste de velours noir en décalage complet avec la saison, saisit son portefeuille au cuir patiné, l'ouvrit et en retira une feuille de papier. Il rangea le portefeuille, déplia la feuille. Ses gestes étaient lents, marqués d'importance.

— Voilà, j'ai ceci à vous donner, je pense que cela peut vous être utile.

Aglaëe prit la feuille. C'était une lettre manuscrite, pas d'en-tête ni de signature. Impossible de connaître le destinataire ni l'auteur.

— Vous n'avez pas d'autres feuillets ?

Les grognements de Fidois signifièrent que non. La commissaire se cala contre son dossier et prit le temps de lire. Les lettres étaient petites, serrées et emplissaient tout l'espace, sans marges. Elle émit un petit sifflement.

— Cela ouvre des perspectives en effet.

Une fois lue, on savait qui l'avait écrite et à qui elle était adressée. Mais pas de date.

— Comment cette lettre est-elle tombée entre vos mains ?

— Ça n'a pas d'importance.

— Si, beaucoup d'importance.

L'homme maugréa, les yeux baissés sur le plateau du bureau.

— Ce n'est pas votre fille qui vous l'a apportée. Quand je suis allée chez elle, elle regrettait d'avoir commenté la photo de classe alors je ne la vois pas fouiller chez son ami ou son ex je ne sais pas, et vous apporter ce courrier. Alors dites-moi.

Fidois jeta un bref regard. Il bouillait comme une cocotte minute, on aurait pu voir la vapeur s'échapper du tortillon de son béret. Il ne tint plus, il explosa.

— Non, ma fille ne m'écoute plus, cette garce ! Je la déshérite, sa mère ne m'aurait pas retenu elle aurait reçu la correction qu'elle mérite. Je suis son père nom de Dieu ! J'ai pris ses clés et je suis allé moi-même faire votre boulot. Chez Rébac ! J'ai pas mis longtemps à mettre la main dessus. Vous voyez, ce n'était pas compliqué !

— Vous êtes allé fouiller chez Rébac !

— Il n'y a pas d'effraction, j'avais les clés.

— La violation de domicile est un délit passible d'un an de prison et de quinze mille euros d'amende.

Fidois se leva, écarlate, libérant sa fureur.

— Alors quoi ! J'aide la police à arrêter les assassins et c'est moi qu'on accuse ! Ah ! Elle est belle la police ! Si le chef de la police n'était pas une femme, son autorité ne serait pas bafouée. Elle est belle la France !

La commissaire ne supportait plus cette misogynie ordinaire, elle se leva et poussa du plat de la main le thorax de Fidois qui se trouva projeté sur sa chaise. Le béret avait abandonné la partie. Il en fut stupéfié, yeux écarquillés, bouche ouverte.

— Maintenant rentrez chez vous Monsieur Fidois ! À la moindre incartade je vous coffre !

Elle n'avait pas crié, sa voix était calme, froide, retenue.

L'homme se baissa, ramassa son couvre-chef. Il se leva et se retourna sans un mot, sans un regard. Plus que par la menace, il était humilié d'avoir été déséquilibré d'un seul geste. S'être retrouvé sur le cul à cause d'une femme !

La commissaire relut la lettre, ficha un cigarillo qu'elle n'alluma pas entre ses dents. Elle se planta devant la fenêtre et suivit un rapace qui planait au-dessus des pentes herbeuses. Puis elle se décida.

Falcone s'était approché de Rébac quand la commissaire entra. Celui-ci venait juste de se taire, la tension était palpable. Elle questionna son adjoint d'un relevé de sourcils.

— Monsieur Rébac ne comprend pas le pourquoi d'un tel déchaînement contre lui. Il est pourtant apprécié des élèves. Il reconnaît que certains parents n'approuvent pas son mode d'enseignement, mais de là à en venir aux mains…

— Tu lui as parlé de son aïeul ?

— Il sait que son grand-père était résistant mais ne voit pas le rapport avec ces meurtres.

— Rien à ajouter ? demanda Boulu à François Rébac.

L'instituteur secoua la tête.

— Et ça, dit-elle en lui glissant le papier devant les yeux.

Il la regarda, interloqué.

— Vous avez cette lettre ? Vous avez fouillé chez moi ?

— Même pas.

— Qu'est-ce que ça change ?

— Qui vous a envoyé ce courrier ?

— Mes parents.

Falcone en prit connaissance. Il souffla entre les dents et la commenta.

— Dans ce courrier, on accuse les habitants de Sainte-Moucherolle d'avoir livré votre grand-père aux mains des Allemands. Cette lettre est pleine de rancœur. Vous êtes venu à Sainte-Moucherolle-sur-Bourne pour rencontrer les gens du village, ce village qui a trahi votre grand-père ?

— Qu'est-ce que vous imaginez ?

— Vous avez demandé votre mutation pour faire votre enquête, tranquillement, comprendre ce qui s'est passé et vous l'avez vengé.

— Vengé de quoi, de qui ?

Les yeux de François Rébac lançaient des éclairs.

— Vous n'avez pas le droit de m'accuser comme ça. Quand j'ai reçu cette lettre, j'étais déjà à Sainte-Moucherolle.

— C'est vous qui le dites, comme par hasard je n'ai pas l'en-tête qui le prouverait.

— Ce sont mes parents qui me l'ont envoyée. Lorsque j'ai vu la statue de Lucien Rébac, je n'en revenais pas. Je me demandais si elle avait un rapport avec mon nom. J'ai fait part à mes parents de ma découverte. Et ils m'ont envoyé ce courrier dans lequel j'ai appris l'histoire de mon grand-père.

— Ils vous livrent deux noms, continua Boulu.

— Oui et alors ?

— Vous avez dit que vous ne voyiez pas le rapport avec ces deux meurtres.

L'homme baissa les yeux, fixa ses mains comme si ses doigts croisés prenaient une importance soudaine. La commissaire reprit la parole.

— D'après ce courrier, un certain Joseph Delmare serait l'homme qui aurait vendu votre grand-père, Lucien Rébac. Delmare, ça vous dit quelque chose ? Anselme Delmare était son petit-fils !

— Vous dites n'importe quoi. C'est de l'acharnement. Vous m'accusez d'abord du meurtre de deux enfants, puis d'une vieille dame et maintenant j'aurais vengé mon grand-père que je n'ai jamais connu !

— Vous vous trompez, je ne vous ai jamais accusé des premiers meurtres ou décès, au contraire je vous ai défendu contre les dénonciations des villageois. Mais maintenant je vous demande des explications.

— J'ai tout dit, je veux un avocat.

— Vous n'en avez pas besoin, vous êtes libre.

L'homme dévisagea les deux flics, se demandant quelle stratégie ils mettaient en place.

— Filez, insista-t-elle. Allez vous doucher. On va vous faire ramener chez vous.

Rébac se leva, incrédule. Il quitta la pièce. Les policiers soufflèrent et se reposèrent au fond de leur dossier.

— Tu as raison Aglaëe, nous n'avons rien de tangible contre lui.

— Il faut creuser le fond et la forme de ce courrier. Tu retrouves ses parents et tu leur demandes quand ils ont écrit cette lettre et qu'ils détaillent l'histoire de Lucien Rébac. Eux seront à même de nous dévoiler ce qu'il s'est réellement passé, s'ils en ont eu connaissance. Moi je continue les recherches du côté des anciens.

— C'est un ordre ?

La question eut le mérite de surprendre Aglaëe. Elle plongea ses yeux dans les siens.

— Tu sais bien que non, tu fais comme tu l'entends. Tu n'es pas là pour cette enquête.

— À la base non, c'était pour te voir.

— Tu mets ça au passé, ce n'est plus le cas ?

— D'après toi ?

— …

— Bon, d'accord je me suis emporté… après tout tu n'es pas tenue de me raconter ta vie, si tu as des choses à cacher…

— Je n'ai rien à cacher.

— Alors c'est pire, tu ne me fais pas confiance !

Le ton était monté.

— C'est toujours de la faute des autres avec toi ! Tu ne peux pas essayer de comprendre ?

— Mais que veux-tu que je comprenne si tu ne me dis rien ?

— Je ne te dis pas rien, je ne t'en ai pas parlé c'est tout !

— Oh ! Et puis j'en ai marre, ça ne rime à rien. Je ne sais même pas pourquoi on s'engueule. De quoi parle-t-on ?

— On parle de ma sœur qui se drogue comme elle respire et que j'en peux plus de la ramasser pour la voir replonger dès qu'elle redécouvre qu'il y a un monde autour d'elle et que dans ce monde il y a un dealer qui l'attend. Voilà de quoi on parle !

Falcone se leva, regarda par la fenêtre, il passa ses doigts dans ses cheveux puis se tourna vers Aglaëe. Il s'assit à côté d'elle et lui prit la main.

— Je suis désolé. Tu as raison, je n'ai pensé qu'à moi…

— Non, moi aussi j'aurais réagi comme toi à ta place, je ne m'en étais pas rendu compte. Mais c'est vrai que je ne voulais pas t'en parler… Sans doute que je culpabilise parce que je l'ai laissée tomber plus d'une fois.

Il découvrait une autre Aglaëe, ce n'était plus la femme sûre d'elle, l'experte, la forte en gueule, avec son humour provocant si particulier. Un rempart s'était effondré, elle était fragilisée.

— Tu peux tout me dire tu sais.

— Je sais que je peux avoir confiance en toi, tu ne me jugeras pas.

— … J'ai dit beaucoup de conneries tout à l'heure.

— Tu n'es pas le seul…

Elle caressa son visage.

— Ma sœur est née, j'avais cinq ans. Mon père était fou d'elle, faut dire qu'elle était belle dès le premier jour. Des yeux d'un bleu de lagon dans un visage parfait, même pas plissé à la naissance ! Des cheveux dont les reflets blonds présageaient la magnifique chevelure qui l'attendait. Quand il la vit, mon père l'a appelée « Mon ange », qualificatif qu'il emploierait sans cesse. Bien sûr il l'a prénommée Angèle… Elle a grandi avec le privilège d'avoir un père qui était à son service et exauçait ses moindres désirs sans qu'elle ait la nécessité de les exprimer, il les devançait.

— Il t'a délaissée ?

— Je ne veux pas me faire passer pour la mal-aimée mais je n'étais pas intéressante, tout simplement.

— Et ta mère.

— Ma mère s'occupait bien de moi. Mais tout ce que disait mon père était parole d'évangile, alors pour elle aussi Angèle était la perle rare, leur centre d'intérêt à tous les deux, adulée, citée en exemple. Dès qu'il y avait du monde à la maison, famille ou amis, c'était le sujet incontournable, sa beauté, ses réparties, ses prouesses… Collégienne, elle a commencé à moins correspondre à l'image qu'ils s'en faisaient. Découvrant un espace de liberté tout neuf, elle ne travaillait pas. Elle n'était pas idiote, ses notes se sont mises à baisser lentement, mais sûrement. Le collège était principalement un terrain de jeu. Au lycée les choses se sont aggravées, rapidement elle n'est plus allée en cours. Elle s'est acoquinée avec des lycéennes qui se prenaient pour des rebelles, mais en réalité leur unique objectif était de faire la fête et s'amuser. Elles ont rencontré des lycéens du même acabit. En attendant les soirées, ils traînaient leur carcasse dans les salles de classe. Elle a connu son premier joint dès la première, en décembre. Je me rappelle cette nuit d'un samedi où elle est rentrée les yeux comme un lapin myxomatosé, « C'était trop dare !» elle avait découvert un monde où la vie était une éclate totale, sans limite. Elle a dormi tout le dimanche. Les week-ends se sont ressemblés. Puis les jours. L'année qui a suivi, elle disait qu'elle ne pouvait pas entamer une journée sans une bonne bouffée. En terminale elle avait entamé les drogues dures. Je ne sais pas comment elle s'y est prise, elle a eu son bac. En fac tout a basculé, elle a dû aller à une dizaine de cours sur l'année. L'année d'après elle ne faisait plus semblant. C'était fini, sa vie n'était que consommation. Elle n'a jamais eu de difficultés à trouver ses produits, belle comme elle était, elle n'avait qu'à se choisir un partenaire qui la fournissait.

— J'imagine la déception de ton père.

— D'abord un déni incroyable, faut dire qu'elle avait des périodes pendant lesquelles elle était un boute-en-train époustouflant, mais suivi d'abattement, ou d'irritabilité. Les deux derniers comportements ont ensuite largement pris le dessus. Il a fallu plusieurs années à mon père pour se rendre à l'évidence… On a essayé de se faire aider par divers spécialistes, de l'addictologue au psy. Mais pas d'amélioration, quelques faux espoirs parfois, mais elle s'enfonçait toujours plus dans la dépendance. Après des crises de violence mémorables, mon père a baissé les bras. Il l'a rejetée et n'a plus voulu la voir. Terminé. Porte close, définitivement. Alors j'ai pris le relais comme je pouvais puisqu'elle ne voulait rien entendre. Je ne la voyais plus, elle partait je ne sais où. Elle voyageait je crois, revenait quelque mois où il m'arrivait de la croiser. Elle parvenait encore à faire la forte, celle qui maîtrisait. Elle me demandait de l'argent que je lui donnais à chaque fois. Un jour j'ai reçu un coup de téléphone, elle était au Portugal dans un lieu qu'elle ne connaissait pas, seule, elle ne savait pas comment elle était arrivée là… Je suis allée la chercher. Elle était dans une cabane qui donnait sur la mer. Je me rappelle, l'océan était en furie. Quand j'ai poussé la porte, ça sentait l'urine et le moisi, elle était allongée sous une couverture dégueulasse. Elle était sale, les cheveux collés par la crasse. J'ai pu la ramener et pour la première fois elle a accepté d'intégrer un établissement spécialisé. Elle devait y rester trois mois sans voir ni téléphoner à personne. Elle en était à sa dixième semaine… Et j'ai reçu ce coup de téléphone.

— Eh bien… Tu crois qu'elle en est partie ?

— C'est ce qu'elle m'a dit.

— Qu'est-ce que tu vas faire ?

— J'ai capturé son numéro, j'attends un peu qu'elle se calme et je la rappellerai dans la journée. Si elle m'a appelée c'est qu'elle a besoin de moi, elle me répondra.

— Ce que je ne comprends pas, c'est pourquoi tu culpabilises.

— Je me demande si j'ai fait tout ce qu'il fallait pour elle.

Francesco lui frotta le dos doucement.

— J'en suis sûr. Même si elle est aidée, la guérison ne peut venir que d'elle. Tout l'entourage familial ou médical du monde ne servira à rien si elle n'a pas la volonté de s'en sortir.

— Tu as sans doute raison… Je suis désolée pour hier…

— Tu n'as pas à l'être. Je n'ai pas été à la hauteur.

— Tu l'es.

12 Feu !

Le tube accomplit une rotation et s'aligna sur la cabine du camion.

À ce moment, Jo exerça une nouvelle pression sur la gâchette en tapant sur le mécanisme de tir. Enfin la Hotchkiss répondit par un déluge de balles lancées à plus de huit cents mètres par seconde. La rafale atteignit les canonniers qui s'écroulèrent.

— Attends ! Ça y est, ça part !

Après cette attente impuissante à essayer de démarrer l'engin et à assister au combat inégal de ses camarades, après force essais et coups, l'engin avait enfin rugi en une déferlante de balles. Jo était en rage.

D'autres soldats accoururent sur la nacelle du canon. Ils poussèrent les corps de leurs camarades et prirent leur place.

Jo visait les Allemands derrière leur canonnière et tirait sans discontinuer sur tous ceux qui se présentaient.

— C'est parti, Fred c'est parti ! Allez, comme un jeu de quilles ! Regarde ça, Fred, les Fridolins je te les fais valser. Allez, allez ! Regarde ces deux-là, bam ! À terre. Et ceux-là qui se cachent comme des doryphores qu'ils sont ! Boum, boum ! Un bras qui dépasse et là, regarde la tête ! Paf, explosée ! Ah ah ! C'est qui le plus fort ? C'est Jo le maître ! Tu vois qu'il racontait des salades ce soi-disant commandant de mes deux ! Non seulement on va s'en sortir mais en plus on va éliminer plus d'Allemands que dans toutes les embuscades réunies. Regarde ça, ils tombent comme des mouches ! J'ai bien fait de le dénoncer ce Lelu. C'est pas Lelu, c'est Lelâche qu'il aurait dû s'appeler ! Regarde comme je les aligne les Verts de gris. Et l'autre qui voulait m'empêcher de

faire des cartons ? De tirer ? De les éliminer tous ? Ouais, je ne voulais pas qu'il soit tué moi, sûr ! Seulement arrêté pour marché noir, ça suffisait... Mais qu'est-ce que tu veux, on ne fait pas d'omelettes sans casser des œufs comme on dit. Regarde en bas Fred, c'est pas une omelette, c'est de la purée de Fritz ! Regarde le canon, il est pointé vers nous. Tu as vu les corps qui s'entassent ! Ils les remplacent. Eh bien, qu'ils viennent un peu je vais te les...

Tout était anormalement silencieux après la violence de l'explosion... L'obus avait été tiré finalement. Des hommes avaient eu le temps de se faufiler derrière les commandes avant d'être exécutés par Jo. Ceux-là n'allaient pas augmenter le monceau de corps qui gisaient à leurs côtés.

Le mur de la pièce était pulvérisé, le sol n'était qu'un amas de gravats. Des flammèches naissaient un peu partout. La mitrailleuse était en équilibre sur la table vacillante. Elle bascula avec lenteur et tomba dans le vide.

Jo se releva, un sifflement strident lui perçait les oreilles. Il observait avec angoisse la mobilité de chacun de ses membres.

— J'ai rien ! Fred ! C'est pas vrai ! J'ai rien !

Fred allongé, se redressa sur le coude. Sa peau laissait place à un tas de chair brûlée sur la moitié de sa face. Le sang filtrait entre des morceaux de peau craquelée, rouge, noire. La paupière inférieure pendait comme un médaillon inopportun. Sa main naviguait sur son corps mais ce n'était pas pour l'ausculter. Elle s'arrêta à la taille, ouvrit la sacoche fixée à sa ceinture et empoigna le pistolet qui le contenait. Fred pointa son PA 35A sur son frère d'arme.

— Qu'est-ce que tu fais, Fred ?

— Qu'est-ce que tu as raconté tout à l'heure, Jo ?

— Allez, c'est fini maintenant, on a rempli notre mission. On s'en va, Fred.

— Non Jo, ce n'est pas fini. Tu nous as trahis. Tu as livré Lelu aux Allemands.

— Mais non j'ai dit n'importe quoi… Tu sais, je ne suis pas le même quand j'ai une arme entre les mains… Je suis déconnecté…

— Oui, je sais, tu parles sans arrêt, sans filtre. Tu dis tout ce qui te passe par la tête, mais uniquement la vérité.

— Non, Fred, fais pas ça…

Le coup partit, sec, net. La balle plongea entre les côtes.

— Merde ! Et puis j'étais pas tout seul…

Jo tituba, se retourna dans la lumière et plongea dans le vide.

XXVI Hors liste

Vivien Estoun était assis à même le sol, la fine couverture sur ses épaules ne parvenait pas à calmer ses tremblements. Il avait terriblement faim, il n'avait avalé que quelques morceaux de pain rassis et une patate crue qu'on lui avait lancée comme à un chien. Il l'avait mâchée longuement pour la réduire en une pâte gluante. Son ventre avait eu du mal à la digérer au milieu de gargouillis accompagnés de crampes douloureuses. Il récupérait l'eau au fond d'une tasse en aluminium qu'il disposait sous une saillie de la roche suintante. Le silence qui régnait lui était insupportable. Il baignait d'ordinaire dans le bruit des machines et quand il sortait de la scierie, il réglait la station de son autoradio sur Chérie FM ou Virgin qu'il ne quittait pas de la soirée. Dans cet isolement où ne parvenait aucun bruit, juste ce goutte à goutte dans la timbale, il pensait devenir fou.

Avec le peu d'énergie qu'il lui restait, il projeta le gobelet d'une gifle de l'autre côté de sa cage.

Il entendit le raclement de la porte en fer contre le sol. Son tortionnaire entrait. Il ne savait pas depuis combien de temps il ne l'avait pas vu, cela se comptait-il en heures ou en jours ? Il n'en n'avait aucune idée. Le temps s'écoulait de façon sporadique. L'homme s'installa sur son siège. L'observa, alluma une cigarette, en tira deux taffes et la jeta. Elle toucha un barreau mais atterrit du bon côté. Vivien se jeta dessus et la porta à ses lèvres, cette bouffée était un soulagement divin, une parenthèse à l'enfer. L'homme en ralluma une autre.

Estoun retrouvait son geôlier avec envie, la cigarette, le son de sa voix, sa présence. Le prisonnier regardait la fumée s'élever, c'était un spectacle qui l'absorbait, un être indépendant qui bougeait, grandissait, se déployait, se déformait, qui avait une vie propre en regard ~~à~~ de l'inertie de ce rempart minéral et métallique.

— Tu me poses un problème, Vivien. Tu n'étais pas prévu au programme…

Cette réflexion le secoua autant qu'une décharge électrique.

— Je… je n'étais pas prévu… vous voulez dire…

— Tu n'étais pas sur ma liste. Je n'avais pas de projet te concernant.

— Vous ne vouliez pas me tuer ?!

— Je n'en avais pas l'intention.

Estoun porta les mains à son visage. Comment s'était-il trompé à ce point ? Il s'était affolé pour rien, Simon Campan l'avait bien dit. Quelle erreur débile ! Comment pouvait-il être aussi abruti ? L'absurdité totale de cette révélation accentuait ce pressentiment de mort imminente.

Quelques minutes s'écoulèrent ainsi.

— Mais toi par contre tu as voulu me tuer.

— Profitons-en Armand !

Avant que le canon ne se dirige à nouveau vers eux, le chauffeur passa la marche arrière et appuya sur l'accélérateur. L'arrière du camion glissa sur le sol dans un criaillement de ferraille, il prit une relative vitesse. La grue percuta le portail dont les battants s'ouvrirent à toute volée.

— On descend ! Vite ! cria Louison.

L'arme au poing tirant de tous côtés, les trois occupants sautèrent du camion-grue, Louison soutenant Paulo. Ils franchirent le passage donnant sur la rue. Les trois hommes en sentinelle dans le café avaient rejoint le groupe les abritant sous une salve de tirs. Les balles fusaient de tous côtés. Daniel s'écroula, Paulo se pencha sur lui. Il était atteint à l'abdomen.

— On y était presque, c'est trop con, Léon…

Ses yeux se figèrent dans le vide. Mathieu agrippa Paulo.

— Viens Paulo, il n'y a plus rien à faire.

Ils grimpèrent dans leur Traction qui démarra en trombe.

Au milieu du tumulte, de la carcasse du camion-grue que l'on dégageait, de ce capharnaüm, le conservateur se faufila et atteignit la rue qu'il traversa. Il s'arrêta, alluma une cigarette tout en contemplant le champ de guerre. Puis il ajusta son chapeau et s'esquiva.

Des balles crépitèrent sur le capot, les partisans entrouvrirent les portières et tirèrent pendant que la voiture filait à vive allure. Ils traversèrent la ville et constatèrent qu'ils n'étaient pas poursuivis. Le dégagement du portail et du camion retardaient le départ des véhicules allemands. Mathieu était à l'arrière, soutenant la tête de Paulo. Louison appuyait un tissu mis en boule sur le torse. Le teint de Paulo était d'albâtre, il murmurait.

— Embrassez ma femme et mon fils, dites-leur que je les aime… Je vous en supplie… écoutez-moi… Louison, je n'en ai plus pour longtemps, je veux te parler et à toi aussi Mathieu… Me pardonnerez-vous un jour… Me pardonneras-tu, Louison… Il faut que je vous dise… Lelu…

XXVII Révélations

— …Paulo est mort dans mes bras, sur la banquette arrière de cette Traction, Madame la commissaire. Les larmes coulaient sur les joues de Louison. Elle les ignorait, elle n'avait pas desserré les dents. Cette vérité était insupportable. Il allait falloir pourtant vivre avec. Nous sommes rentrés au camp, nous avons enterré Paulo. Nous n'avons rien dit. Son secret a été enseveli dans sa tombe. Nous n'avons rien dit. À quoi bon ? Louison est partie le lendemain, elle m'a simplement murmuré ces mots « Je m'en vais »… Je ne l'ai jamais revue. Trois semaines plus tard nous étions le huit juin quarante-quatre… Les camarades se sont doutés qu'il s'était passé quelque chose d'anormal, mais ils n'ont jamais su. Je n'ai jamais révélé cette page noire de notre réseau…

Le soleil était déjà haut, il écrasait tout ce qui respire, animaux ou humains et brûlait le reste. Aglaëe était assise sur l'une des chaises de cuisine en Formica vert clair rescapées des années soixante. Vintage dirait-on maintenant mais pour Mathieu Karmet c'étaient simplement des chaises qui durent. La pièce était située plein est, un semblant de protection contre l'accablement qui les frappait tous les deux. La chaleur sèche irritait les muqueuses que l'eau fraîche n'apaisait pas.

Mathieu s'était tu. L'histoire qu'il venait de raconter l'avait submergé, il l'avait revécue, sa peau s'était meurtrie, son souffle était court, ses yeux rougis. Sa rage aussi était revenue et l'amer regret de cette vie trahie. Le chagrin était le même que jadis. Il venait de revivre un passé révolu, stoppé net depuis plus de soixante ans. Jamais il n'avait évoqué cette tranche de vie. Il l'avait ensevelie sous les tonnes de blés récoltées, les monceaux de terre retournés, les milliers de kilomètres parcourus et les gestes toujours recommencés du quotidien. Et puis tout était revenu, d'un coup ! Les mots sortaient de sa bouche sans hésitation, tout seuls, comme s'ils avaient attendu, aux aguets, prêts, le moment pour s'évader, accumulés par le temps, s'entassant les uns derrière les autres. Et soudain s'échappant dans un défilé lisse et monocorde, propres, précis, complets, détaillés, d'une redoutable intensité. Et enfin la source s'était tarie. Le fil était rompu.

Tout était dit.

L'homme tendit la main, l'eau avait tiédi. Il la but, assommé par ce long monologue.

Aglaëe avait du mal à se remettre de ce récit, elle était comme rescapée de ce voyage dans le temps, rejetée sur les rives du présent.

— Pour quelle raison avez-vous décidé de me révéler cette histoire, Monsieur Karmet ?

À l'époque tout était fini, Madame la commissaire. Il n'y avait plus rien à faire. Ceux qui avaient dénoncé sont morts. Ils ont donné leur vie à la patrie, malgré tout. Divulguer cette immense trahison n'aurait servi à rien… sinon salir la mémoire de la Résistance, inutilement. Mais aujourd'hui, vous venez me voir, vous me dites qu'il y aurait peut-être un lien avec les autres meurtres. Je ne vois pas comment mais si c'était le cas, je ne veux pas qu'il y ait un seul mort parce que j'aurais caché une part de ce passé.

— Quand François Rébac est arrivé à Sainte-Moucherolle, vous êtes-vous douté qu'il était parent avec le Rébac que vous avez connu ?

— Sans connaître son nom je l'aurais su. C'est incroyable comme il lui ressemble. Quand je l'ai vu la première fois j'ai eu un coup au cœur, je voyais Lucien. C'était stupéfiant.

— Vous pensez que d'autres aussi auraient pu faire le rapprochement ?

— Ceux qui ont connu Lucien Rébac, obligatoirement… Mais quel rapport avec les meurtres d'Anselme Delmare et de Simon Campan ?

La nature s'arc-boutait sous le pilonnage du soleil. Les hirondelles, seules indifférentes à la canicule, virevoltaient au-dessus des arbustes. Aglaëe se leva, ouvrit la fenêtre, coinça son cigarillo entre les lèvres. Le tabac émit un léger grésillement sous la flamme. Dans une lente inspiration Aglaëe refoula la fumée au fond de ses poumons.

— C'est vous qui allez me le dire, Mathieu Karmet…

— Bonjour chef !

— Bonjour Teter, tu m'as trouvé ce que je t'ai demandé ?

Légère hésitation, Teter était interloqué. Comment le commandant Falcone pouvait-il lui poser une telle question ? Comme si le contraire était possible ! Lui, Teter, le crack des hackers, aucune serrure de coffre-fort ne lui résistait, informatiquement parlant bien sûr, au saut à la perche des remparts informatiques c'était le champion olympique toutes catégories confondues. Alors une recherche basique sur une personne lambda, aucun secret-défense, pas de fichiers cachés, un enfant de quatre ans les yeux bandés aurait pu trouver toutes les infos, avec un seul doigt.

— Bien sûr chef, rien que de l'ordinaire. Les parents de François Rébac sont tous deux instituteurs, comme lui. Ils exercent dans la même école dont le père est le directeur. Ils vont en vacances dans les campings GCU, Groupement des Campeurs Universitaires. Ils achètent leurs meubles à la CAMIF, d'une banalité féroce. Rien de bien remarquable non plus du côté des grands-parents paternels, je ne te surprendrais pas si je t'annonçais qu'eux aussi étaient instits. Ce doit être génétique ! Par contre, du côté maternel, c'est différent. Sa grand-mère, Louison Gambert, appartenait à un réseau de Résistance dans le Vercors comme tu me l'avais précisé. À la fin de la guerre elle est montée sur Paris. Elle a remué ciel et terre pour officialiser un mariage posthume avec Lucien Rébac. Les mariages posthumes existaient déjà à l'époque. Depuis 1803, il a permis aux femmes de légitimer l'enfant conçu avant le décès de leur mari lors de la guerre de 14-18. Mais c'est la seule à qui l'on ait accordé cette faveur après la guerre de 39-45. Elle est devenue Madame Louison Rébac et a mis au monde Rosie Rébac, mère de François. Louison Rébac est restée veuve. Elle a travaillé toute sa vie à la bibliothèque de la Sorbonne. Voilà pour ce qui la concerne, dans la pièce jointe que je t'envoie tu auras plus de détails.

— Beau travail Teter, merci.

— De rien, tout va bien là-bas ?

— Je crois qu'on avance, à bientôt.

— Salut patron.

Le bureau était composé d'un lourd plateau en merisier, la façade était sculptée de tiges aux nombreuses ramifications se finissant par de minuscules feuilles. Le meuble était imposant, il trônait au milieu de la pièce. Derrière était assis un petit bonhomme chauve et rondouillard, les yeux marron, cerclés de lunettes en métal doré. Il se leva et se pencha, le bras tendu.

— Qu'est-ce qui se passe, Monsieur Vauché ? Vous étiez si pressé de me voir. J'ai dû décommander un rendez-vous pour vous. Mais peu importe. Asseyez-vous, je vous prie.

Marc Vauché serra la main offerte. Ses joues étaient ombrées par une barbe d'un jour, ce qui ne lui ressemblait pas. Pour la première fois il ne portait pas de cravate.

— Dites-moi ce qui vous amène avec autant d'empressement, Monsieur Vauché.

— Je suis désolé d'avoir forcé la porte et autant insisté auprès de votre secrétaire, Maître Rondo, mais il y a vraiment urgence. Voilà. Je veux que vous écriviez un acte dans lequel je renonce à la scierie et la laisse à Madame Delmare. Effet dès aujourd'hui.

— Vous voulez donner votre entreprise à Suzie Delmare ?!

— C'est cela même.

Le notaire s'adossa au fond de son fauteuil de cuir et croisa les mains à hauteur du menton, index posés sur les lèvres. Sourcils plissés, petite moue style cul de poule, il observait son client. Cette demande ne lui ressemblait pas, sa tenue négligée non plus.

— Vous allez bien, Monsieur Vauché ?

— Oui très bien, j'ai toute ma tête si c'est ce qui vous trotte derrière le crâne.

— Non non pas du tout, loin de moi cette hypothèse. Je me demande seulement si vous n'êtes pas fatigué, surmené. J'ai en mémoire votre venue la semaine dernière dans mon bureau lorsque je vous y avais convié pour vous annoncer que la scierie vous appartenait. Vous étiez tellement satisfait de ce legs inattendu. Et cinq jours plus tard vous venez à moitié excité, si je puis me permettre, pour vous départir de ce bien. Cela m'interpelle, avouez qu'il y a de quoi !

— Peut-être mais c'est comme ça. Disons que j'ai eu des remords…

— Des remords, vous ?!

Les yeux du notaire montraient son incrédulité.

— … de laisser Suzie, la meilleure amie de ma femme je vous le rappelle, dans cette situation, voire le besoin.

— Ah ! bien sûr, suis-je bête ! Je comprends mieux. Madame Vauché vous a convaincu de rendre à son amie ce qu'elle estimait être son bien. Bien sûr, bien sûr. Scène de ménage… querelle et bouderie et même abstinence… les femmes ont tellement de moyens de persuasion.

— On dira ça comme ça… Alors ?

— Alors cela ne pose aucun problème. Ce ne sera pas un legs car il y aurait des taxes importantes, non, on dira que vous effacez la dette et donc l'entreprise bascule automatiquement dans le giron de Madame Delmare, elle devient la propriétaire légitime.

— Très bien, murmura Marc.

Ses traits se détendirent pour la première fois. Coup d'œil du notaire par-dessus les lunettes :

— Bon, je dis à ma secrétaire de préparer ça, ce sera établi pour demain…

— Non, tout de suite !

— Allons donc,

Monsieur Vauché, vous n'êtes pas à un jour près.

— Si ! Je veux régler cette histoire maintenant. Je ne quitte pas ce bureau sans ce protocole.

— Je ne sais pas ce que votre femme vous a infligé, mais ce doit être terrifiant… Bon, c'est bien parce que c'est vous. Je vous prépare ça de suite.

L'homme de droit alla dans la pièce adjacente et délivra les instructions à sa secrétaire. Puis il reprit possession de son fauteuil. Marc se triturait les doigts.

— Vous me semblez agité, Monsieur Vauché.

L'homme sûr de lui, prêt à tout broyer pour réussir, pour augmenter son capital, n'existait plus. C'était un homme angoissé au regard fuyant que maître Rondo ne reconnaissait plus. Même une Walkyrie, toute guerrière soit-elle, ne saurait transformer un mari aussi radicalement. Rondo se leva, contourna son bureau, se pencha vers son client et chuchota sur le ton de la confidentialité :

— Marc, vous permettez que je vous appelle Marc depuis le temps qu'on se connaît, que j'arrange vos affaires. Vous savez que je suis de bon conseil et que discrétion je sais garder.

Vauché hocha la tête.

— Alors confiez-moi ce qui vous tourmente. Cela ne sortira pas d'ici.

— Vous ne pouvez pas comprendre. Vous ne pourrez rien pour moi, ni pour ma femme et ma fille.

— Je crois comprendre… on vous fait chanter…

Marc se voûta, son visage se lézardait. Une légère hésitation l'envahit. Après tout, peut-être y avait-il un moyen de contrecarrer le plan de son agresseur. Maître Rondo avait peut-être l'expérience de ce genre de situation ? Dans ce cas il posséderait une solution que lui-même n'avait pas envisagée. Marc desserra les lèvres qu'il avait maintenues pincées comme si elles étaient prêtes à tout avouer contre sa volonté.

— Ce que je vais vous révéler doit…

À cet instant, la secrétaire fit irruption. Il la regarda poser les feuilles sur le bureau. Elle referma la porte derrière elle.

— Oui ? demanda le notaire.

— Contentez-vous de faire votre travail, conclut Vauché qui s'était ressaisi.

— Comme vous voudrez.

Le notaire était désappointé. Après tout, c'était tant pis pour lui. Il présenta le dossier.

— Si vous voulez parapher ici, là…

Aglaëe s'était assise sur le bord du fossé qui longeait la route, il lui fallait la sérénité des cimes qui se présentaient à ses yeux pour appuyer sur ce numéro. C'est ce qu'elle fit. Angèle décrocha.

— Bonjour Angèle, c'est Aglaëe.

— Salut, ça va ?

— Oui et toi ?

— Pareil, toujours fliquette ?

— Pas de raison pour que ça change ! Tu m'as appelée hier.

— Oui, mais laisse tomber…

— Tu as besoin de combien ?

— Je sais pas moi, dans les sept cents euros.

— Sept cents euros, rien que ça ? Et pour quoi faire si c'est pas trop indiscret ?

— Je compte rentrer dans quelques mois, il faut que je m'y prenne à l'avance si je ne veux pas payer plein tarif.

— Où es-tu ?

— Au Guatemala.

— Au Guatemala !? Mais qu'est-ce que tu fous là-bas ?

Aglaëe prit une grande inspiration. Elle avait élevé le ton, il ne fallait pas, cela ne servait à rien avec sa sœur. Elle se renfermerait et il n'y aurait plus rien à en tirer. Ou elle hausserait le ton elle aussi et finirait par raccrocher violemment. Tout cela était inutile. Elle expira lentement, posa le regard sur la nature paisible, patiente, elle s'en inspira.

— Tu connais quelqu'un là-bas ?

— Non, je n'ai pas de petit copain guatémaltèque !

Dans la voix d'Angèle un léger tressaillement trahissait l'irritation qu'avait provoquée la réaction d'Aglaëe, mais sa dernière question l'amusa.

— Je suis partie pour vivre autre chose, je ne voulais pas traîner dans les mêmes endroits qu'avant ni rencontrer les mêmes gens. Je me suis engagée dans une ONG, et me voilà dans un village perdu dans la jungle guatémaltèque. J'aide les habitants à produire leur café équitable. Quand je rentrerai, je chercherai d'autres débouchés pour eux. Ils ont étendu leur périmètre d'exploitation en s'associant avec d'autres producteurs. Ils ont besoin d'écouler leur café.

— Beau projet.

— Merci.

Aglaëe réfléchit quelques instants, elle hésitait à accéder à sa demande.

— Bon, je vais voir ce que je peux faire, ce n'est pas une petite somme, le salaire d'une fliquette, comme tu dis, n'est pas mirobolant.

— Ne me fais pas pleurer… tu es quand même commissaire !

— Je vais voir comment je peux me débrouiller et on se rappelle.

— OK… Dis-moi, puisque tu m'as posé la question : et toi tu as un copain ?

— … Ça se pourrait…

— Quoi !? Tu as un copain ? Et tu ne me le disais pas ! Raconte, il est giron ?

Aglaëe retrouvait le ton de complicité qui avait été le leur lorsque tout allait bien, leurs cachettes sous les couvertures, derrière le canapé, pour des moments d'échanges intimes, de secrets partagés.

— Bien sûr qu'il est beau.

— Comment il s'appelle ?

— Francesco Falcone.

— Mâaa ! Il est italien ?

— Corse.

— Super, tu m'enverras une photo. Bon, il faut que je me rendorme ! Les journées sont épuisantes avec des pluies torrentielles et une chaleur moite.

— Je t'ai réveillée ?

— C'est la nuit ici, pas grave.

— Bon je te laisse. On se rappelle. Bisous sœurette.

— Bisous Ag.

Elle l'aimait sa petite sœur quand elle était comme ça, à l'écoute, vive, joyeuse. Mais sa face cachée pouvait surgir, noire, hideuse, haineuse, ne reconnaissant ni famille ni amis lorsqu'elle était possédée par le manque de sa dose quotidienne. Était-elle sevrée ou simulait-elle ? Aglaëe jeta un dernier regard au panorama avant de monter dans sa voiture et replonger dans cette enquête qu'il allait falloir secouer jusqu'à faire tomber les fruits pourris !

XXVIII Colette Blanche

Les mains s'agitaient, précises, les doigts frétillaient, organisés, les bras voletaient, dessinaient une partition. Elles plongeaient dans la panière, soulevaient un tissu, chemise, pantalon ou drap, le pendaient au fil, l'étiraient, lisse, pas un pli, décrochaient une pince à linge, le fixaient. Un pas de crabe, un autre vêtement et la danse recommençait.

Colette Blanche avait quitté l'école plus tôt que ses camarades. À ses treize ans sa mère avait fait une chute dans les escaliers. Elle était restée alitée deux mois avant de se laisser mourir. Il avait bien fallu quelqu'un pour s'occuper de sa petite sœur Carole et préparer les repas pour son père quand il revenait des forêts où il était envoyé par son patron pour l'abattage des arbres. C'était comme ça. Et puis elle avait épousé un gars du village qui lui avait fait du gringue l'unique fois où elle était descendue au bal sous le chapiteau dressé un samedi soir.

Elle n'avait pas choisi le bon.

Toujours sur les routes avec son travail de chauffeur poids lourd international. Quand il rentrait, rien n'allait comme il voulait. Elle avait beau préparer une bonne cuisine, repasser son linge, ça n'allait jamais. Colérique il était. Il mangeait, dormait, et parfois lui faisait « sa petite affaire » comme il disait.

Elle n'avait qu'un regret de ses années collège, le calcul mental. Multiplier les nombres même les négatifs, même ceux à virgule ! Elle additionnait, multipliait tout de tête, à toute vitesse et annonçait le résultat avant tout le monde, largement avant. La prof de maths, Madame Halmet, n'en revenait pas... Alors elle continuait ses calculs pendant la lessive. Un linge pèse en moyenne deux cent cinquante grammes, une chaussette dans les quarante grammes, un drap cinq cents grammes, une chemise vers les cent cinquante. Bon, je prends une moyenne de deux cent cinquante grammes par vêtement, j'en ai une trentaine dans ma panière. Deux cent cinquante multiplié par trente ça fait... sept mille cinq cents grammes, soit sept kilos et demi. Si je fais trois lessives dans l'après-midi cela fait vingt-deux kilos et demi. Étant donné que je les porte pour les mettre dans le lave-linge, les en sortir, étendre, repasser, ranger, je les ai donc cinq fois en main minimum, donc vingt-deux virgule cinq cents multiplié par cinq ça fait... cent douze kilos. Je soulève cent douze kilos de linge dans la journée ! Ça c'est du calcul !

Son calcul mental l'avait menée jusqu'au bout du fil à linge. Elle reprit son panier vide, remonta le petit pré qui entourait la maison. Elle entra par la porte qui menait directement à la lingerie. Elle s'arc-bouta devant la machine à laver, c'était la dernière de la journée. Les cinq enfants de Carole salissaient de plus en plus, deux faisaient encore pipi au lit, la quantité de linge empirait de jour en jour. Il fallait quand même qu'elle se calme. Sa sœur ne ferait-elle pas plus attention si elle s'occupait du linge ? Il faudrait qu'elle aborde le sujet.

Colette ouvrit le hublot, retira une poignée de linge essoré en reprenant ses calculs. Donc cent douze kilos, si dans la semaine je fais trois journées de lessive, ça fait cent douze multiplié par trois... Mais elle interrompit son calcul soudainement, un coup derrière le crâne l'envoya contre le bord de la porte du hublot. Sonnée, elle n'eut pas le temps de s'affaler qu'un autre porté sur la nuque lui fit perdre conscience. La manche d'un chemisier de Carole s'enroula autour de son cou. Il était propre et humide, c'est cette humidité qui lui fit ouvrir les paupières, elle venait juste de le laver. Elle sentit le corps d'un homme contre son dos, il prenait appui sur ses épaules pour serrer. Elle ne l'avait pas entendu arriver, tout occupée qu'elle était par ses chers calculs. L'air lui manquait, elle ne respirait plus. C'était bien comme ça. Après tout, pas d'enfant, un mari méchant et qui devait aller aux putes, elle pouvait bien se l'avouer maintenant qu'elle allait mourir. Les lessives ça allait mais c'était pas une vie non plus ! Et Carole, comment allait-elle se débrouiller ? Oh, et puis qu'elle les fasse toute seule ! Elle était maintenant à moitié assise, les jambes allongées devant elle, l'homme était toujours derrière elle puisque cet affreux chemisier violet l'étouffait toujours. Mais c'était fini maintenant, elle se renversa en arrière, sa rétine imprima le visage de son assassin. Ah ! elle n'aurait jamais imaginé que c'était lui que la police recherchait depuis… depuis quand ? Son cœur s'arrêta et ses yeux ne captèrent plus la lumière.

XXIX Fil à linge

— Une semaine ! Cela fait une semaine que vous êtes sur cette enquête et qu'avez-vous ? Rien, non seulement aucun inculpé mais pas même un suspect. Rien. Qu'est-ce que vous foutez, commissaire Boulu ?!

Le commissaire divisionnaire Grandey lançait les décibels à la pelle. Assis à son bureau à plus de cent vingt kilomètres de là, il explosait. La porte était ouverte sur le couloir, tous les membres présents de l'équipe pouvaient l'entendre.

— Je suis arrivée le lendemain du meurtre, lundi vers dix heures, cela fait donc six jours pour être précise.

Le coup de téléphone de son patron, Aglaëe l'attendait, elle savait qu'il n'allait pas passer à côté de ce petit plaisir… Attendre que ça passe.

— Ah, ne jouez pas sur les mots, hein ! Et vous avez laissé se commettre un second meurtre ! Ça va s'arrêter quand ? Vous avez une piste au moins ? Vous en êtes où dans votre enquête ?

— Nous sommes sur plusieurs pistes mais n'écartons aucune possibilité.

— Ah non pas à moi, ne me servez pas cette formule pour les journaleux, hein ! Vous n'avez rien à vous mettre sous la dent. Votre réputation est surfaite Boulu, il va falloir vous bouger sinon je vous dessaisis et vous remplace par quelqu'un de plus compétent ! Ce ne sera pas difficile à trouver. Je veux un rapport détaillé sur mon bureau. Et mettez-vous au travail !

Grandey avait raccroché brusquement. Il jubilait, d'une pierre deux coups. Il avait envoyé Aglaëe Boulu dans les alpages pour éloigner de Grenoble cette commissaire et sa soi-disant réputation d'efficacité. Elle allait décortiquer les méandres tortueux des enquêtes compliquées, confrontée au mutisme des montagnards. Elle venait juste d'arriver à la préfecture de police et déjà elle emportait la sympathie de l'équipe. Lui, il n'était pas parvenu à l'acquérir depuis la demi-douzaine d'années qu'il occupait le poste de directeur. Elle pataugeait dans une enquête plus ardue qu'il ne l'avait présumé. C'était inespéré !

Aglaëe n'était pas atteinte par la violence de cette agression. L'incompétence se dissimule mieux derrière la vindicte, la dévalorisation, le discrédit et l'humiliation. Cette forme de communication glissait sur elle comme un pet d'âne sous la tempête. Pour elle ce n'était qu'une perte de temps et d'énergie. Elle n'eut pas le temps de ranger son smartphone que le commandant Beaucourt l'appela.

Un troisième meurtre venait d'être commis.

La camionnette bleue était stationnée devant la maison des Blanche. Le jeune adjoint de gendarmerie Thomas Tot attendait les policiers qui se garèrent derrière le véhicule. Il salua d'un geste précis à la casquette.

— Bonjour commissaire Boulu, commandant Falcone. Le capitaine Beaucourt est au fond du jardin. Si vous voulez me suivre.

Ils contournèrent la maison et descendirent le pré où poussait une herbe bien verte et grasse malgré le temps. En bas de l'inclinaison, deux poteaux métalliques étaient plantés et reliés par quatre cordes de fil de fer galvanisé.

Le premier était recouvert de draps. Aglaëe écarta l'un d'eux. Ce qu'elle découvrit l'ébranla ainsi que Falcone. Ils ne comprirent pas immédiatement ce qui se dessinait devant eux. C'était d'abord un amas de linges en forme de Y. Ils réalisèrent enfin. Un corps était attaché par les bras à la corde, maintenu par des vêtements. Le corps était suspendu, les jambes traînant par terre, entouré de tissus plus ou moins noués, enchevêtré de chemises et pantalons.

— Nous n'avons touché à rien, précisa le capitaine Beaucourt.

La commissaire s'approcha, enfila une paire de gants de latex et défit la serviette qui cachait la tête. Colette Blanche était enveloppée, noyée parmi ses linges qui ne mesuraient plus le temps.

Maintenant ses linges la liaient, son temps s'était figé.

— Qui a découvert le corps ? demanda Boulu.

— C'est Carole Lacq, sa sœur. Elle est dans tous ses états, elle venait chercher son linge. Je l'ai installée sous la pergola.

— Le mari ?

— Je ne sais pas, je suis arrivé peu avant vous.

— Vous voulez dire qu'il est peut-être là ?

— S'il n'est pas sur les routes…

Instantanément, les deux flics suivis de Beaucourt se dirigèrent vivement vers la maison. Ils sortirent leur arme, pénétrèrent avec précaution. L'un comme l'autre chassèrent les images morbides qui leur vinrent à l'esprit. Dans l'action, uniquement le réel, c'était largement suffisant. Ils inspectèrent les pièces du bas, arme au poing : cuisine, salon, salle à manger. Rien à signaler.

Ils hésitèrent au bas de l'escalier.

— Tu as entendu, souffla Falcone.

Un bruit sourd venait de l'étage. Sa collègue confirma. Ils gravirent les marches, se protégeant mutuellement. Le bruit s'amplifiait. Ils se regardèrent lorsqu'ils l'identifièrent. Ils entrebâillèrent la porte d'une chambre. Ce qu'ils virent confirma leur soupçon : un homme étendu sur le lit, nu, la bouche grande ouverte, émettait un ronflement tonitruant digne d'un camion semi-remorque. Son ventre énorme montait et descendait, entrecoupé de soubresauts propulsés par les changements de rythmes nasaux. Il lui arrivait de fermer et rouvrir la bouche pour pousser des borborygmes porcins. Les jambes écartées exhibaient un sexe impudique ratatiné, les pieds en V avaient une couleur douteuse.

Francesco appuya sur l'interrupteur, ce qui dérangea le dormeur qui se tourna sur le côté.

Albert Blanche tourna la tête, ouvrit les paupières en se grattant les parties. Il se redressa lentement, cligna des yeux et regarda autour de lui.

— Qu'est-ce que c'est ce bordel ? dit-il en apercevant les intrus.

Il s'assit contre le montant du lit.

— Qu'est-ce que vous foutez là ? Z'êtes qui ?

— Police, répliqua Falcone en lui jetant un bermuda qui traînait sur le sol. Enfilez plutôt ça.

Il baissa le regard sur son appareil génital, découvrit sa nudité. Jeta un bref coup d'œil à la femme.

— D'un autre côté z'avez rien à fout' ici, dit-il en enfilant le short.

— Vous êtes bien Monsieur Blanche ?

— Oui, pourquoi ?

— Votre femme a été découverte morte dans votre jardin.

— Colette ?

— Il y en a d'autres ?

— Comment ?

— Votre femme, Colette Blanche a été assassinée.

L'homme s'assit sur le bord du lit, passa la main dans sa tignasse noire dressée dans tous les sens et se frotta le visage.

— Ah, et comment elle est morte ?

— On ne sait pas encore exactement.

— Et c'est qui qui l'a tuée ?

— C'est ce qu'on cherche.

Blanche tenta de se lever mais il retomba lourdement sur le matelas. La commissaire se tourna vers le gendarme.

— Voulez-vous aller chercher Sandrine, elle doit être sur place maintenant.

Francesco tira violemment sur les rideaux, le flot de lumière surprit Blanche qui se couvrit les yeux.

— Avez-vous vu ou entendu quelque chose ? questionna la commissaire.

— Quand ?

— Avant de vous endormir par exemple.

— Ben non.

— Monsieur Blanche, il va falloir être coopératif. D'abord regardez-moi.

L'homme fronça les sourcils, il avait du mal à accommoder son regard sur la commissaire. Le tour de ses pupilles était rouge.

— Quand vous-êtes vous endormi ?

— Je sais pas, après manger.

— Vous avez bu, Monsieur Blanche ?

— Pourquoi vous me demandez ça ? Je ne suis pas au volant.

— Répondez à ma question.

— Ben comme d'habitude, du rouge avec le repas.

— Combien vous avez bu ?

— … Un litre.

Albert Blanche restait impassible, il n'exprimait aucune émotion. Il venait d'apprendre que son épouse avait été tuée, cependant il ne manifestait aucune expression de chagrin ou d'affliction.

Sandrine Palet entra dans la chambre, pantalon beige aux poches multiples, chaussures de marche, chemisette à pochettes et sacoche en bandoulière.

— Dis donc, je ne chôme pas depuis que tu es là Aglaëe. On se tutoie, trois morts en commun ça instaure une intimité. Tu m'as fait demander ?

— Tu pourrais me faire une prise de sang sur cette personne ?

— Mais… c'est horrible !

— Quoi ?

— Il… il est vivant ! Je ne m'occupe pas de cadavres vivants, même par anticipation ! Enfin quoi c'est pas difficile à différencier : il y en a un qui crie quand le bistouri lui rentre dans l'œil, d'ailleurs il crie même avant, c'est pour dire ! Et l'autre il moufte pas lorsqu'on le range dans quatre ou cinq boîtes.

Tandis qu'elle continuait d'énumérer les distinctions entre les deux catégories d'individus, le médecin déballait ses ustensiles. Elle garrotta l'avant-bras, tapota la veine saillante du patient, passa un coton antiseptique et enfonça l'aiguille. L'homme restait indifférent, hagard.

— Bien que celui-ci, ajouta-t-elle, inaugure un nouveau groupe ! Celui des Désabonnés Lymphatiques, il a la vigueur d'une nouille neurasthénique.

Elle remplit trois tubes et demanda à son patient de maintenir un coton appuyé. Mais celui-ci ne broncha pas.

— Hou hou ! Monsieur Blanche, vous êtes là ?!

Elle apposa ses pouces sous les paupières inférieures qu'elle tira.

— Commissaire, votre homme est dans un état éthylique avancé, autrement dit il est rond comme une queue de pelle polonaise.

Elle tira d'une de ses poches une petite torche dont elle dirigea le faisceau sur les pupilles.

— Je confirme : son cerveau prend un bain de pied dans l'alcool.

Elle fit passer sa main devant le visage du conducteur de poids lourd.

— Monsieur Albert Blanche, vous voyez mes doigts ? Comment vous appelez-vous ?

Celui-ci réagit enfin. Il fixa la femme devant lui.

— Albert c'est moi et vous, z'êtes qui ?

— Docteur Palet, je viens de réaliser une prise de sang.

— Pourquoi ?

— La commissaire vous a expliqué ce qu'il se passe, je présume.

Une intense réflexion barra son front, puis il s'adressa à la commissaire.

— Ah oui, ma femme…

— Oui ? demanda la légiste.

Il revint sur celle-ci.

— Elle m'a dit qu'elle était morte.

— C'est cela. Elle l'est toujours, remarquez.

— Depuis quand dormez-vous ? demanda Falcone.

— Depuis que j'ai mangé.

— C'est à dire vers quelle heure ?

— Je sais pas moi, arrêtez de me poser des questions tout le temps.

Il s'allongea.

— Je suis fatigué, je vais dormir, demain je dois partir en Yougoslavie alors laissez-moi tranquille.

— Bon ça suffit, dit Boulu, on l'emmène en cellule de dégrisement et après : interrogatoire en règle !

Les gendarmes ne furent pas trop de deux pour le soutenir et l'amener jusqu'au fourgon. La police scientifique était sur les lieux, elle procédait aux divers prélèvements. Des photographies avaient été prises du corps et des empreintes de pas sur l'herbe. Les vêtements utilisés pour maintenir le corps étaient ensachés pour analyse d'ADN.

Les policiers rejoignirent Carole Lacq sous la pergola. Elle était assise genoux sous le menton, un mouchoir à la main, ses yeux rougis fixèrent les deux arrivants.

— Qui a pu faire une chose aussi horrible ? Qu'est-ce que vous attendez pour l'arrêter, que le village tout entier y passe ? Ma sœur c'était la bonté même, toujours à rendre service, elle me faisait toute ma lessive, vous savez. Personne ne pouvait lui reprocher quoi que ce soit, la gentillesse même je vous dis. Il n'y avait aucune raison de la tuer ! Ce tueur est un fou, il tue au hasard, qui sera la prochaine victime, un enfant ?

La femme entoura ses jambes de ses bras et posa la tête.

— Est-ce que votre sœur vous a paru inquiète ces jours-ci ? demanda Aglaëe.

— Oui bien sûr, qui n'est pas inquiet avec tous ces morts ?

— Vous a-t-elle parlé de quelque chose qu'elle aurait vu ou entendu ?

— Elle m'a dit qu'elle vous avait parlé de la scie qu'elle avait entendue tourner dimanche. Vous croyez que c'est pour ça ? Le meurtrier l'a éliminée parce qu'elle a parlé à la police ?

— A-t-elle dit autre chose ?

— Non non, rien. Jusqu'à maintenant, les victimes c'étaient plutôt les gens du village qui avaient de l'argent, les chasseurs… et maintenant c'est nous aussi…

— Bon, vous pouvez rentrer chez vous.

— Et mon linge ?

— Il reste là pour l'instant.

— Oui bien sûr, excusez-moi.

La femme se leva et monta le champ à petits pas. Ils s'assirent sur les bancs qui encadraient la table.

— Elle a raison, précisa Falcone, ce n'est pas le même milieu : ni chasseur ni chef d'entreprise, mais femme de camionneur.

— Est-ce parce qu'elle était témoin d'un meurtre ? Son témoignage n'a pourtant pas donné d'indice sur l'identité du meurtrier.

— Aurait-elle oublié de nous dire quelque chose ?

— Faudra voir avec son gros porc de mari. On dirait que la mort de sa femme l'indiffère complètement.

— Ça c'est sûr. Peut-être était-il trop alcoolisé pour s'en rendre compte.

— L'alcool n'excuse pas tout. C'est une nouvelle qui à mon avis aurait dû dessoûler n'importe quel poivrot qui aurait un tant soit peu d'attachement à sa femme.

— Tu as raison Aglaëe, je suis quand même curieux de connaître son taux d'alcoolémie.

XXX Lucienne Gribel

Albert Blanche avait recouvré ses esprits. Assis à la petite table, il attendait le bon vouloir de la commissaire qui l'observait. Il se grattait les poils de barbe, se frottait le nez en passant l'index dessous. Il essayait de se curer le noir des ongles.

— Ça va mieux, Monsieur Blanche ?

Il regarda brièvement la commissaire.

— Oui ça va, mais pas trop.

— Pourquoi ça va pas trop ?

— Je suis fatigué. D'habitude quand je rentre, je dors. Mais là…

Il leva les mains et les laissa tomber sur les genoux.

— Votre femme est morte, vous vous rappelez ?

— Oui. C'est qui ?

— C'est qui quoi ?

— C'est qui qui l'a tuée ?

— On ne sait pas, c'est pourquoi on a besoin de votre témoignage.

— Je suis pas témoin du meurtre.

— Vous avez bien vu ou entendu quelque chose ?

— Non.

— Dites-moi, quand l'avez-vous vue pour la dernière fois ?

— Ben ce midi.

— Racontez-moi.

— Y a rien à raconter, j'étais assis à table, elle me servait le repas.

— Elle ne mangeait pas avec vous?

— Non, je viens de Roumanie. Vingt-quatre heures que je suis sur la route, j'ai roulé toute la nuit. J'avais pris mon petit déjeuner à cinq heures du matin. Je suis arrivé à onze heures. C'était trop tôt pour elle. Elle m'a fait le repas.

— Et après ?

— Après je suis allé faire la sieste.

— Était-elle inquiète ?

— Non.

— Elle ne vous a rien dit au sujet des meurtres ?

— Oui, quand je suis parti il y avait un meurtre et quand je suis rentré elle m'a dit que Simon Campan avait été tué.

— Elle vous a rapporté ce qu'elle avait entendu ?

— Ben non… Ah si ! elle m'a parlé de la scie qui a découpé Anselme Delmare dimanche, elle l'a entendue.

— Avait-elle peur ?

— Un peu, quand elle en parlait elle chuchotait.

— Vous n'avez rien d'autre à me dire ?

— Ben non.

— Je vais vous laisser partir. Essayez quand même de réfléchir sur le moindre indice qui pourrait nous aider à trouver le meurtrier de votre femme. Voici ma carte, n'hésitez pas à m'appeler. Bien entendu vous restez à la disposition de la police.

— Mais mon patron va m'appeler pour la prochaine expédition.

— Pas question que vous quittiez le territoire. C'est ce que vous répondrez à votre patron.

— Ah, bon… Et pour rentrer à Moucherolle ?

— À pied ! Cela achèvera de vous dégriser.

L'homme se leva péniblement et s'esquiva sans un mot.

Aglaëe et Francesco le regardèrent partir.

— Cet homme est ignoble. La mort de sa femme ne l'effleure pas d'un poil.

Aglaëe était outrée. Francesco acquiesçait, impuissant.

— Mais cela n'est pas condamnable par la loi.

Le téléphone de la commissaire se manifesta.

— Oui ?… C'est intéressant… un nouvel éclairage… merci. Beau boulot !

Elle remit le smartphone dans sa poche.

— C'était la brigade financière. Au sujet de Charles Gribel.

— Le cinquième chasseur, celui qui achète et vend les restaurants ?

— Oui et qui est l'agitateur des foules contre l'instit. Eh bien le bonhomme est en affaire avec Marc Vauché et Bernard Perju. Ils ont pour projet l'achat d'un château-relais. Gros investissement.

— Tout ce beau monde est cul et chemise. On va les convoquer tous les trois.

— Oui et pas plus tard que de suite.

Les trois hommes restaient muets, assis en brochette, ils s'ignoraient. Le commandant Falcone était debout à côté du bureau, derrière Aglaëe. Elle hésitait. Par où commencer ? Cette confrontation devait aboutir, absolument. Les affaires n'ont pour objectif que le profit personnel, c'est ce qui guidait leur choix. C'est l'intérêt individuel qui doit orienter l'interrogatoire. S'il y a un innocent, il ne voudra pas trinquer pour les autres, s'ils sont tous coupables, l'un ne voudra pas écoper plus que les autres.

Marc Vauché plus négligé que jamais, faisait claquer l'ongle de son pouce avec le majeur. Bernard Perju tapotait la base de son cou avec un mouchoir. Quant à

Charles Gribel, par son immobilité, il s'appliquait à ressembler à un veau, ce qui ternissait leur image.

La commissaire prenait son temps. Elle ouvrit sa boîte de cigares, en choisit un qu'elle fit rouler entre ses doigts, le sentit, le porta à ses lèvres et le reposa sur la boîte.

— Ce sera pour tout à l'heure, exprima-t-elle.

Les trois hommes avaient les yeux rivés sur Boulu. Elle les regarda, comme surprise de leur présence.

— Comment vont les affaires ?

Vauché cessa de jouer avec son ongle, Perju rangea son mouchoir, et le troisième ébaucha juste un petit mouvement de tête.

— Pas si mal, hein ? ajouta-t-elle.

Toujours pas de réponse.

— Vous Perju, vous héritez des propriétés de Campan juste parce qu'un film plastique d'un demi-millimètre lui recouvrait le nez. Vauché, vous, vous percevez une usine, rien que ça. C'est vrai que c'est difficile à diriger une entreprise, quand on est divisé en deux. Et tout ça permet de renflouer un joli projet, une affaire de Château-hôtel qui demande des millions et dont le principal maître du projet est Monsieur Charles Gribel. Tout se déroule à merveille.

Enfin ce dernier prit la parole.

— Je ne suis concerné en rien par ces meurtres.

— Ils tombent à point nommé, vous ne direz pas le contraire, ajouta Falcone.

— Il serait faux de dire que ce n'est pas une opportunité, mais ça ne va pas plus loin.

— Où étiez-vous le dimanche deux et le jeudi six juillet ?

— Le dimanche j'étais au château, seul. Par contre jeudi, j'étais à la chambre de commerce de Grenoble.

— Vous m'aviez confirmé, reprit Aglaëe en élevant sensiblement la voix, que vous n'aviez pas de relations d'affaires avec ces hommes.

Gribel se départit de son assurance un bref instant mais reprit très vite son air détaché, comme si tout était évidence, ses agissements logiques et justifiés.

— C'est à dire que pour l'instant, ce n'est pas trop avancé, le projet n'est pas encore abouti.

— Il a quand même démarré puisque vous avez tous déjà mis la main au portefeuille.

— Oui mais ce n'est que pour des études de faisabilité, Madame la commissaire.

— Peut-être, mais vous avez investi de l'argent et donc vous m'avez menti.

L'homme était enfin légèrement déstabilisé.

— Nous n'avons rien à cacher, commissaire, ce sont des affaires, ça n'a rien à voir avec ces histoires de meurtres.

— Ah ! Vous trouvez, Gribel ? Pouvez-vous jurer des actes de vos associés ?

L'homme jeta un coup d'œil bref sur ses deux amis puis baissa les yeux comme pris en faute.

— Je ne suis pas à leur place mais je suis sûr qu'ils sont innocents, tout comme moi.

— Et vous Perju, pour jeudi vous avez votre conducteur de car pour alibi mais dimanche, que faisiez-vous ?

— En général je suis seul le dimanche.

— Je vous parle de dimanche dernier, dimanche deux juillet pour être précis.

— J'étais seul chez moi.

— Je prends note.

— Je voudrais dire quelque chose, fit Vauché.

— Nous vous écoutons.

— D'abord ma femme peut témoigner de ma présence jeudi, comme elle l'a fait pour le meurtre de Delmare dimanche.

— Bien sûr je n'en doute pas. Autre chose ?

— Oui. J'ai rétrocédé la scierie à Madame Suzie Delmare.

— Ah ! Ça c'est une nouvelle en effet, intervint Falcone. Qu'est-ce qui vous a fait changer d'avis, des remords ?

— Ma femme n'était pas trop d'accord.

— Étonnant, je vous vois sous un autre jour, Monsieur Vauché. Où est l'homme d'affaires intraitable ?

Il écarta les mains comme pour démontrer qu'il était mal jugé.

— Cela ne remet rien en question. Si la dette est effacée, le meurtre lui malheureusement ne l'est pas. Et le mobile à l'origine non plus.

Le visage de Gribel s'empourpra.

— Mais c'est intolérable à la fin, allez chercher ailleurs le vrai coupable !

— Vous êtes un colérique, Gribel. Je l'ai déjà constaté lors des manifestations contre Rébac. Vous étiez le plus véhément.

— Je suis comme vous, je n'aime pas que les assassins courent en liberté.

Boulu ne supportait plus la suffisance de Charles Gibel et les investigations n'avançaient pas.

— Bon, partez avant que je vous coffre tous.

Les trois hommes se regardèrent, étonnés et soulagés. Ils se levèrent sans un mot et se dirigèrent vers la porte.

— Non, pas vous Gribel.

Les autres retinrent leur pas puis s'éclipsèrent.

— Quoi encore ?

— Asseyez-vous.

— Mais…

Francesco appuya sur son épaule, le forçant à s'asseoir.

— On vous dit de vous asseoir.

Celui-ci obtempéra en maugréant.

— Il tombe bien celui-là ! Un étranger arrive, on veut lui faire porter le chapeau ! Pourquoi ? demanda Falcone.

— Qu'est-ce que vous voulez que je vous dise ?

— Que pensez-vous de tout ça ?

— Ce que j'en pense ?

— Oui, quand le premier cadavre a été découvert, qu'est-ce que vous vous êtes dit ?

— … Que c'était un horrible meurtre.

— J'entends bien, mais c'était aussi une solution, votre associé allait pouvoir investir.

Il hocha la tête. Se passa la main derrière la nuque.

— C'est vrai, l'idée m'a traversé l'esprit.

— Quelle idée ?

— Qu'un de mes associés était peut-être responsable.

— Et le deuxième mort ?

— Aussi… ça m'a secoué… Mais j'ai du mal à le croire.

— C'est pourtant pour cela que vous avez attisé les foules contre Rébac.

Charles baissa les yeux.

— Réponds !

— Oui.

— Oui quoi ?

— J'ai fait en sorte que les soupçons se portent sur Rébac, en espérant les éloigner de Simon et Anselme. Mais je me suis trompé, on est tous innocents.

— On va vous garder un peu au frais, par les temps qui courent ça ne fera pas de mal.

Sous le regard méprisant de Falcone, il ne regimba pas.

L'adjoint Tot apparut dans l'encadrement.

— Commissaire, Madame Lucienne Gribel veut vous voir.

— Ah ! Dans la famille je veux le mari et la femme, dit-elle. Fais-la entrer s'il te plaît. Emmène Monsieur Charles Gribel. Nous le gardons quelques heures en audition.

Thomas Tot prit Gribel par le bras et le fit sortir de la salle. Il revint accompagné de Lucienne Gribel, une petite dame à l'assise confortable, chapeau de coton jaune sur la tête et robe ample jaune et verte, le bras plié sur un petit sac à main noir.

— Madame Gribel, asseyez-vous.

— Merci.

— Vous vouliez me parler.

— Oui…

— Nous vous écoutons.

Elle jetait quelques coups d'œil aux policiers puis re gardait son sac à main, cherchant par où commencer, mais ne trouvait pas…

— Quand vous êtes venue voir mon mari, vous m'avez posé des questions sur lui et ses amis…

— Oui.

Ses mains posées sur son sac, elle attendait une sollicitation qui ne venait pas, alors elle reprit.

— Je vous avais répondu que mon mari travaillait beaucoup et qu'ils se voyaient à la chasse…

— Oui, vous vous rappelez autre chose peut-être ?

— … Non.

— Vous n'avez pas plus de précisions sur votre mari ?

— Non.

— Vous vous êtes déplacée pour m'expliquer que vous n'aviez rien à m'apprendre sur votre mari !

— Sur mon mari non, mais sinon je me suis souvenue d'autre chose.

— Allez droit au but au lieu de me faire perdre mon temps.

Lucienne Gribel remua le fessier à droite puis à gauche et se cala contre le dossier de sa chaise.

— Voilà, l'autre jour…

— Quand ?

— Le six, c'était jeudi. Je suis allée à Tourtre, c'est un tout petit village où il y a une mercerie comme il n'en existe plus. On y trouve de tout. Et moi, il me fallait absolument un bouton bleu turquoise qui s'était détaché de mon ensemble. Bleu turquoise, oui, mais pas n'importe quel bleu turquoise : avec des reflets irisés vous savez. Je l'ai sûrement perdu quand nous avions été reçus chez les …

— Est-ce que vous pourriez abréger, Madame Gribel ?

— Oui, excusez-moi, Madame la commissaire. Je vais donc à Tourtre, je prends la route d'Herbouilly puis la départementale deux cent vingt et un. Après, je bifurque direction les Combes Jaunes, c'est tellement plus court et si peu fréquenté, plutôt que de garder la deux cent vingt et un jusqu'au bout ! Bon, je sais, une partie est plutôt un chemin de terre qu'une route mais…

— Si vous vouliez ne pas prendre de détours non plus dans votre histoire ?

La femme hésitante avait disparu, elle était satisfaite d'être écoutée. Devenue prolixe, il était difficile de l'arrêter et de la canaliser.

— … Oui, vous avez raison, je suis désolée. Donc je suis partie sur la deux cent vingt, lorsque mon regard a été attiré par le champ du Simon, vu que j'entendais son tracteur…

— Simon Campan ?

— Oui, et là, qu'est-ce que je vois-t-y pas ? Un homme qui s'avance vers le tracteur à grands pas pour le rattraper en faisant de grands signes avec un bâton.

— Qui était-ce ?

— Je ne sais pas, je suis passée trop vite, je n'ai vu que sa silhouette. Ce n'est pas que je roule bien vite avec mon Ami 6, vous vous doutez bien ! Mais la route est étroite et avec les virages, il ne faut pas la quitter des yeux sinon on embrasse le fossé en deux coups de cuillères à pot. C'est ce qui est arrivé au fils à Germaine pas plus tard que…

— Comment était-il ?

— Bourré ! En piteux état, mais il s'en est sorti le p'tit de la Germaine malgré les trois tonneaux…

— Madame Gribel, je ne vous demande pas si le fils à Ger…

Aglaëe ferma les yeux, cette femme était insupportable, elle parvenait même à l'embrouiller.

— L'homme que vous avez vu, comment il était ?

— Ah oui ! Il était grand et mince.

— Comment était-il habillé ?

— Ça je ne sais pas, je vous l'ai dit je n'ai pas eu le temps à cause de la route, le chemin je devrais dire, tout cabossé…

— Oui, j'ai compris. Quelle heure était-il ?

— Ah ça ce n'est pas difficile. Je suis montée dans la voiture vers onze heures.

— Donc peu après onze heures.

— Ben non parce que je me suis aperçue que j'avais oublié le modèle.

— Le modèle ?

— Le modèle du bouton, j'aurais été bien en peine d'expliquer dans le détail la forme du bouton parce que vous savez il a quatre petits trous, quatre petits trous oui, mais ils ne sont pas de la même dimension alors…

— Madame Gribel. Quelle heure était-il quand vous êtes passée devant le champ de Simon Campan ?

Elle leva les yeux pour se concentrer dans ses calculs.

— Heu… mettons quinze minutes, à onze heures quinze je démarre et je m'arrête parce que je rencontre Justine…

— Madame Gribel !

— Heu… Je m'arrête à peu près dix minutes, onze heures vingt-cinq, le trajet une vingtaine de minutes… il devait être à peu près midi moins le quart.

— Très bien. Vous avez d'autres détails ?

— Non, je pense avoir tout dit.

— Pourquoi n'en avez-vous pas parlé avant ?

— … Ça m'était complètement sorti de la tête, vous savez avec tout ce qui s'est passé, j'étais toute déboussolée, les meurtres, l'interrogatoire… Du coup j'en ai perdu le bouton que j'avais acheté ! Je vous assure, le bleu turquoise nacré en surface…

— Et ça vous est revenu comme ça ?

— Ah, non non il faut que j'aille m'en acheter un autre…

Boulu éleva la voix, au bout de l'exaspération.

— Madame Gribel, dites-moi comment il se fait que vous ayez attendu aujourd'hui avant de me confier ce témoignage !

La femme pressait d'une manière saccadée la fermeture de son sac à main.

— Je ne pensais pas que c'était important.

— Dites-moi la vérité Madame Gribel, qu'est-ce qui vous a fait changer d'idée ?

— C'est à dire que… quand j'ai su que vous aviez convoqué mon mari, je ne lui ai pas obéi et je suis venue.

— C'est lui qui vous a dit de vous taire ?

— Il ne voulait pas que je raconte ça… il ne voulait pas attirer l'attention, cela n'apporte jamais rien de bon, il dit.

— Dissimulation de preuves. Vous savez que vous et votre mari vous pouvez être inculpés pour cela.

— Mais…

La femme baissa la tête, décontenancée.

— Vous dites que l'homme était maigre… Votre mari, lui, ne l'est pas.

— Hein ! Vous plaisantez, il est gros comme un taureau avec tout ce qu'il mange, c'est qu'il se dépense…

— Merci.

— C'est fini ?

— Votre mari ne vous a pas recommandé de cacher autre chose ?

— Non, cette fois-ci j'ai tout dit, Madame la commissaire.

— Alors c'est fini, au revoir.

Lucienne, soulagée, reprit de l'assurance.

— De rien, Madame la commissaire. C'est normal qu'on s'aide entre femmes vous comprenez, c'est comme la Germaine quand son fils a eu son accident, c'est tombé en plein moment où on lui a fait la totale, alors moi j'ai…

Aglaëe alla ouvrir la porte. Lucienne Gribel se leva, fit un large sourire en passant devant la commissaire et sortit. Boulu s'affala sur une chaise, jambes allongées, secoua la tête comme pour se défaire d'un voile embarrassant.

— Elle m'a épuisée, j'ai attrapé dix ans !

— Si on l'avait laissée dire, on aurait connu la vie et l'œuvre de sa famille jusqu'à ses arrière-petits-cousins.

— Sans compter les amis.

— Les voisins.

— Les habitants du canton.

— Même nous, on en aurait appris sur nous, va savoir.

— Nos familles, nos amis.

— Nos voisins.

— La couleur de tes chaussettes.

— Celle de ta petite culotte.

— Ça, tu n'as pas besoin d'elle pour savoir…

Sourires entendus. Il s'approcha d'elle, apposa ses lèvres au creux entre l'épaule et le cou. Délicatement. Il se redressa et se tint devant la fenêtre.

Aglaëe saisit le cigarillo qu'elle coinça entre les dents.

— J'ai appelé Angèle.

Francesco se retourna et attendit la suite. Elle se leva, ouvrit la fenêtre et alluma son cigare.

— Elle produit du café équitable dans un village au Guatemala.

— Ça m'a l'air d'être une sacrée thérapie un dépaysement pareil !

— Exact, sauf si on considère que la fumette est dans les mœurs là-bas… Elle a besoin de sept cents euros pour revenir.

— Ce sont les prix bas.

— Oui c'est pour ça qu'elle s'y prend tôt, elle veut rentrer dans plusieurs mois.

— Tu vas lui envoyer ?

— Je ne sais que faire, si c'est pour vraiment prendre l'avion ça ne me pose aucun problème mais si c'est pour recommencer la zone et la drogue, ça ne lui rendrait pas service. Je l'ai déjà constaté à maintes reprises. Je ne sais pas quoi faire…

Francesco lui ôta le cigarillo des mains, en tira une taffe et le lui rendit.

Il expulsa la fumée.

— Tu n'as qu'à lui envoyer le billet de vol.

Elle le regarda, surprise de n'avoir eu cette idée si simple.

— Évidemment, comment n'y ai-je pas pensé ?

— Quand on est trop impliqué affectivement, on n'a pas les idées très claires.

— Tu es un génie mon Francesco !

Elle lui plaqua un baiser sur les lèvres.

— Je ne sais pas si on est aussi impliqués affectivement dans cette enquête mais on met du temps au décollage !

Francesco revint à Lucienne Gribel.

— Le témoignage de Lucienne Gribel tombe à pic, il innocente son mari ! Le pire c'est qu'elle dit la vérité.

— Oui, le détail du bâton. On ne l'avait pas révélé. Mais pourquoi l'avoir empêchée de parler ?

— Parce que Charles Gribel soupçonne ses associés de ces crimes.

— Techniquement, ça marche : Campan et Perju échangent leur crime, c'est du déjà vu.

— Exactement, il y a un mobile : l'argent, beaucoup d'argent.

— Je ne comprends pas le rapport avec la troisième victime. Colette Blanche n'a pas de lien d'argent avec nos trois lascars… Et l'instit dans tout ça ?

— L'instit… Tu te rappelles quand tout d'un coup tu as vu le nom de Lucien Rébac inscrit sur le monument. Tu n'étais plus avec nous, on croyait que tu avais vu un fantôme…

— Depuis une semaine je m'asseyais là ! Une semaine ! Et j'étais aveugle, je ne voyais pas ce nom qui me crevait les yeux presque chaque jour…

Le visage d'Aglaëe se transforma, le regard d'un noir intense s'aiguisa plus tranchant qu'un scalpel. Devant elle se dressait le nirvana, la révélation sur le destin du monde, le Graal des chevaliers de la table ronde.

— C'est pas vrai… alors ce serait… non… ce n'est pas possible…

— Qu'est-ce qui se passe, Aglaëe ?

— Je crois que mes neurones travaillent pour la première fois dans cette putain d'enquête : j'ai été manipulée !

XXXI Le château

La journée s'annonçait encore plus torride que les précédentes, le petit matin était déjà digne d'un soleil culminant. Aglaëe s'arrêta sur le pas de porte donnant sur la terrasse de La Mouchevole.

— Bonjour Danjou.

— Ah ! Bonjour Madame la commissaire. Bonjour commandant Falcone.

Il se leva, comme les convenances et son éducation l'exigeaient, lorsqu'il sentit une certaine réticence de la part de la commissaire. Elle contempla les montagnes, paysage dont elle ne se lassait pas, le village et sa statue.

— Je vais m'asseoir ici, Monsieur le comte. Il faut savoir bousculer les habitudes de temps à autre, n'est-ce pas ?

Elle prit la place jusqu'ici dévolue au comte, Francesco à ses côtés. Le comte prit le siège d'en face.

— Bien sûr, confirma-t-il étonné.

— Un joli panorama se présente à vos yeux.

— Oui, je le connais bien.

— Que voyez-vous ?

— … Les crêtes du Pas de la Balme.

— Mais encore, plus près ?

— Le village.

— Oui ?

— La place, l'église.

— Vous le faites exprès.

— Et aussi le monument aux morts.

— Ah, nous y voilà !

Le comte attendait avec circonspection où voulait en venir la commissaire. Il jeta un coup d'œil vers le commandant, mais là non plus pas d'indication si ce n'est une invitation à parler. Il revint sur Boulu qui, n'y tenant plus, lui donna les explications qu'elle attendait de lui.

— Monsieur le comte, vous avez fait en sorte que cette statue se trouve sous mes yeux. Intentionnellement vous vous êtes assis là où je suis actuellement pour que je m'installe en face. Vous vouliez que le premier nom me frappe et ainsi que je m'intéresse à Lucien Rébac. Que je m'engage sur la piste des résistants et donc de l'instituteur François Rébac, petit-fils du résistant. Pourquoi m'avez-vous manipulée, Danjou ?

Cette accusation surprit le comte.

— Je suis abasourdi, je n'ai rien de précis à vous répondre. Ça s'est passé comme ça la première fois que je vous ai invitée à ma table. Je vous ai donné la place qui ouvrait sur les montagnes, par politesse je suppose, sans réfléchir. Puis chacun a repris la même place les matins suivants. Pourquoi voudrais-je que vous soupçonniez Monsieur Rébac ?

Boulu observait l'homme toujours bien habillé, chemisette Lacoste repassée, droit sur sa chaise, jambes croisées. Une courte mèche blonde faisait un pont sur le haut de son front. L'étonnement imprégnait son visage.

— Vous allez me donner votre emploi du temps de la semaine dernière, notamment dimanche, jeudi et samedi, les noms des personnes avec qui vous étiez ces jours-là.

— Ainsi vous me suspectez… mais vous faites votre métier… La plupart du temps je suis au château.

— Qui pourrait en témoigner ?

— Je suis désolé, mais seule ma mère pourrait l'attester.

— Ne soyez pas désolé, je m'en contenterai.

— Vous vous apercevrez vite que, vu son grand âge, elle confond les jours et les heures. Elle a toute sa tête, mais le temps n'est pas chronologique pour elle, il s'allonge, s'entasse et se retourne en lacets.

— Nous allons vérifier cela.

— Bien sûr, quand vous voulez.

— Maintenant.

Le café fut vite expédié, l'ambiance ne se prêtait plus aux échanges plaisants.

Le château dominait sur un monticule, deux petites tours carrées ciselées de créneaux étaient comme des sentinelles encadrant l'édifice. Une partie de la façade était bardée de madriers renforçant le mur qui menaçait de déposer les armes. Le côté gauche avait résisté vaillamment à l'agression des années.

— Comme le dit l'adage, on ne peut être et avoir été. Je vous avais dit que l'essentiel de mon temps et de mon argent je le consacrais à maintenir cette bâtisse debout. Si vous voulez vous donner la peine de me suivre.

Le comte poussa la porte qui s'ouvrait sur un hall où un large escalier de pierre s'évasait en sa partie inférieure comme une invitation à le gravir. Mais il avait perdu de sa superbe, certaines marches montraient des fêlures et par endroits la rampe aux montants en fleurs de lys était ébréchée. Ils passèrent par le salon aux tentures défraîchies pour accéder à la cuisine où trônait une longue table en chêne massif. Près de la cheminée dans laquelle on aurait pu garer une calèche, une dame lisait dans un fauteuil hors d'âge. Elle leva la tête. Ses cheveux d'un blanc lumineux coulaient en cascade sur ses épaules. Ses yeux vifs, d'un bleu limpide, étaient mis en valeur par l'or de ses lunettes. Une robe surannée tombait à ses chevilles.

— Comment Jean-Jacques, vous avez des invités et je ne suis pas prévenue ! Je ne suis pas apprêtée, c'est inconvenant.

— Mère vous êtes habillée comme une reine, votre tenue vous va à ravir.

— Vous me flattez, mais présentez-moi plutôt.

— Ce sont deux policiers qui souhaitent vous poser quelques questions. Voici la commissaire Boulu et le commandant Falcone… Ma mère, la comtesse Danjou.

— Enchantée. Bravo Madame ! Commissaire, ce sont des femmes comme vous qui démontrent à ces messieurs qu'elles peuvent faire aussi bien, sinon mieux qu'eux, et ceci dans tous les domaines. Quelles sortes de questions avez-vous à me poser ? Mon fils serait-il devenu un délinquant ?

— Nous aimerions savoir s'il était avec vous le dimanche 2 juillet.

— Dimanche dernier ? Sans nul doute. Où irait-il ? Le dimanche on reste chez soi.

— Que faisait-il ?

— Ce qu'il faisait ? Quelle drôle de question ! Qu'en sais-je ? Était-il à son bureau afin de gérer notre patrimoine ou ce qu'il en reste ? Oui certainement… Mais, Jean-Jacques, vous êtes un hôte déplorable ! Faites asseoir ces messieurs-dames, que diable ! Quel manquement à toute civilité ! Est-ce ainsi que nous t'avons élevé, ton père, paix à son âme, et moi-même ?

Danjou indiqua le canapé Henri IV dont le velours lie de vin avait connu plus de fessiers qu'Henri III lui-même.

— Une tasse de thé ? invita la comtesse.

— Non merci. Dites-nous plutôt ce que faisait Jean-Jacques Danjou jeudi et samedi derniers.

— Tous les jeudis il travaille à son bureau et le samedi il me tient compagnie.

— Si je comprends bien, résuma Francesco, votre fils reste tout le temps au château.

— Vous vous trompez jeune homme, il sort aussi. Il s'occupe de restaurer notre demeure. Pour cela il doit rencontrer les fournisseurs, les maîtres d'œuvre, les organismes de subventions de restauration de monuments historiques, que sais-je…

— Et ceci ni le jeudi ni le samedi ni le dimanche, si je vous suis bien.

— Pas du tout ! Cela peut être n'importe quel jour, cela dépend de ses rendez-vous.

— Mais vous venez de nous expliquer que ces jours-là…

— Ah, ne me contredisez pas !

La vieille femme ajusta les plis de sa robe, se pencha sur le guéridon pour saisir sa tasse. Elle y trempa les lèvres et la reposa.

— Mon fils travaille d'arrache-pied pour maintenir à flot ce qu'il reste de nos biens que l'on nous a spoliés. Il lui arrive de s'absenter à tout moment, même le dimanche.

Jean-Jacques intervint, prévenant.

— Vous êtes fatiguée, mère. C'est l'heure de vous allonger un peu.

— Déjà ?! Vous avez raison, je vais passer au boudoir. Si vous voulez bien m'excuser.

La comtesse présenta le dos de sa main aux policiers qui, peu habitués à ces marques de politesse nobiliaires, la serrèrent, à sa surprise. Elle saisit sa canne dont le pommeau représentait un jaguar en ivoire et sortit de la pièce avec majesté.

Ils restèrent silencieux jusqu'à sa disparition.

— Un feu de cheminée par cette chaleur ! commenta Aglaëe.

— Les murs sont très épais, la fraîcheur et l'humidité ne s'évacuent guère, de plus ma mère est très frileuse.

— L'hiver doit être atroce pour elle à l'intérieur de ces murs… C'est quoi cette histoire de spoliation ?

— Mon père a déposé le bilan il y a une dizaine d'années.

Une bûche se fendit, ravivant le feu.

— On ne parle pas de spoliation lorsqu'une entreprise est en faillite.

— Comme vous l'avez constaté, ma mère mélange le temps mais les faits et les mots aussi.

— Les jours en effet mais les mots elle les manipule magnifiquement. Quelle entreprise ?

— La scierie.

Les deux flics se regardèrent ébahis.

— Vous êtes en train de nous dire que la scierie de Delmare appartenait à votre père ! reprit la commissaire.

Danjou hocha du chef, le regard toujours vers l'âtre.

— Mais, c'est un élément important. Pourquoi nous l'avoir caché ?

— Je ne l'ai pas évoqué, c'est tout, car ce n'est plus d'actualité.

— Tout ce qui concerne cette usine est d'actualité, Danjou !

La voix de Boulu s'était élevée, sous ses airs de seigneur bien éduqué empli de sagesse, le comte commençait à l'agacer menu.

— Comment a-t-elle changé de mains ?

— Tout simplement. Une baisse conjoncturelle du chiffre d'affaires a contraint mon père à supprimer primes et heures supplémentaires. Il s'en est suivi une grève qui tombait très mal. De surcroît, la scie la plus puissante est tombée en panne endommageant tout le circuit électrique de l'usine. Avec les dettes qu'il avait sur le dos il a vendu l'usine à un prix dérisoire.

— Il l'a vendue à Delmare.

— Exact. C'était son chef d'atelier, il avait un petit capital et a pu emprunter.

— L'entreprise est tombée dans les mains de son propre chef d'atelier, ça devait être dur à avaler ?!

— En effet, mon père l'a eu amère.

La cheminée crépitait, chaleureuse, vivante.

— Et vous aussi je présume ?

— Mon père m'a beaucoup peiné. Il a dû vendre une partie de ses terres pour éponger ses dettes.

— Ne me dites pas qu'il les a vendues à…

— Si, Simon Campan.

— Vous vous êtes bien gardé de me révéler ces événements et j'en comprends la raison : cela porte à notre connaissance un mobile parfait pour éliminer ces deux individus qui avaient spolié votre famille comme dit votre mère.

— C'est ce que je me suis dit. Si je vous dévoilais ces circonstances, je serais le suspect numéro un. Je voulais éviter cette erreur. J'espérais que vous trouveriez le coupable avant que vous ne l'appreniez. D'autant plus que ces deux personnes nous ont, au contraire, évité de nous trouver à la rue. Si les banques avaient confisqué nos biens, nous n'aurions ni château ni le peu de terres qu'il nous reste… Et Colette Blanche dans tout ça ?

— Son témoignage a sûrement dérangé l'assassin.

Parfois un craquement du bois lançait une petite braise accompagnée d'un parfum de cendre et de brûlé.

— Continuez de demeurer en votre château, Monsieur le comte. Nous allons vous convoquer, vous et les protagonistes de cette affaire.

XXXII Chloé Fidois

— Qu'est-ce que tu as ma petite Chloé, pourquoi pleures-tu ?

— Je suis si malheureuse !

— Ma petiote, il est là le papé… Attends que j'essuie ces larmes… Là, là…

— Je me déteste, je déteste mes parents, pourquoi sont-ils si méchants ? Papé, je voudrais être morte.

— Oh, ne dis pas ça ma petite chérie, laisse ta tête sur mon épaule… Voilà… raconte à ton papé…

— Depuis le début, papa n'a pas arrêté de crier sur moi parce que je sortais avec François… et puis… et puis il m'a posé des questions sur lui, comment il vivait, sa maison… J'ai parlé des photos d'enfants… J'ai fait ça contre François. Et puis il a pris la clé que François m'avait confiée et il a fouillé chez lui ! Papa n'arrêtait pas de dire que c'était un assassin, déjà avant il disait qu'il était contre les paysans… à force je l'ai cru, j'ai eu des doutes… Je l'ai trahi…

— Oh petiote ! Tu es bien jeune encore. Moi, quand je l'ai vu pour la première fois, j'ai vu son grand-père. Il a les mêmes yeux, le même regard que Lucien. Ce regard si beau, si franc qu'on aurait dit qu'il avait déjà vu l'infini de l'univers, on aurait dit qu'il contemplait sans cesse les neiges éternelles alors qu'il n'avait devant lui que le monde qui se déchirait. Ferme tes yeux mon enfant, laisse ce regard atteindre ton cœur et tu t'imprégneras de la pureté du sien… n'écoute que ton cœur.

— Oh ! Papé je l'aime.

— Hé, là… Cette nuit sera belle et calme, les parfums vivront à nouveau dans ce jardinet. Maintenant, l'agression du soleil semble tout embraser, mais ce soir l'air redeviendra serein. Pour toi aussi les choses vont s'apaiser quand la vie reprendra son cours normal.

— Il ne me le pardonnera jamais.

— Tu lui diras simplement comme tu me le dis. S'il t'aime, il te pardonnera. Sinon tant pis pour lui, car c'est toi le trésor de ces montagnes.

— Oh, papé, heureusement que tu es là… Je t'aime mon papé.

— Moi aussi je t'aime petiote, moi aussi…

XXXIII Convocations

— Comme si on n'avait pas assez de suspects comme ça… commenta Falcone

— Oui, confirma Boulu, Danjou… je n'aurais jamais pensé.

— Nous n'avons aucune preuve.

— Non, pas de preuve contre lui, ni contre Charles Gribel et ses deux associés, ni contre Rébac, autant d'alibis foireux et de mobiles. Ils sont tous à pied d'égalité, au même niveau dans les starting-blocks à la course du meurtrier sanguinaire. Qui sera sur le podium ?

— Ou qui seront ?

— Plusieurs… pourquoi pas…

Tout en réfléchissant à haute voix, Aglaëe tournait en rond sur le champ de blé où une surface attendait d'être moissonnée à son tour. Elle continuait envers et contre tout à détailler chaque parcelle, chaque centimètre carré de terre, suivant ainsi sa théorie qu'un assassin laissait toujours une trace sur les lieux du crime. Francesco marchait à côté d'elle, tête baissée lui aussi. Elle avait fait enlever le tracteur et la lieuse, il était inutile de les laisser sous scellés. La zone était dégagée. Parfois ils s'arrêtaient, détaillaient un objet de forme inattendue, le ramassaient pour le rejeter.

Une petite voiture s'engagea sur le chemin qui bordait le champ, elle stoppa sur le bas-côté. Une jeune femme apparut, sa silhouette fine ne laissait pas de doute. Aglaëe reconnut Chloé Fidois qui vint à pas vifs à sa rencontre.

— Je savais que j'allais vous trouver ici.

— Votre petit doigt.

— Les commentaires de village, c'est plus sûr.

Elle dévisagea la policière, perplexe.

— Je voulais vous voir.

— Je m'en doute puisque vous êtes là.

— Je ne sais pas comment dire…

— Dites-le le plus simplement. De quoi voulez-vous me parler ?

— Voilà, j'ai mis François dans une mauvaise situation… À cause de cette fichue lettre que mon père vous a apportée.

— Ne culpabilisez pas, de toute façon il aurait été quand même la cible de la population et n'aurait pas échappé à l'interrogatoire de la police.

— C'est par ma faute qu'il est suspecté.

— Ne croyez pas cela.

— Enfin, je veux me racheter.

Elle fourra sa main dans son sac pour en extraire une feuille de papier pliée qu'elle tendit.

— Tenez.

Elle observa la policière déplier et découvrir le contenu. Elle put observer ses sourcils se froncer, puis ses traits se détendre.

— C'est intéressant.

— J'ai dû fouiller dans les affaires de mon père, heureusement qu'il ne l'avait pas jetée ! François va retrouver sa tranquillité maintenant ?

— L'avenir le dira.

— Bon, je n'obtiendrai rien de plus de vous…

— Je vous remercie, c'est une pièce à conviction.

Elle montra la feuille à Francesco, qui confirma.

— Oui, c'est un élément qui avait besoin d'être éclairci. Mais pour l'instant on ne peut vous en dire plus, mademoiselle Fidois.

— Dans ce cas, au revoir.

— C'est bien que vous l'ayez retrouvée.

Batterie, basse électrique, Calogero retentit. Aglaëe chercha son smartphone : Sandrine Palet appelait, de nouvelles informations ? Elle l'espérait fortement.

— Allo c'est Sandrine Palet. Dis, ce n'est pas facile de te contacter au téléphone. Ou c'est occupé, ou tu es injoignable ! C'est un monde perdu que tu hantes, pas de réseau. Vous utilisez peut-être le télégramme là-bas…

— Ne te plains pas, ici il y a du réseau. Du nouveau ?

— Voilà, j'ai autopsié Eugénie Catel ou ce qu'il en reste. Vous imaginez bien l'état de putréfaction dans lequel je l'ai trouvée…

— Si tu peux éviter les détails inutiles.

— On est sensible sous ses airs endurcis…

— Allons au fait, Sandrine.

— Bref, les vertèbres cervicales sont brisées net provoquant une mort instantanée. De plus, elle a un traumatisme crânien et des contusions multiples sur les membres.

— Ces lésions pourraient-elles avoir été provoquées par un coup porté à la tête ?

— Il aurait fallu pour cela un coup d'une violence inouïe, donné par un Hercule ou alors une enclume qui lui tombe dessus.

— Donc provoqué par la vitesse de la chute de son corps lors de l'impact contre un rocher.

— Je ne vois rien d'autre.

— Donc pas de coup, d'accord… Mais si quelqu'un l'avait poussée, ce serait pareil ?

— C'est vous qui imaginez le scénario, moi mon job c'est de faire parler les morts. Pas d'autres questions ?

— Non. Merci Sandrine.

— Alors je remballe le matos.

Aglaëe avait mis le haut-parleur pour Francesco.

— Donc rien qui mette François Rébac hors de cause, conclut-il.

— Non, une fois de plus.

A l'orée, la camionnette du capitaine Beaucourt stationna. Il arrivait à grands pas.

— Décidément, ce n'est plus un champ mais le bureau des rendez-vous ici, remarqua Francesco.

— Commissaire, le rapport d'analyse de sang de Monsieur Blanche, je viens de le recevoir par mail.

Aglaëe déplia le papier et jeta un coup d'œil rapide.

— Dingue, s'il pompait ses veines, il pourrait ouvrir un débit de boisson spécialisé dans les alcools forts... Intéressant. Beaucourt, demain je veux tous les protagonistes de cette affaire ici.

— Là ? Au milieu des champs ?

— Exactement.

— Avec cette chaleur ?

— Aucune importance, tu apporteras des bouteilles d'eau fraîche. J'y ai bien passé des heures moi, ici. Hein Francesco ?

Celui-ci hocha la tête, gêné...

— À quelle heure ?

— Quatorze heures. Voilà la liste, tu n'oublies personne. Tu feras installer les ballots de paille en cercle, espacés de plusieurs mètres. Ce n'est pas la place qui manque. Et puis tu disposeras un gendarme sur les côtés et les quatre coins, un peu de mise en scène ne fera pas de mal, d'ailleurs ce n'est pas le Déjeuner sur l'herbe non plus.

— Si je comprends bien, c'est la dernière journée que nous passons ensemble ?

— Si tout se passe comme je le souhaite, il se pourrait, mais on n'est jamais à l'abri d'un imprévu !

La petite Marlène jouait tranquillement avec ses poupées sans faire de bruit, dans le salon. Elle était assise sur l'épais tapis de laine, habillait et déshabillait la petite figurine aux lignes maigrelettes et cheveux blond platine. Ses gestes étaient automatiques, l'envie d'inventer une histoire n'y était décidément pas, elle n'avait pas le cœur à s'amuser. Tout cela n'était qu'une couverture : elle épiait ses parents. Ils se faisaient la tête depuis plusieurs jours. Elle avait remarqué comment ils s'irritaient pour un rien. Et aussi ils évitaient de se regarder. Quelque chose n'allait pas. Maintenant ils étaient dans la cuisine, là, tous les deux. Maman l'avait appelé pour qu'il épluche et coupe la pastèque. Elle disait qu'il fallait de la force. On entendait bien le toc toc du couteau contre la planche de bois. C'était le seul son qu'on entendait, avec celui des instruments qu'utilisait maman. Entre eux pas un mot, ils se faisaient la gueule, sûr. Marlène était triste.

Le téléphone sonna, Christèle décrocha. Elle écouta quelques secondes puis passa le combiné à son mari.

— C'est pour toi, Capitaine Beaucourt.

Il garda le combiné collé à l'oreille quelques secondes puis conclut.

— Oui, j'y serai.

— Qu'est-ce qu'il te voulait ?

— Je suis convoqué à quatorze heures.

— Aujourd'hui ? Un dimanche ?

— Oui, au champ où a été découvert Simon.

— Tu vois, s'ils te suspectent c'est parce que tu as « hérité » de la scierie.

Il planta son couteau dans le cœur de la cucurbitacée et se tourna vers sa femme.

— Eh bien plus maintenant. J'ai rendu la scierie à Suzie.

— Tu as fait ça ?!

Christèle n'en revenait pas, elle était effarée. Jamais elle n'aurait cru qu'il reviendrait sur sa décision.

— Oui. Demain elle recevra le contrat que j'ai signé chez le notaire.

Elle lâcha ses ustensiles et alla vers lui, le prit dans les bras.

— Mon chéri je suis fière de toi... Tu as fait ça pour moi.

— Tu ne sais pas à quel point j'ai fait ça pour toi et pour Marlène.

Celle-ci arriva en courant sur le pas de la porte.

— Vous n'allez pas divorcer ?

XXXIV Le Cercle

Ils étaient tous venus. Leurs voitures étaient garées sur le bord du chemin de terre. Ils ne savaient pas pourquoi ils étaient là. Lorsque la commissaire leur avait dit de s'installer sur les ballots de paille, certains avaient obéi tout en maugréant, d'autres s'étaient révoltés menaçant de rentrer chez eux, mais s'étaient abstenus…

Ils étaient assis sur leur cylindre végétal, s'ignorant les uns les autres. Ils attendaient, observant à la dérobée la chef d'orchestre, la pilote de ce vaisseau. Un large cercle de paille d'une dizaine de pas de diamètre dont le centre était investi par la commissaire Boulu et le commandant Falcone, le capitaine Beaucourt et le gendarme adjoint Thomas Tot. Pas un mot. Mais le silence était envahi par les occupants permanents de cet univers : les cigales et la valse stridente de leurs cymbales, ponctuée par le croassement de quelques corbeaux dérangés.

Le soleil était le véritable maître des lieux, il n'avait pas lancé d'invitation et écrasait de sa présence ces humains téméraires. L'horizon avait disparu dans la moiteur oscillante de l'horizon. Ne subsistaient que le champ au jaune essoré par la lumière aveuglante, les tiges sectionnées par la faucheuse semblables à des pics menaçants, et les balles de paille habitées par ces humains en détresse. L'air emplissait les poumons de son brûlot ravageur. À peine installés et déjà les peaux ruisselaient.

Boulu les observait tour à tour, ignorant le soleil et ses dégâts collatéraux. Elle aimait la chaleur, elle aimait sentir la sueur couler sur son front, entre ses seins, sur ses cuisses. Elle aimait son corps depuis peu d'années. Après l'avoir traîné comme un boulet, renié, combattu à coups de régimes et de toutes sortes de sports barbares, elle s'y était peu à peu accoutumée. Les années passant, elle l'avait trouvé plutôt confortable, généreux, en harmonie avec la nature et le monde. Surtout proche de sa nature à elle.

Il lui semblait qu'un homme en avait la même perception. Elle jeta un coup d'œil à Francesco qui justement la regardait avec insistance, les mêmes pensées lui parcouraient-elles l'esprit ? Il était venu jusqu'à elle, lui le bougon, l'ours accroché à son île comme une bernicle sur sa roche. Il avait délaissé sa Corse bien-aimée pour la rejoindre, ce geste était une preuve d'attachement fort — pas de mots trop impliquants, trop porteurs de déception possible — c'était déjà pas mal. Son manque, durant ces plusieurs mois, avait creusé en elle un vide étrange et son apparition soudaine l'avait mise tout à la fois en furie et en joie. Il avait failli partir à cause de son emportement, de sa déception, de son espérance, mais il était là et bien là. Elle était comblée, rassasiée.

Falcone portait une chemisette légère, un pantalon en lin de fine facture. Il regardait Aglaëe… Il avait mûrement réfléchi avant de prendre la décision de la rejoindre. Il ne le lui avait pas avoué, peut-être le ferait-il un jour, mais il avait essayé de l'oublier — c'était trop compliqué ces mille trois cents kilomètres qui les séparaient, son job chronophage comme pas deux — pour cela il avait commencé par ne pas la contacter. Pas d'appels ni de sms. Silence radio. Mais cela n'avait pas marché, ses pensées le ramenaient à elle chaque instant, malgré le boulot qui se finissait tard la nuit, malgré ses hommes qu'il fallait bousculer ou rassurer. Et puis le temps passant, il ne savait plus comment reprendre le contact, « Houhou c'est moi ! » après plusieurs mois d'un mutisme coupable, cela n'aurait guère été apprécié. Alors il avait décidé de la surprendre, d'aller la retrouver à l'improviste, c'était une bonne idée ça. Douche froide ! La réception ne correspondait pas à ce qu'il avait envisagé. Mais cela s'était arrangé, et bien comme il faut ! Il se sentait bien là, avec elle, dans ces montagnes, même si elles ne valaient pas les siennes. Et cette enquête, en duo pour la troisième fois[10], était déconcertante. On était maintenant à la croisée des chemins… Il contemplait les hommes assis autour d'eux. Les moments qui allaient suivre seraient déterminants. Obligé ! Leur arrivée disparate dans cet endroit saugrenu les avait déconcertés…

Bernard Perju était apparu en premier.

Il fit claquer la portière pour marquer sa désapprobation et marcha à grands pas vers la commissaire.

— Vous pouvez me dire ce que je fous ici, bordel ?

— La colère vous fait supporter plus facilement les températures à ce que je constate Monsieur Perju. Vous êtes ici parce que je vous ai convoqué. Allez vous asseoir sur l'un des ballots que vous voyez là-bas.

— Non je n'irai pas, rien ne m'y oblige.

Elle désigna le milieu du champ d'un mouvement de menton.

— Mais c'est insensé !

Bernard obtempéra en râlant.

---

10 Voir aussi Aglaëe prend le maquis

— Ça ne se passera pas comme ça…

Les enjambées du chef d'entreprise de transport furent moins rapides. Elle le regarda s'éloigner et s'asseoir sur le ballot le plus éloigné qui avait vue sur le chemin.

À peine était-il installé qu'une autre voiture ballottait sur la voie caillouteuse.

Le comte Danjou s'extirpa d'une antique 4L.

— Commissaire Boulu, Commandant Falcone, votre invitation au milieu de ce champ m'a beaucoup surpris.

— Bonjour Danjou. Il faut sortir des sentiers battus pour aller dans les champs, répliqua Falcone. Voulez-vous rejoindre Monsieur Perju là-bas.

— Décidément, une surprise en cache une autre.

Le comte, veste balancée sur l'épaule accrochée au doigt, alla d'un pas souple vers le cercle. Il laissa une balle de paille entre lui et Perju. Celui-ci le regarda arriver mais ils ne se saluèrent pas.

Deux voitures apparurent en même temps. Une Audi S3 fabriquée pour faire défiler le bitume à des vitesses prohibées, arrivait comme un cheveu sur la soupe dans ce chemin de traverse. Marc Vauché se gara sur le bord et sortit de son bolide. Derrière lui se rangea la Renault de François Rébac. Ils se saluèrent d'un hochement de tête et se dirigèrent vers Aglaëe.

— Bonjour commissaire, bonjour commandant, je suppose que nous devons nous installer là-bas, dit Rébac.

— Bonjour Monsieur Rébac, vous avez tout compris.

François prit la direction indiquée sans plus attendre. Vauché hésita.

— Mais vous m'avez déjà interrogé plusieurs fois…

— Comme tous ceux que vous verrez ici. Allez-y Monsieur Vauché.

Il n’insista pas.

L’instituteur prit place à côté de Danjou, dos au bord du champ et l’homme d'affaires entre Perju et Danjou. Il se passa quelques minutes avant que se fasse entendre un bruit de moteur. Un SUV étranger rutilant freina derrière les autres. En blouson de toile beige, pantalon idoine, Charles Gribel claqua la portière. La scène qui s’offrait à ses yeux le fit sourire.

— Nous sommes invités à boire le thé en bonne compagnie à ce que je vois !

— Si vous le prenez comme ça…

L’investisseur dans la restauration partit rejoindre le groupe et choisit la place à côté de Perju.

— Bonjour, beau temps n’est-ce pas ?

Personne n’eut à cœur de lui répondre.

Enfin une Espace ancien modèle termina le regroupement. Albert Blanche sortit en tee-shirt bien repassé, bermuda marron à doubles bandes orange verticales et tongs. Il s’arrêta devant Boulu et Francesco.

— Mais, il fait chaud…

La commissaire indiqua le champ. Le chauffeur routier alla s’asseoir à la dernière place libre entre François Rébac et Charles Gribel…

— Merci d’être venus.

Ces premières paroles parcoururent le cercle, telle une décharge électrique. Les six paires d’yeux se fixèrent sur elle, puis sur Francesco, Beaucourt et Thomas Tot. Ils étaient au centre. Les gendarmes, déstabilisés par cet étrange rendez-vous, étaient tendus eux aussi.

— Bien obligés, ironisa Charles Gribel.

— Vous avez raison Gribel, bien obligés, mais cela n’empêche pas d’être poli pour ce qui me concerne.

C'est comme votre femme, elle est polie, gentille et surtout bien obéissante n'est-ce pas ?

— Que voulez-vous dire ?

— Vous la persuadez de ne pas témoigner, elle ne témoigne pas. Mais quand vous êtes convoqué pour une audition, elle se précipite pour me raconter qu'elle a aperçu un homme marcher sur ce champ. Elle vous dédouane ainsi de tout soupçon, car c'est un homme plutôt mince qu'elle a vu. Vous savez comment cela s'appelle de faire obstacle à la vérité ? Dissimulation de preuves ! Et la peine encourue va jusqu'à cinq ans d'emprisonnement.

— En tout cas c'est une preuve qui me disculpe.

— Ce n'est en aucun cas une preuve, mais un témoignage qui vient de votre épouse ! Elle est aussi votre alibi pour le meurtre d'Anselme Delmare. Admettons ! Mais ce n'est qu'une hypothèse. Votre associé, vous Monsieur Perju, vous aviez tout intérêt à ce que Simon Campan disparaisse, une partie de ses forêts vous revenant.

À son nom, Bernard Perju se redressa, il suait à grosses gouttes, son col de chemise était détrempé.

— C'est vrai, répondit-il, ça arrange bien mes affaires, mais je n'ai pas tué Simon Campan.

— Je sais, intervint Falcone, vous étiez avec votre chauffeur à Grenoble. Celui-ci a témoigné et j'ai entièrement confiance dans les conclusions apportées par mes adjoints qui l'ont interrogé. Vous voilà donc mis hors de cause pour ce second meurtre, Monsieur Perju… Mais que diriez-vous d'un petit échange d'intérêt, un troc entre amis, moi j'élimine ton gars et toi le mien ? Vauché tue Delmare dans sa scierie et Perju élimine Campan dans son champ. Idée géniale, n'est-ce pas ? Eh bien figurez-vous que pas du tout. C'est du déjà vu.

— Mais j'ai un alibi rétorqua Vauché.

— Le troisième larron, intervint Boulu : j'ai nommé Marc Vauché. Vous avez vous aussi un alibi pour les deux meurtres, votre femme. C'est vrai. Décidément les épouses ont un rôle important. Mais voulez-vous que je vous dise ?

Boulu s'interrompit, ses yeux fusillaient les trois hommes, Gribel, Vauché, Perju qui attendaient anxieux ce qui allait suivre.

— Même Gribel vous croit coupable !

Les deux hommes se tournèrent vers leur associé, la surprise se lisait sur leur visage. Perju se leva et fit un pas vers Charles Gribel qui était juste à sa gauche.

— Comment, cria-t-il, tu nous as accusés ?

— Non pas du tout, se défendit Gribel.

— T'es qu'un sale enfoiré de première. Je sais pas ce qui me retient.

— Ah ouais, peut-être que t'as peur d'en prendre un dans la gueule ?

— Connard !

Gribel envoya un coup de poing dans la mâchoire de son associé.

— Tu la voulais, tu l'as !

Le propriétaire des cars Perju prit son agresseur par le cou et le mit à genoux. Intentionnellement, les policiers avaient laissé les antagonistes s'affronter. Mais Falcone enserra le bras de Perju qu'il plia vers l'extérieur dégageant son emprise. Gribel se releva en se massant le cou.

— Vous avez vu, il a voulu me tuer !

— Il m'a frappé, ce con !

— Les vraies natures remontent à la surface, commenta Francesco et ce n'est pas joli joli. Allez ! Asseyez-vous maintenant !

Ils reprirent leur place. Bernard Perju, dépité par la tournure des événements, harassé par la température soudaine qu'avait provoquée ce débordement d'énergie, Charles Gribel en colère, humilié d'avoir plié devant son associé.

— Ce n'est pas ce que j'ai dit, expliqua Boulu d'une voix calme. Mais Monsieur Gribel vous croyant coupable, l'un ou l'autre ou les deux, a tout fait pour détourner l'attention de vous Perju et vous Vauché. Dans l'intention de vous protéger. Il voulait que l'enquête se focalise sur Monsieur Rébac et pour cela il a attisé les braises, incitant la population à manifester contre lui. Grâce à Monsieur Gribel, on a frôlé le lynchage public ! C'était bon pour ses affaires, pour vos affaires…

— Les gens savent ce qu'ils font, ils n'ont pas eu besoin de moi pour manifester, se défendit Gribel.

— Ils sont adultes, mais influençables. Et vous ne vous êtes pas privé de les exhorter à la faute.

— À la faute, c'est vite dit, reprit Charles Gribel.

— Ah ! vous remettez ça !

— Je le pense, tout désigne Rébac, au village on est d'accord, c'est lui le coupable commissaire, ce n'est pas la peine de perdre notre temps sous cette putain de chaleur.

La colère commençait à nouveau à envahir Gribel, la tension des accusations, l'intensité du soleil qui cognait à coups de marteau.

François Rébac d'habitude calme se laissait atteindre par l'énervement ambiant.

— Ah ! Au village vous êtes tous d'accord pour m'accuser ! Alors allez-y, procurez-vous une corde de chanvre et pendez-moi haut et court. Avec vous Monsieur Gribel on se retrouve vite fait au temps des cowboys et même de l'homme de Cro-Magnon !

Gribel se leva et fit un pas vers l'instituteur.

— Je ne vous permets pas ! Moi je ne suis pas un assassin !

Il avança et empoigna le polo de Rébac à pleines mains.

— Répétez un peu que vous êtes innocent…

Mais celui-ci ne se laissa pas malmener. Il glissa sa jambe derrière celle de son agresseur et le poussa. Déséquilibré, Charles Gribel tomba sans pour autant lâcher prise. Il entraîna François dans sa chute. À terre, une lutte confuse s'engagea. Falcone prit l'investisseur-restaurateur par l'épaule, exécuta une clé au bras. L'homme lâcha prise. Le policier le releva puis le ramena à sa place.

— Décidément cela fait deux fois ! Ne bougez pas d'ici. Encore une fois et vous allez vous rafraîchir en tôle jusqu'à la fin de l'année. Croyez-moi, je ne plaisante pas !

L'instituteur se remit debout en époussetant les brins de paille.

— Cet homme est un grand malade !

— Charles Gribel, répéta Falcone, encore un seul geste et je vous inculpe pour coups et blessures sur témoin. Vous allez les accumuler les condamnations !

— Sur témoin ? Sur assassin oui !

— Taisez-vous Gribel ! intervint Boulu.

Elle toisa l'homme d'affaires, puis fit un pas vers l'instituteur. Elle se tint face à lui.

C'était une vraie fournaise, les esprits parvenaient parfois à l'oublier quelques secondes lorsque les accusations étaient portées. Mais très vite, la sueur qui brûlait les yeux et irritait la peau, les rappelait à leur condition. Aglaëe était tout aussi ruisselante mais cela ne semblait en rien l'incommoder. Elle était debout, en pleine possession d'elle-même.

— François Rébac s'est fait muter à Sainte-Moucherolle-sur-Bourne pour venger son aïeul, dit-elle.

Les yeux se portèrent sur l'enseignant. Tous attendaient la suite, étonnés ou satisfaits.

— Parlons de son grand-père, Lucien Rébac. Éminent résistant, chef du Réseau Alpage, mort en tentant de s'enfuir sous les tirs de la Gestapo. Comment était-il tombé entre leurs mains ? Arrêté par la gendarmerie qui allait le relâcher quand les Allemands sont intervenus. N'est-ce pas, capitaine Beaucourt ?

Le capitaine hocha du chef.

— Oui, les faits ont été notés. Tout le monde à la brigade est au courant de cet événement.

— Exact, le village le sait aussi. Qu'y a-t-il de noté ?

Le gendarme regarda l'instituteur, puis balaya les hommes sur le cercle.

— Le rapport de gendarmerie indique que l'arrestation fait suite à une dénonciation anonyme… Il a été dénoncé comme trafiquant au marché noir.

— Et ça aussi tout le village est au courant. Bon, François Rébac s'est fait la main sur une petite vieille, Madame Eugénie Catel. Qui n'est autre que la veuve de Paul Catel, dit Paulo, avec qui elle venait juste de se marier à l'époque. Paulo, commandant une petite troupe de résistants et qui s'est vu ravir sa position de chef par le nouveau venu, Lucien Rébac. Son rival depuis toujours.

Aglaëe se tut. Elle secoua la tête, cette idée lui était insupportable :

— Marché noir, un chef de réseau !

Puis elle reprit le fil de son discours.

— Ce n'était pas bien difficile d'éliminer cette petite vieille, une pichenette et hop ! Elle dévale la corniche. Deuxième sur la liste, Anselme Delmare : scié en deux. Carrément ! Descendant de Jo, patronyme Joseph Delmare. Jo, à qui Rébac a eu le malheur d'interdire de combattre, a été l'exécutant de la conspiration. C'est lui qui a porté la lettre qui dénonçait ce pauvre Rébac… Ce n'est pas tout ! La liste continue : Léopold Campan, nom de résistance le Beau Léo, il avait fait un petit à une fille du village et l'avait reconnu. Son petit-fils, Simon Campan est décédé asphyxié sous de la cellophane champêtre. La belle Louison, séduite par Lucien, avait délaissé le Beau Léo. À sa grande déception, elle était amoureuse de Lucien. Son amour propre en a pris un coup, lui à qui aucune femme ne résistait. Tous les trois ne voulaient pas le dénoncer aux Allemands, seulement le retenir quelques jours dans les locaux de la gendarmerie. Mais cela ne s'est pas passé comme prévu…

La commissaire reprit son souffle. Elle arpentait lentement, traçant un cercle dans le cercle, son regard dardé sur les hommes autour d'elle.

— Personne au village ne connaissait exactement les détails de ces événements, ni qui en était à l'origine. Les gens savaient qu'il y avait eu trahison. Le mot déposé à la gendarmerie en est le témoin et seul un résistant savait que Lelu devait se rendre à Villard-de-Lans. Cependant quelques noms circulaient. Mais aucune certitude. Alors on essaya d'oublier le rôle qu'avaient tenu ces traîtres. Le village y était quasiment parvenu, mais voilà que le petit-fils arrive ! La berlue pour ceux qui ont connu Lucien. Un revenant ?! Mais non, juste le petit-fils qui a trait pour trait le visage du héros. C'est ce qu'on lui reproche, être là et rouvrir les plaies des souvenirs défendus… Et s'il était vraiment venu pour se venger ? Plusieurs se sont posé la question au village, ce serait tellement facile, d'une pierre deux coups, on le voudrait tout de suite sous les verrous, loin d'ici mais attention ! Sans faire remonter à la surface ce passé si peu héroïque… Moins facile… Seuls deux anciens étaient au fait précisément de ces actes, ce pauvre Fred qui n'a plus toute sa tête, rongé par ce secret et le doute qui le hante depuis qu'il a exécuté Jo. Et Mathieu Karmet qui a eu le courage de me confier ces révélations. J'ai vérifié les liens de parenté. Je confirme, tout ceci est bien vrai…

François Rébac se leva, il était à bout, les poings serrés.

— C'est un complot ! cria-t-il. Vous m'accusez de crimes parce qu'un grand-parent que je n'ai jamais connu a été tué par les Allemands il y a plus de soixante ans. C'est n'importe quoi !

— Il y a eu un véritable complot contre ton aïeul.

— Je ne connaissais pas le lien parental entre les victimes et leurs vendus de parents !

— Leurs collabos de parents ?!

— Exactement ! Ceux qui l'ont trahi sont des traîtres, des collabos. Vous n'êtes pas de cet avis ?

— Et leurs familles ont le sang sali par la trahison des leurs ?

— Je n'ai pas dit ça !

L'instituteur s'assit sur la botte, à bout, haletant. La commissaire fit quelques pas à l'intérieur du cercle, elle dévisageait les hommes, les uns après les autres, bien en face. Mais ils baissaient les yeux rapidement, son regard était trop inquisiteur, trop accusateur, alors que c'était François qui était accusé ! François ne la regardait plus. Il avait la tête entre les mains.

— Vous allez m'écouter maintenant, Gribel et les autres, intervint la commissaire.

Elle déplia une feuille qu'elle avait sortie de la sacoche posée à ses pieds. Elle en entreprit la lecture.

— « Cher fils, maintenant que tu es installé à Sainte-Moucherolle, il faut que tu saches dans le détail la raison pour laquelle ce village a une résonance particulière dans notre cœur… » Je ne vous lirai pas le contenu entier puisque tout le monde le connaît. Cette lettre subtilisée à Monsieur Rébac devait le condamner. C'est étonnant comme on m'aide dans cette affaire… On m'a fait parvenir cette lettre mais il manquait la première page. Monsieur Fidois avait préféré la conserver. C'est embêtant… peut-être parce cette page changeait le sens de ce courrier. Sa fille a eu la bonne idée de me l'apporter hier. On y trouve la date : le sept avril de cette année, c'est- à-dire qu'elle prouve que François Rébac ignorait les événements de guerre de ce village et l'histoire de son grand-père avant d'être muté ici. Rappelez-vous, quand j'ai rapporté les propos des villageois : « François Rébac s'est fait muter à Sainte-Moucherolle-sur-Bourne pour venger son aïeul ». Eh bien nous savons maintenant que c'était faux. Il a reçu la lettre après la mort de cette pauvre Eugénie Catel. Il n'avait donc aucune raison de l'éliminer. Elle est décédée suite à un accident.

Gribel ne se laissa pas démonter. Il aboya :

— Cela ne change rien ! Il n'a pas tué la vieille ? D'accord ! Il ne connaissait pas l'histoire de la Résistance avant de débarquer ici ? Peut-être ! Mais justement, il reçoit la lettre de ses parents, et de ces révélations germe l'idée de vengeance. Je vous le dis Madame la commissaire : c'est lui l'assassin !

— Décidément, Charles Gribel, vous n'êtes qu'un veau ! Accuser François Rébac de ces crimes, c'est ce qu'on attendait de vous, vous les habitants de Sainte-Moucherolle-sur-Bourne.

— Comment ça ?

— Très discrètement, on a fait en sorte que l'enquête se dirige sur l'instituteur, car je ne dois écarter aucune piste. N'est-ce pas, Monsieur le comte ?

Le cercle se tourna vers lui, il l'avait oublié. Danjou était assis le dos bien droit, les jambes croisées comme dans un fauteuil. Contrairement à tous, il ne suait pas. Pas une tache sur sa chemisette. Pas une goutte sur son front.

Les cigales stridulaient, opiniâtres. Quand la dernière parole se fut estompée dans l'air sec, elles amplifièrent leur crissement de crécelles craquelées. Comme si le cercle s'était formé pour leur concert, il était leur public. Ce craquèlement avait le redoutable pouvoir d'augmenter la température ambiante. En entrant dans les poumons, l'air raclait les muqueuses comme pour les rôtir en un aller-retour. À point. Pas un souffle, la paille grattait sous les cuisses, les peaux se liquéfiaient mais le cercle ne bronchait pas. Il patientait dans ce creuset où le métal pouvait fondre. Il attendait une réaction du comte impassible.

— Certes, parvint-il à dire.

— Certes comme vous dites, reprit Aglaëe. Il y a longtemps que vous préméditiez votre vengeance ?

— Vous revenez sur cette triste histoire de mon père. Je vous l'ai dit, il n'était qu'un piètre homme d'affaires. Paix à son âme.

— À part votre mère, vous n'avez aucun alibi et l'homme qui a été vu dans le champ correspond à votre gabarit.

— Comme bien d'autres ici… Et cette Madame Blanche, pour quelle raison l'aurais-je éliminée ? Monsieur Blanche, vous ou votre femme, n'êtes pour rien dans la faillite de mon père que je sache.

— Heu, non Monsieur le comte… Je ne sais pas… Je ne sais pas ce que ma femme a à voir avec vous…

— Rien, je vous rassure, rien, dit-il un sourire esquissé au coin des lèvres.

— Décidément cette pauvre Colette Blanche bloque toutes mes hypothèses, aucun scénario ne tient la route, sauf en tant que témoin du drame évidemment… à moins que…

Le cercle était accroché aux lèvres de la commissaire. Il comprenait maintenant que depuis le début elle savait où elle voulait en venir. Elle connaissait le coupable. Elle voulait seulement l'épuiser sous la tension, la chaleur, le faire craquer. Le faire avouer.

— À moins que Monsieur Blanche nous explique en détail ce qui s'est passé vraiment ce samedi huit juillet ?

— Je vous l'ai déjà dit, je dormais… j'avais pris des somnifères et avec le vin j'étais assommé, je n'ai rien entendu… Je dormais. C'est vous qui m'avez réveillé. C'est vous qui m'avez annoncé la mort de ma femme.

Boulu se campa devant Blanche, jambes droites plantées dans la paille coupée ras. Elle le scrutait. Le son aigu des cigales reprit une fois de plus possession de l'espace. L'épaisseur de la canicule pesait sur les corps. Le cercle suivait la commissaire, plissant les yeux sous la lumière et l'acidité de la sueur. La même seconde était reportée à la suivante, identique, insupportable encore et encore. Puis la question imposa le silence aux insectes.

— Vous battiez votre femme ?

— Non.

Albert Blanche agitait la tête négativement, regardant droit devant lui. Aglaëe se déplaça autour de la botte de paille. Derrière lui, elle se pencha et articula posément.

— Elle est couverte d'ecchymoses.

— … Elle, elle a dû tomber.

— Ces traces de bleus ont toutes les dates de ces derniers mois Monsieur Blanche. Dans le rapport d'autopsie il est bien indiqué qu'elle en est recouverte, il est précisé qu'elles ne datent pas d'hier. Elle était battue régulièrement. Je ne pense pas qu'elle tombait tous les jours sur le dos, les jambes, les bras. Vous la battiez quotidiennement, ou presque, puisque vous partiez sur les routes. Vous étiez son enfer, Monsieur Blanche.

— Non, c'est pas vrai… J'ai soif, il fait trop chaud… J'ai soif, je voudrais boire.

— Que voulez-vous, reprit Falcone élevant la voix, du vin, un bon litre de bibine, du qui tache ? Même sous cette chaleur ça ne vous ferait pas peur !

— De l'eau s'il vous plaît.

— D'habitude vous ne buvez jamais sans vous soûler, continua-t-il.

— Ça m'aide à m'endormir et je ne suis pas réveillé par tous ces bruits.

— Vous prenez souvent des somnifères ?

— Ça dépend.

— Cette nuit-là, vous en aviez avalé ?

— Oui, je vous l'ai dit.

— Mais avant que vous les preniez votre femme était déjà morte !

— Non, elle débarrassait la table quand je suis monté dans ma chambre.

— Dès que vous rentrez du travail, la première chose que vous faites c'est vous saouler. Vous étiez ivre quand vous avez tué Simon Campan ?

— Quand j'ai tué Simon Campan ?!

— Oui, qu'est-ce qu'il vous a fait ? Et Anselme Delmare ? Ils faisaient trop de bruits tous avec leur usine, leur tracteur, leur camion ? Ils étaient responsables des bruits de la vie ? Et le coq, pourquoi ne pas l'égorger ? C'était qui les suivants, les enfants dans la cour d'école ?

— C'est pas vrai, je les connais pas, je les ai pas tués. Et puis vous avez dit que l'assassin il était pas gros !

— Ah ! Vous n'êtes pas l'assassin parce que vous êtes gros vous, c'est ça ? Vous êtes bien plus lourd que votre femme, elle devait dérouiller quand vous la frappiez. Vous êtes un assassin, Monsieur Blanche !

— Non arrêtez ! J'ai soif, je veux aller dormir.

Albert Blanche glissa de sa botte de paille. A genoux, les larmes de fatigue et d'abandon se mélangeaient à la sueur. Il tendit les bras comme pour agripper les jambes du pantalon du commandant. Il s'écroula par terre.

— Je vous en supplie laissez-moi, je veux rentrer, je veux dormir, j'ai trop soif et puis je suis fatigué.

Falcone ne lui laissait aucun répit.

— Oui vous allez bientôt rentrer et boire tout votre soûl. Racontez-moi ce qui s'est passé avec votre femme. Pourquoi la torturiez-vous ?

— Je ne la torturais pas.

— Comment appelez-vous ça ?

— Quand je rentre après plusieurs jours de route, je suis crevé. Je veux dormir. Le bruit ça me réveille. Je n'arrive pas à me rendormir, je suis énervé. Alors je bois quelques verres, ça me saoule, je ne me rends pas compte de ce que je fais. Et puis je dors. C'est le lendemain que je réalise que j'ai… que je l'ai… cognée.

— Et tu recommences, chaque fois que tu rentres, tu recommences. Tu la frappes toujours plus fort. Comme si elle était responsable du jour qui se lève, de la vie qui continue…

Falcone tourna autour de l'homme à terre. Il était allongé, appuyé sur un coude. Il regardait la commissaire puis Francesco.

Le cercle regardait la scène, hypnotisé.

— Elle ne s'est jamais plainte à personne ! Elle devait crier quand la douleur était intenable. Elle devait te supplier d'arrêter ! Et toi tu la tabassais. Ça durait depuis des années. Ce soir-là, elle t'a imploré d'arrêter, elle t'a dit qu'elle connaissait une femme policier qui la comprendrait et qui la soutiendrait. Alors, tu l'as tuée.

— Je voulais pas, je vous jure je voulais pas.

— Tu ne voulais pas la battre ?! Tu lui assenais toujours et encore tes coups du haut de tes cent kilos. Allez, raconte, comment t'y es-tu pris ? Parle !

— Je ne savais pas ce que je faisais… j'avais trop bu. Je me suis réveillé à cause du bruit, je suis descendu, elle était en train de faire la lessive comme d'habitude… Elle était penchée sur l'ouverture de la machine à laver. J'avais une bouteille dans la main, je lui ai donné un coup. Elle est tombée et puis j'ai pris un linge… je l'ai serré autour du cou…

— Pourquoi l'as-tu accrochée au fil à linge, comme un vulgaire épouvantail ?

— Je me rappelle plus, j'étais bourré…

— Assieds-toi maintenant !

Il avait élevé la voix. L'homme s'appuya sur le rebord du rouleau, se releva et s'assit. Il s'essuya avec le revers de sa manche, tête baissée, à moitié avachi.

— Eh bien moi, je vais te dire. Tu avais entendu parler de ces crimes. Tu t'es dit que celui-ci passerait avec les autres. Tu as fait une petite mise en scène, un assassinat un peu compliqué comme les autres serait endossé par le criminel. Cela démontre que tu avais tout ton esprit malgré l'alcool ingurgité. C'est tant mieux. Tu auras la peine maximum. Pas de pitié pour les tortionnaires.

— Je ne voulais pas…

— Après cette macabre mascarade, tu as avalé quelques comprimés de somnifère.

Francesco fit signe à Aglaëe qui montra une feuille.

— C'est écrit, quelques traces de diazépam, principal constituant du Valium, c'est précisé que tu l'as avalé vers deux heures soit presque deux heures après le crime. Même ce stratagème ne tient pas la route. Vous êtes un meurtrier Monsieur Blanche et de la pire espèce, de ceux qui s'en prennent aux être faibles et sans défense. Capitaine Beaucourt, mettez les menottes à cet individu. Qu'il s'assoie correctement, nous ne sommes pas à un pique-nique ! Nous partirons tous quand nous en aurons fini. N'est-ce pas messieurs ?

Le cercle était pétrifié, sidéré. Qui est coupable, qui est innocent ? N'importe qui pouvait se retrouver menottes aux poignets, avec son monde qui s'écroule, les soucis du quotidien disparus, remplacés par d'autres bien plus inquiétants, les proches effacés pour laisser place à un grand vide, une attente infinie.

— Capitaine, pouvez-vous faire servir de l'eau à ces messieurs s'il vous plaît ?

Sur un signe de Beaucourt, un homme vint de la fourgonnette, un pack de bouteilles à la main. Il remplit des gobelets qu'un autre distribuait.

Les hommes se firent resservir. Ils se dévisageaient comme s'ils se voyaient pour la première fois. Ils réalisaient qu'ils étaient dans la même situation, soupçonnés de meurtre et peut-être coupables. Cette suspicion planait au-dessus de leur tête comme un aigle pouvant s'abattre sur tous, d'un coup. Cette accusation les cristallisait en un groupe improbable, un cercle surréaliste. Un cercle qui ne se disloquerait qu'au terme de cette quête, comme les graines des blés fouettés par le fléau.

La commissaire reprit la parole.

— Le meurtre de Madame Blanche n'a aucun rapport avec les précédents. Ainsi le vrai mobile devient plus clair, évident… Monsieur Danjou, il y a un autre événement dont vous ne m'aviez pas parlé et qui a dû pourtant vous marquer.

Aglaëe était au centre, face au comte, droit dans les yeux.

— À quoi faites-vous allusion ?

— Votre père, peu après sa faillite, s'est suicidé. C'est vous-même qui l'avez découvert dans une dépendance, pendu. Vous l'avez soulevé par les jambes, vous appeliez votre mère. Mais cela était vain, il était mort. Cela a dû être une scène horrible pour un homme jeune.

— Oui, terrible. C'est pour cela que je ne vous en ai pas parlé. Je ne supporte pas l'évocation de ce moment.

— Je comprends. Mais cela fait un mobile sérieux : les deux hommes assassinés sont ceux qui ont récupéré les biens de votre père.

— En les rachetant ils ont comblé sa dette. Je ne vois pas en quoi c'est un motif.

— Oui, je sais, vous m'avez déjà servi cet argument… Vous savez, j'ai une théorie… L'assassin laisse toujours un indice sur les lieux du crime, toujours. Il suffit de chercher, il suffit de le trouver. Alors je cherche. Ah, pour chercher j'ai cherché ! Partout. Dans l'usine, même au plafond, autour. Et rien, je l'avoue, je n'ai rien trouvé. Il devait être quelque part, c'est sûr. Mais où ? Je ne savais pas. Et puis il y a eu le deuxième crime, alors rebelote, j'ai recommencé. J'en ai sué des litres à chercher ici, dans ce champ, sous le cagnard. Et enfin j'ai trouvé. Un petit objet de rien. Pas étonnant qu'il m'ait fallu tant de temps, tant de pas, tant de sueur. Pas plus d'un demi-centimètre de longueur et combien ? Trois millimètres d'épaisseur, de la forme d'un petit haricot. Je l'ai trouvé sous la moissonneuse.

Elle sortit du cercle, fit quelques pas et montra du doigt.

— Regardez, ici exactement. Il avait été perdu par l'assassin, forcément lors de l'agression. Quel bonheur quand j'ai ramassé l'objet. Il accuse indubitablement l'assassin car il se voit comme le nez au milieu de la figure si j'ose dire. Ou plutôt c'est son absence qui se remarque… Regardez.

La commissaire extirpa à gestes posés un petit écrin à bijou de son sac, ouvrit le couvercle puis passa devant chacun pour l'exposer à leur regard.

— Eh oui, c'est une plaquette, vous savez le petit support qui soutient la paire de lunettes sur le nez. Il a été perdu par l'assassin lors de son crime. Et il vous accuse Monsieur Danjou ! Irrémédiablement. C'est étonnant comment une si petite chose qui ne se remarque pas lorsqu'elle est attelée à sa monture, nous saute aux yeux lorsqu'elle est détachée. Lorsque je suis tombée dessus, je me suis souvenue qu'un matin vous n'aviez pas cet élément à vos lunettes Monsieur Danjou. À cause de cela vos montures étaient très légèrement de travers, la petite languette appuyait directement sur le nez. J'imagine que ce devait être très désagréable, vous l'aviez entourée d'un petit sparadrap. Vous avez dû vous précipiter chez votre opticien car le lendemain tout était rentré dans l'ordre : ce détail ne correspondait pas à votre classe !

Boulu tendit la main vers le visage du comte qui ôta ses lunettes et les lui donna.

— C'est bien cela, le support gauche est neuf et l'ancien est identique à celui que j'ai trouvé. Je suis obligée de les garder comme pièce à conviction, n'ayez crainte on vous guidera pour repartir ! Vous nous donnerez le nom de votre opticien.

Les regards avaient convergé sur Danjou. Les traits étaient tendus, fatigués. Tous oubliaient le soleil, son éclat, l'assourdissante symphonie des cigales. Le cercle était aux aguets, il attendait, il voulait savoir. Le comte Danjou restait raide, il prit une cigarette longue et fine, l'alluma, ignorant la paille et la chaleur.

— Mon père n'était pas très doué pour les affaires, mais ce n'était pas un imbécile non plus. Il s'est démené comme il a pu pour sauver ce qui était possible. Lorsqu'il avait besoin d'aide, ces individus se sont comportés comme des escrocs, en assassins, puisqu'ils ont mené mon père à la mort. Je vous l'ai dit, pendant la grève de ses employés, la scie est tombée en panne. Il fallait la changer et toute l'installation était à refaire. Mon père s'est endetté jusqu'au cou pour faire face. En vain. Il a donc vendu son usine à Anselme Delmare… Est-ce qu'on peut appeler ça vendre dans ces conditions ? Dès la scierie vendue à son chef d'atelier, la grève a cessé, la machine a redémarré et il n'y avait plus de problème d'électricité. Tout avait été manigancé par Delmare qui était son bras droit et connaissait les difficultés financières de l'entreprise. Il a poussé les ouvriers à la grève et ce n'était pas difficile de faire passer un sabotage pour une panne. Mon père n'était pas technicien… Il comptait sur Delmare… C'était son homme de confiance. Quelle dérision ! Pour rembourser les banques il a vendu la plupart de ses terres à un prix misérable. Pourquoi les a-t-il vendues à si bas prix ? Je vais vous dire. L'acheteur, Simon Campan lui avait proposé de ne déclarer que la moitié. Tout le monde était gagnant dans cet arrangement, moins d'impôts, moins de taxes, etc… Mon père a longtemps hésité avant de prendre cette décision contre sa conscience, mais tenaillé par ce besoin d'argent, il a fini par accepter, pour son malheur. Car il n'a jamais vu la couleur de ce cash. Et pas moyen de porter plainte.

Le comte éteignit sa cigarette contre la semelle de sa chaussure. Il parlait d'une manière parfaitement posée, un ressentiment immense se discernait dans le ton de sa voix. Il revivait l'histoire de son père comme si elle était actuelle.

— Vous seriez bien aimable, dit-il en tendant son gobelet.

Derrière sa bonne éducation, la haine se manifestait sur ses traits et dans le ton de sa voix.

Aglaëe le servit et fit elle-même le tour du cercle pour remplir les gobelets. Les hommes assis étaient dans un état second, le corps engourdi par l'astre jaune qui les assommait littéralement, l'esprit figé par ces révélations. Danjou reprit, il avait attendu tout ce temps pour en arriver là, parler, expliquer à tous sa frustration, l'injustice que sa famille avait subie, la réussite outrageante de ces hommes, l'ignominie de leur escroquerie et leur impunité insupportable.

— Voilà l'histoire de sa vie. Il s'est pendu. C'est ma mère qui l'a décroché quand enfin elle a entendu mes appels. Elle criait, pleurait. Elle a crié et pleuré pendant des heures. Elle l'a gardé dans ses bras pendant toute la nuit et la journée d'après, avant d'émerger et se rappeler de mon existence. Elle ne s'en est jamais remise. C'est plus tard qu'a germé l'idée de les faire disparaître quand je les voyais parader dans le village comme si tout leur était dû, comme si leur réussite découlait de leur mérite. Lorsque l'instituteur est arrivé, j'ai tout de suite élaboré mon plan. Comme tout le monde, je connaissais l'histoire de Lucien Rébac, alors quand un François Rébac a débarqué, l'occasion était trop belle… Il se trouve que ceux qui ont floué mon père sont les descendants des traîtres qui ont livré Lucien Rébac. Si ces noms circulaient ce n'était pas pour rien, il n'y a pas de fumée sans feu. Les rats engendrent des rats. J'ai tué Anselme Delmare. Cela m'a procuré un vrai plaisir, une jubilation intense. J'ai fait tout cela comme dans un état second. Je savais qu'il était souvent à l'usine le dimanche, je l'ai donc rejoint. Je l'ai frappé avec une planche. La suite vous la connaissez, je l'ai attaché au support de la scie. Je voulais qu'il se voie mourir, qu'il ressente la douleur de mourir à petit feu. Il m'a supplié, il voulait me rendre tout son bien, tout mon bien. Mais c'était trop tard. J'ai démarré la scie et je suis resté jusqu'au bout. Il criait comme un dément !

Un sourire sadique parcourait son visage pendant qu'il évoquait la scène.

— Pour Simon Campan continua-t-il, c'était tout aussi facile. Quand il n'était pas à l'exploitation de ses forêts, il était seul dans ses champs. Je suis allé à sa rencontre un bâton en guise de canne. Dès qu'il m'a aperçu, il a stoppé sa moissonneuse toute neuve, étonné que le comte Danjou, fils de l'homme qu'il avait dépossédé, vienne l'interpeller. Il m'a demandé ce que je fichais ici, je lui ai proposé de monter mais pas question qu'on souille sa jolie moissonneuse. Alors qu'il descendait, je lui ai donné un coup de bâton puis un deuxième. J'ai utilisé le tracteur pour former un rouleau de paille et puis j'ai fait fonctionner l'engin qui enveloppe les balles de foin. Il était emprisonné à l'intérieur et par chance il s'est réveillé. Il bougeait, la gueule grande ouverte en relief derrière le plastique. Comme une gargouille. J'étais prêt à l'assommer de nouveau s'il parvenait à déchirer le film mais non, c'est du solide. Il s'est étouffé… Tout doucement… J'ai bien profité aussi de sa mort… Voilà, vous savez tout… Je me suis aperçu plus tard que j'avais perdu la plaquette de mes lunettes mais je ne savais pas où exactement, et je ne pensais pas qu'elle pouvait être trouvée, c'est un élément tellement minuscule… Je ne regrette rien… J'aurais aimé les tuer plusieurs fois.

— Quel intérêt pour vous que François Rébac soit accusé ?

— C'est exact, j'ai fait en sorte que vous découvriez le nom de Rébac sur le monument au mort. Vous en avez mis du temps ! Je me demandais même si vous n'étiez pas myope… Il ne fallait pas que je sois arrêté avant d'avoir exécuté Campan. Une fausse piste devait me donner du temps, heureusement que j'ai été aidé involontairement par les gens d'ici. Ils n'ont pas eu besoin de moi pour se jeter comme des chiens sur la charogne. J'avoue que j'étais curieux aussi de voir jusqu'où irait l'hypocrisie des habitants de Sainte-Moucherolle. Contempler l'expression de leurs mensonges et de leur haine. Je n'ai pas été déçu, ils n'étaient pas loin de le lyncher. C'était délectable !

— Vous cachiez bien votre jeu, dit Falcone… Encore une question, Danjou. Êtes-vous responsable de la disparition de Monsieur Vivien Estoun, le contremaître ?

Danjou glissa deux doigts dans sa veste et sortit un porte-clés qu'il lança au commandant.

— Vous le trouverez, ou plutôt ce qu'il en reste, dans les oubliettes du château.

— Capitaine, envoyez deux hommes vérifier de toute urgence.

Beaucourt donna ses ordres, l'adjoint Tot et un gendarme coururent vers la fourgonnette. Le moteur vrombit, le véhicule disparut rapidement dans la poussière.

— Pour quelle raison lui aussi ?

— Légitime défense.

— Expliquez-vous.

Jean-Jacques Danjou prit une longue aspiration et souffla, sortit de ses poches un léger foulard qu'il tapota sur son front, juste pour se donner contenance.

— Je me suis réveillé une nuit, un canon de fusil entre les yeux. Estoun me tenait en joue. Par chance j'ai réussi à le désarmer. Je ne l'ai pas tout de suite tué, il me fallait quelques explications. Je l'ai enfermé dans les galeries du château. Elles sont impressionnantes, savez-vous. Taillées dans le roc, froides et humides. Il y fait un noir total ! On se croirait retourné dans les années les plus obscures du Moyen Âge, aux moments de la torture et des jugements de Dieu. Estoun m'a révélé qu'il avait découvert le complot ourdi par les deux escrocs. Croyez-vous qu'il en a fait part à mon père ? Pas du tout il a exigé sa part du gâteau. Il a reçu une jolie somme en échange de son silence, ainsi que la promesse de devenir chef d'atelier… Tous aussi pourris les uns que les autres ! Il pensait être la troisième victime sur ma liste, c'est pour cela qu'il a pris les devants. Il voulait m'éliminer. Mais figurez-vous que je n'étais pas au courant de son implication dans cette histoire. Il s'est livré à moi qui ne le cherchais pas.

— Capitaine…

Le cliquetis des menottes fut noyé par ceux des insectes.

— Nous en avons fini, Beaucourt, vous pouvez emmener ces deux hommes. Le capitaine leur récita les lois d'usage.

Les gendarmes emmenèrent les deux prisonniers jusqu'au fourgon.

— Messieurs.

Après avoir salué, Aglaëe et Falcone décidèrent de rentrer à pied. Ils partirent à l'opposé du chemin en direction du bois.

Les hommes restèrent assis, hébétés, étonnés par ces révélations, abasourdis de recouvrer la liberté. Ils se levèrent piteusement et se dirigèrent hésitants, sans un mot, vers le chemin.

Le cercle se disloqua.

XXXIII Thomas Tot

Ils marchaient à l'ombre des arbres, chacun rejouait le déroulement de la scène du cercle de paille. L'égoïsme, la recherche de petits intérêts, toutes ces mesquineries qui pouvaient engendrer de grands malheurs. C'est Francesco Falcone qui le premier rompit le silence.

— Dans un premier temps, personne ne pensait sincèrement que François Rébac était responsable de la disparition des deux gamins. Mais c'était tout ce qu'ils avaient à se mettre sous la dent pour lui signifier qu'il n'était pas le bienvenu dans la vallée. Puis une deuxième étape collective s'est mise en place comme une évidence : c'était lui l'auteur de la mort d'Eugénie Catel et d'Anselme Delmare, point final.

— C'est exactement ça. Le village entier était au courant de la trahison des résistants originaires de Moucherolle. C'était une honte. Plutôt que de l'admettre et peut-être pardonner, il fallait oublier. La venue du petit-fils faisait exploser en plein vol le camouflage adopté par la communauté. Il devenait l'ennemi public. C'était d'autant plus évident que certains voyaient d'un mauvais œil l'influence qu'il avait sur leur enfant et n'approuvaient pas ses activités scolaires qu'ils interprétaient comme des amusements au lieu de travailler comme il se doit devait selon eux. Il a engrangé un capital antipathie qui a failli lui coûter la vie.

La chaleur était toujours tapie entre deux ombres, prête à sauter sur les corps fourbus. Ils marchaient à pas mesurés, l'un derrière l'autre sur le chemin sinueux entre les conifères.

— Ce Danjou qui prenait le petit déjeuner avec nous tous les matins…

— Il était une agréable compagnie, admit Aglaëe… On ne connait pas vraiment les gens… Il cachait bien son jeu. Il a nourri sa haine contre les victimes en observant de loin l'évolution de leur commerce. C'était devenu son unique dessein, torturer et tuer. C'est étonnant comme en dehors de ce tunnel qui devait le mener à sa perte et celle des deux hommes, il parvenait à rester courtois.

— Mais ce n'était qu'une façade, il était perverti par cette obsession qui le rongeait chaque un jour un peu plus jusqu'à le vider de son jugement. Il est devenu un véritable assassin morbide avec un vernis colmaté par son éducation.

— Il a fait souffrir ses victimes d'une manière atroce.

La sonnerie de son smartphone tinta, Boulu la fit taire.

— Adjoint de gendarmerie Thomas Tot. Le capitaine Beaucourt m'a dit de vous faire un rapport succinct.

— Je vous écoute.

— Arrivé au château, j'ai frappé à la porte mais personne n'est venu m'ouvrir, elle n'était pas verrouillée alors je suis entré.

Il attendit quelques secondes.

— Vous avez bien fait.

Il reprit.

— Dans un salon se trouvait une vieille dame, la mère du comte Danjou, la comtesse Danjou. Elle était très contrariée que son fils ne l'ait pas avertie de notre venue. Je lui ai demandé de nous montrer où se situaient les caves. Mais sa mobilité ne lui permettait pas d'y descendre et elle n'en comprenait pas la raison. Elle n'a donc pas voulu nous répondre. J'ai insisté, expliquant qu'il y allait de la vie d'un homme. Au lieu de changer d'avis, elle s'est mise à me crier de sortir d'ici sur le champ. Alors j'ai pris sur moi et je suis parti à la recherche d'Estoun sans sa permission… ni mandat de perquisition.

Tot avait rajouté cette évidence montrant qu'il avait enfreint la loi.

— … Mais comme vous m'aviez dit qu'il y avait urgence…

Il voulait un assentiment.

— … Même si cela ne servait à rien puisque Danjou avait peut-être tué Vivien Estoun.

— Très bonne initiative Thomas Tot, tant qu'on ne savait pas s'il était mort ou pas, il était primordial que vous ne perdiez pas de temps.

— Oui, dit-il rassuré. Donc j'ai trouvé l'escalier qui menait aux sous-sols. Ils étaient immenses. Après pas mal de recherche à la lueur de ma torche dans les tunnels et les nombreuses salles, j'ai enfin trouvé la porte qui ouvrait avec sa clé. Là il y avait un plot que j'ai allumé. J'ai vu un véritable cachot, on aurait dit une scène de Game of Thrones. J'ai aperçu derrière des barreaux comme un amas près de la roche, recouvert d'une couverture. En m'approchant j'ai vu que dessous, il y avait un corps. Avec une autre clé j'ai ouvert la porte. J'ai mis ma main sur le cou de l'homme et je n'ai rien senti. J'ai approché mon visage de son nez : pas de souffle. Il était mort. J'ai vérifié à nouveau et j'ai perçu un pouls très faible et très lent. Je m'étais trompé, il était encore en vie mais si peu. Il ne fallait pas traîner. Mon portable n'avait pas de réseau, alors j'ai dit au gendarme de monter et d'appeler une ambulance de toute urgence. Pendant ce temps, j'ai constaté que ses lèvres étaient sèches et dures comme la pierre, striées de crevasses. Je les ai entrouvertes et j'ai pu lui infiltrer un peu d'eau. Quand les secours sont arrivés, ils l'ont mis sous perfusion et l'ont emmené à l'hôpital. Le médecin m'a dit que le pronostic vital était engagé. Voilà mon rapport, commissaire.

— Vous avez très bien agi, adjoint Tot. Félicitations.

L'adjoint de gendarmerie fut flatté de ce compliment au terme de la première mission dont il était seul responsable. Il remercia la commissaire.

— Un bon petit gars l'adjoint Thomas Tot ! Résumé : Danjou n'a pas exécuté Vivien Estoun mais il l'a laissé dépérir au fond d'un cachot. Il sera responsable de sa mort s'il décède.

— Mourir à petit feu de froid, de faim, de soif. Encore une mort effroyable. Décidément ce Danjou prenait plaisir à regarder mourir ses victimes.

— C'est un véritable assassin, à se demander si les raisons qu'il donnait pour se justifier n'étaient que prétextes.

XXXVI La terrasse

La fin de journée redonnait vie à la nature, le soleil lui laissait un répit depuis qu'il s'était caché derrière les cimes. Les humains aussi en profitaient. Les deux policiers cherchaient un peu de fraîcheur au fond d'une bière sur la terrasse ombragée.

Aglaëe attendait que le téléphone décroche de l'autre côté de l'Atlantique.

— Bonjour Angèle, c'est moi ta sœur.

— Bonjour grande sœur… Tu ne m'as pas envoyé la photo de ton amoureux.

— C'est vrai, je n'ai pas eu la tête à ça ces derniers temps. Mais il est à côté de moi. Attends.

Elle dirigea le smartphone sur son voisin.

— Fais un joli sourire Francesco, c'est pour ma sœur.

— C'est pas vrai, on n'est plus des ados.

— Allez, s'il te plaît.

De mauvaise grâce, il s'exécuta.

— Ça te va ?

— Tu peux faire mieux.

Il se détendit et sourit comme il put.

— C'est mieux, j'envoie.

Quelques secondes plus tard, ils entendirent un rugissement s'extraire de l'appareil.

— Houaaaa ! Mais c'est une bombe ! Tu l'as dégoté où cet Adonis ?

Amusée, Aglaëe lança un clin d'œil à Falcone.

— Je crois que tu lui fais de l'effet. Je suis contente qu'elle soit à une dizaine de milliers de kilomètres.

— Je t'ai entendue ! Je ne volerai jamais un fiancé à ma sœur, qu'est-ce que tu crois… À propos de kilomètres, tu as réfléchi ?

— Tu penses rentrer quand ?

— Mi-décembre.

— Entendu, je t'envoie un billet pour cette période.

— Ah ! En effet, tu as réfléchi… La confiance règne.

— J'ai déjà subi quelques déconvenues, tu l'avoueras.

— J'ai changé, je t'assure.

— Je ne demande qu'à te croire. On fait comme ça ?

— Puisque ça te rassure. Bon, il va falloir que j'y aille, la récolte n'attend pas, je vois mes petits paysans partir aux champs.

— Ce n'est pas trop dur ?

— Assez quand même mais c'est une bonne fatigue.

— Alors bon courage.

— Aglaëe…

— Oui ?

— Merci.

Elles raccrochèrent. Elle posa le portable sur la table.

— Je me méfie peut-être injustement. Elle me semble apaisée.

— Tant mieux si tu te trompes. D'ailleurs elle ne l'a pas mal pris que tu lui envoies le billet d'avion.

— Non, ça s'est bien passé.

— Alors tout est pour le mieux.

Ils terminaient leur choppe en contemplant sans se lasser les montagnes qui s'offraient à leur vue.

— Tu pars quand ? fit Falcone.

— Je t'emmène à la gare et je pars demain matin. Je suis impatiente de retrouver mon patron.

— On se voit bientôt ?

— On se voit bientôt… On reste en contact ?

— Évidemment, drôle de question !

Sourires entendus. Mais l'affaire hantait toujours les esprits. Aglaëe revint sur le tueur.

— J'avoue qu'il m'a bluffée ce Danjou. Quand je me suis aperçue que j'étais sur la piste des résistants grâce à la lecture de ce marbre, je me suis souvenue aussitôt que j'avais été surprise par la place qu'occupait le comte. En général à une terrasse on s'assied dos au mur, face à la rue. Tandis que lui il s'était assis face au mur me laissant le loisir de prendre le siège en face du monument. C'est à partir de ce constat que j'ai suspecté Danjou.

— Oui, j'étais très surpris quand je t'ai vue te lever et regarder cette statue comme si tu la découvrais.

— J'étais persuadée que c'était lui le coupable mais il me fallait une preuve. Quelque chose pour le faire avouer. Quand je suis tombée sur cet élément de lunettes, là j'ai cru exploser de joie.

— Il y a donc bien toujours un indice sur le lieu du crime selon ta théorie.

— Toujours ! J'en suis persuadée mais je ne le trouve pas systématiquement et ça, ça m'énerve.

— Enfin, si tu ne l'as pas trouvé dans l'usine, tu l'as trouvé dans le champ. Bravo !

— Je te remercie du compliment mon Francesco mais je ne le mérite pas.

Celui-ci leva les sourcils, il n'était pas sûr de comprendre ce qu'elle voulait dire.

— Cette fameuse plaquette, je l'ai trouvée ici, par terre, à cet endroit-même, sur la terrasse !

XXXVII Maître, maître !

— Maître ! Maître ! Vous allez partir ? Ma maman elle dit que vous allez partir.

C'était le dernier jour d'école. Les grandes vacances étaient de retour pour la plus grande joie des enfants. Mais la rumeur du départ de leur instituteur était une ombre à leur bonheur. Pauline aussi avait envie de poser cette question, elle aimait bien son maître, mais elle n'osait pas. C'est Mélanie qui avait demandé, elle n'avait pas peur de faire des remarques qui n'avaient aucun rapport avec les leçons. Les leçons elle s'en fichait, elle s'intéressait aux affaires des adultes, elle écoutait tout ce qu'ils disaient. Elle se faisait gronder parfois « fais plutôt ton exercice ! » Mais c'était plus fort qu'elle et elle était au courant de bien des choses qu'elle répétait aux copines.

Les élèves attendaient une réaction de l'instituteur qui regardait par les carreaux le ciel tout bleu.

— Je veux pas que vous partiez !

Pauline était stupéfaite, c'était sorti sans faire exprès, tout fort dans le silence de la classe. Elle mit les mains à la bouche comme pour retenir les mots déjà envolés. Rébac regarda la petite Pauline d'habitude si discrète. Mais elle était lancée, elle voulait savoir.

— C'est vrai ce que dit Mélanie, vous allez quitter le village ?

— Parce que les parents ont été méchants avec vous ? insista Mélanie.

— Non, je ne crois pas que je vais partir... Ceux qui ont manifesté n'étaient pas une majorité, loin s'en faut. Et puis même, parmi ceux-ci il y en a qui m'ont déjà présenté leurs excuses.

— Mes parents ils ont rien fait, ajouta un élève au fond de la classe.

Des « Moi non plus» furent émis de droite et de gauche. D'autres baissèrent la tête. Fusa un fier « Moi, ma mère elle s'est excusée ».

— Oui, je sais, vos parents m'ont témoigné leur soutien.

Les enfants n'étaient pas responsables des exactions de leurs parents, certains endossaient pourtant cette responsabilité. Cela était visible sur leur mine perdue.

— Ils ne pouvaient pas savoir, les rassura François Rébac, et puis, ils étaient entraînés par des meneurs... C'est pour cela qu'il faut apprendre, lire, découvrir, être curieux, cela permet de devenir un adulte qui juge par lui-même. C'est ça la vraie liberté.

Le métier reprenait le dessus.

— Et Chloé ?

Toute la classe regarda Mélanie avec effroi. Décidément elle n'avait pas froid aux yeux ! Elle allait se faire disputer. Le maître la regarda avec un air amusé. Les circonstances étaient exceptionnelles. Ses élèves avaient besoin d'être apaisés.

— Oui, Chloé... Elle aussi s'est laissée manipuler mais elle a réagi et c'est ça qui est important. Ce n'est pas facile de se libérer de ses chaînes, surtout lorsqu'elles sont en soi, tissées par le quotidien, l'autorité, l'éducation, la morale, la pression du regard des autres... Vous ne comprenez pas tout encore mais tout cela fera chemin en vous.

— Mais pourquoi ils étaient contre votre grand-père ?

— Les résistants respectaient Lucien Rébac. Seuls trois d'entre eux ont fait des bêtises…

— Oui, ils l'ont dénoncé aux Boches, même que les Boches c'est les Allemands à la guerre !

Il hocha de la tête.

— Cette enquête a percé un abcès, elle a libéré les gens d'une faute qu'ils n'avaient pas commise. Peut-être même va-t-on fêter comme il convient les résistants de Sainte-Moucherolle-sur-Bourne. En définitif, cette enquête aura été bénéfique… Vous comprendrez tout ça plus tard.

— Alors ça veut dire que vous restez ?

— Ça veut dire que je reste, oui.

— Ouiiiiii !!!!

Cri unanime de la classe.

XXXVII Vivien Estoun

Sur l'écran, la courbe verte hoquetait d'une manière régulière, indiquant que le cœur battait à une cadence constante, certes un peu rapide mais elle annonçait un rétablissement qui ne laisserait pas de séquelles. La pliure du bras piquait un peu, Estoun était toujours sous perfusion. Le médecin lui avait annoncé qu'on la lui enlèverait aujourd'hui. Il recommençait à s'alimenter normalement. La soif qui l'avait forcé à lécher la pierre humide ne le tenaillait plus, son corps commençait à se faire oublier, ce qui était la meilleure des appréciations sur son état.

Vivien avait beaucoup réfléchi pendant ses longues heures d'alitement. Il avait cru mourir, de faim, de soif, oublié dans ce funèbre caveau. Tout lui semblait dérisoire, il ne se voyait pas reprendre la direction de l'atelier comme si de rien n'était. Il en avait ras la casquette de l'atelier, de ce petit morveux de Fabien. Sa femme était venue le voir et lui avait apporté des petits fours. Il avait pris sa décision, il serait mieux à la maison. Il allait prendre sa retraite. Il n'avait pas tous ses trimestres mais tant pis, il lui restait de quoi vivre avec le pactole qu'il n'avait pas dilapidé. Juste l'achat de sa carabine. Il allait pouvoir se consacrer à la compétition de tir au fusil. C'était la meilleure solution, faire ce qui lui plaisait. Il s'adonnerait à cette passion qu'il avait toujours repoussée.

Maintenant que le comte était sous les verrous, il pouvait enfin dormir tranquille.

XXXVIII Mon Bichon !

— Hou hou ! Mon chéri ! Je suis là !

Fabien montait l'escalier de la demeure, bien sûr qu'il savait où retrouver Suzie, elle devait l'attendre dans un déshabillé qu'elle savait choisir affriolant à souhait. Il poussa la porte de la chambre. En effet elle était allongée sur le lit, appuyée sur un coude et le regardait, mutine. Suzie Delmare était vêtue d'une jupe de cuir courte, les jambes habillées de bas noirs, et le chemisier était une invite à plonger le regard sur son décolleté. Son intention ne laissait pas de doute et c'était bien comme ça.

— Tu sais quoi mon Fab ?

— Je crois deviner…

— Eh bien non, enfin pas tout de suite. D'abord on va jouer à cache-cache.

— Ça y est je t'ai trouvée. Qu'est-ce que j'ai gagné ?

— Non, ce n'est pas ça. J'ai caché deux choses, il faut que tu les trouves.

— Où ça ?

Il s'approcha, avança à quatre pattes sur le grand lit.

— Cette question ! C'est à toi de chercher.

Il huma l'air, promena ses lèvres sur l'épaule, descendit sur sa gorge, entrouvrit le chemisier, atteignit le mamelon qu'il embrassa à travers le soutien-gorge et glissa vers l'autre.

— Trop facile !

Sous la dentelle, il prit un morceau de papier.

— Qu'est-ce que c'est ?

Il s'allongea et le déplia.

— Tu as réussi mon amour. J'ai reçu ce matin le contrat du notaire. Vauché refuse le legs de l'entreprise. L'usine devient ma propriété. Tout ça c'est grâce à toi.

Elle l'embrassa avec fougue.

— J'en suis très heureux pour toi, dit-il après avoir repris sa respiration. Et rassuré aussi qu'il n'ait pas été voir les flics, ça aurait pu mal se passer cette histoire.

— Oui, tu as pris des risques et je t'en suis reconnaissante mon Faby. Maintenant il faut trouver le deuxième.

— Mais où est-il… je crois deviner.

Il ferma les yeux, passa sa main sous la jupe.

— Ah ! Je sens quelque chose !

Il baissa la culotte où se trouvait une autre feuille de papier.

— Voyons… Quoi ? Mais c'est génial !

— Oui, te voilà chef d'atelier, tu vois que je n'ai pas tardé à te remercier.

— Mais… et Vivien ?

— J'ai reçu sa demande de mise en retraite anticipée. Après les tourments qu'il a subis, il veut profiter de son temps.

— Je te remercie Suzie, je ne pensais pas que ça arriverait si vite.

Elle monta, jupe retroussée, à califourchon sur lui.

— Et voici le deuxième cadeau mon bichon !

XXXIX Choupa

Choupa faisait la fête à Aglaëe à chaque fois qu'elle rentrait à l'auberge. Il posait ses deux grandes pattes sur son ventre et lui lançait de grands coups de langue sur les mains. La maîtresse jouait quelques minutes à lui lancer un bâton qu'il rapportait en courant.

Le jour de son départ, il ne vint pas vers elle. Il s'était assis sur la terrasse et la regardait les yeux humides. Elle s'était approchée de lui, avait caressé son museau et expliqué que son ancienne maîtresse ne voulait pas le reprendre et qu'elle-même ne pouvait l'emmener. Cela poserait trop de problèmes d'intendance. Adrien était satisfait de le garder, c'était un chien facile. Il était obéissant et n'aboyait pas.

Lorsque Boulu partit, le chien regarda la voiture s'éloigner sans bouger. Il s'allongea, émit un jappement suivi d'une plainte et ferma les yeux.

Mais la voiture s'arrêta et la portière du passager s'ouvrit. Choupa bondit, courut ventre à terre et sauta dans l'habitacle. Donna deux grands coups de langue sur la figure d'Aglaëe et s'installa sur le siège. Il regarda droit devant puis jeta un coup d'œil à sa maîtresse : « J'ai failli attendre. On y va ?! »

La voiture redémarra.

Ce livre est maintenant terminé, mais… si vous souhaitez contacter l'auteur :

jerome.sublon.auteur@orange.fr

Remerciements

Un remerciement reconnaissant à ma femme Sylvie pour ses encouragements et à ma fille Aglaé pour sa patience.

Merci à mes premiers lecteurs pour leurs corrections nécessaires et leur enthousiasme réconfortant : Sylvie Sublon, Anne Arthur, Agnès Taillfer et Jacques Penon.

Danke an Cathy Marszalek !

Merci à Jacques Penon encore avec moi lors de cette randonnée dans les sommets du Vercors et les chemins sinueux de la création.

Merci à l'équipe des Éditions du Caïman pour leurs lectures et suggestions avisées.

Un merci particulier à Jean-Louis Nogaro.

Autres titres parus
aux Éditions du Caïman

Collection Polars en France

La guerre a son parfum, JL Nogaro
Alpes noires, Philippe Paternolli
Gurs 10.39, Patrick Amand
Les six naïades, Laurent Corre
La morte des tourbières, JL Nogaro
Camarguestan ! , Philippe Paternolli (Prix Instant polar, Poitiers)
Enfin (tous) réunis, Annabelle Léna
Sinon… L'Hermione coulera, Marie-Claude Aristégui et Arnaud Develde
Beau temps pour les couleuvres, Patrick Caujolle
Les Belges reconnaissants, Martine Nougué
Nozze Nere 1, Jérôme Sublon
Tunnel, Éric Courtial
Cécile et le monsieur d'à côté, Philippe Setbon (Prix Spécial 2016 Dora-Suarez-le-blog)
T'es pas Dieu, petit bonhomme, Philippe Setbon (Prix Spécial 2016 Dora-Suarez-le-blog)
Un avant-goût des anges, Philippe Setbon (Prix Spécial 2016 Dora-Suarez-le-blog)
RIP, Patrick Caujolle
Nozze nere 2, Jérôme Sublon
Carré noir sur fond noir, Philippe Paternolli
Le vrai du faux, et même pire, Martine Nougué
Fourbi étourdi, Nick Gardel

Je servirai la liberté en silence, Patrick Amand
Les gens comme Monsieur Faux, Philippe Setbon
Le sécateur, Éric Courtial
Droit dans le mur, Nick Gardel
Arrêtez-moi là, Annabelle Léna et Philippe Paternolli
Haïku, Éric Calatraba (Prix des lectrices, salon du polar de Plaine-Haute)

Collection Thrillers

La couleur des âmes mortes, Gilles Caillot (Prix du polar 2016 « Petits mots des libraires »)
Les ombres innocentes, Guillaume Audru
Les chiens des Cairngorms, Guillaume Audru (Prix Spécial Dora Suarez 2018)

Collection Noires nouvelles

Omaha blues, Patrick Amand
Brigadistes !, Collectif
Des nouvelles de Mai 68, Collectif

Collection Polars du monde

L'île des hommes déchus, Guillaume Audru
(Prix Balai découverte 2014)
Sélection Polars francophone, Cognac 2014)
La balade électrique d'Emily Archer, Jof Brigandet
Les chiens des Cairngorms, Guillaume Audru

Collection Romans noirs

Quatre morts et un papillon, Valérie Allam

Collection Caïman jeunesse

L'ami interdit, roman, Vincent Dumas
(Prix Coup de pouce 2012)
Fatou n'a qu'une jambe… mais dans sa tête, elle en a deux,
roman, Valérie Allam
100 papiers, album, Jeanne Taboni Misérazzi
Et Mat7ieu Radenac
Adrien, album, Sandrine Lamour
Renardot et le souvenir volé, album, Isabelle
Wlodarczyk et Than Portal

Pour retrouver l'actualité
des Éditions du Caïman et de ses auteurs :

www.editionsducaiman.fr

et

Imprimé par Printcorp - N° : 18100154